Afrika, Ende des 19. Jahrhunderts

Suezkanal
Alexandria
Kairo

ÄGYPTEN

Nubische
Wüste
Rotes
Meer

ANGLO-ÄGYPT.
SUDAN
Omdurman Khartum
KORDOFAN
DAI DARFUR El Obeid
ABESSINEN
Adua

Aden
Golf von
Aden
Dschibuti

BAHR-EL-
GHAZAL Sudd ÄQUATORIA
Amadi
ngi
Lado
Rejaf Gondokoro
Banalya Wadelai Dufile Rudolf-
ngo Fort Albertsee see
mbuya Bodo Kavallis
ngobecken Ruwenzoriberge Baringosee
Eduardsee Kavirondo
KONGO- Viktoriasee Mt. Kerya
REISTAAT Kinene Kilimandscharo
Nyangwe Tabora Witu
Mpwapwa
Tanganjikasee Bagamoyo
NDA DEUTSCH-OSTAFRIKA

SOMALI
LÄNDER
Webi
Schebeli

BRIT.
OST-
AFRIKA Mogadischu

Äquator

Kwaihubucht (Kwyhu-B.)
Mombasa
Pemba
Sansibar
Dar-es-Salamm

Malawisee
MOÇAMBIQUE
MAKOLOLO
Karibasee
Victoria-Fälle
MATEBELE Sofala
SOFALA MADAGASKAR

Mauritius

alahari
SÜDAFRIKAN.
REP.
chuana- ZULU
and
NATAL
emfontein Port Natal
PLAND KAFFRARIA

Indischer Ozean

Patricia Clough

EMIN PASCHA,
HERR VON ÄQUATORIA

Patricia Clough

Emin Pascha, Herr von Äquatoria

*Ein exzentrischer deutscher Arzt
und der Wettlauf um Afrika*

Aus dem Englischen von
Peter Torberg

Deutsche Verlags-Anstalt

Verlagsgruppe Random House FSC-DEU-0100
Das für dieses Buch verwendete FSC-zertifizierte
Papier *Munken Premium Cream*
liefert Arctic Paper Munkedals AB, Schweden.

1. Auflage
Copyright © 2010 Deutsche Verlags-Anstalt, München,
in der Verlagsgruppe Random House GmbH
Alle Rechte vorbehalten
Lektorat: Hanna Leitgeb, Berlin
Gestaltung und Satz: DVA/Brigitte Müller
Gesetzt aus der Baskerville
Druck und Bindung: GGP Media GmbH, Pößneck
Printed in Germany
ISBN 978-3-421-04376-4

www.dva.de

Für meine liebe kleine Chiara Sophie:
Willkommen in dieser Welt!

INHALT

TEIL III
GERETTET?

EPILOG
DER WEG INS VERGESSEN 313

»Geben Sie sich nicht jener fatalen Faszination anheim, die das sudanesische Territorium in den letzten Jahren für alle Europäer zu haben scheint, denn kaum setzen sie einen Fuß auf diesen Boden, scheinen sie in einen Strudel zu geraten, der sie hineinzieht und über ihnen zusammenschlägt.«

HENRY MORTON STANLEY an seinen Offizier
Arthur Mounteney Jephson in Äquatoria, südlicher Sudan,
am 1. Januar 1889

F A S Z I N A T I O N   A F R I K A

Die folgende Geschichte schlummert nun schon seit mehreren Generationen auf den Dachböden der Vergangenheit. Wie die Studioporträts von schnurrbärtigen Männern in Tropenanzügen inmitten von Palmen aus Pappe, wie die verstaubten antiquarischen Bücher, die von Expeditionen in unbekannte Länder berichten, gehört sie zu einer längst vergangenen Epoche, die unserer heutigen Zeit so wenig ähnelt, dass man häufig den Eindruck hat, als seien seitdem erheblich mehr als nur hundertdreißig Jahre vergangen.

Für die Zylinder tragenden Gentlemen in Europa und den Vereinigten Staaten, für ihre Frauen in mit Spitze gesäumten Kleidern und ihre in Matrosenanzüge gesteckten Kinder war diese Geschichte eines der packendsten Abenteuer ihrer Zeit. Sie wurde ihnen über mehrere Jahre hinweg von der Presse ins Haus getragen und war vollgepackt mit all den Einzelheiten, die die Leser so liebten: furchtlose Helden, die ihr Leben riskierten, um jene zu retten, die in Not geraten waren, Männer, die sich durch dampfende, unerforschte Dschungel und über sonnendurchglühte Savannen kämpften und sich mutig dem Kampf gegen Bösewichter und Wilde stellten. Die Geschichte war gespickt mit Gefahren, Gewalt und Spannung, und stets standen die Ehre und die Macht der Nation auf dem Spiel.

Was tat es schon zur Sache, wenn die tatsächlichen Ereignisse etwas anders lagen: Das würden die Leser schon noch früh genug herausfinden. Für den Augenblick zumindest spiegelte diese Geschichte ihre Zeit wider, eine aufregende, berauschende Zeit, in der sich der Horizont der Betrachter ungeheuer erweiterte. Sonnengegerbte Onkel kamen mit Elefantenstoßzähnen und Eingeborenenspeeren heim; Gäste wurden mit dem Klang eines orientalischen Gongs zum Dinner gebeten. Manche Familien breiteten stolz Tigerfelle auf dem Boden aus, mit ausgestopftem Kopf natürlich, über den der Butler immer wieder fluchend stolperte. Es gab riesige lederne Kabinenkoffer, die Dampfmaschinen fauchten und zischten, die Schiffssirenen heulten und lieferten die Begleitmusik zu den tränenreichen Abschieden unerschrockener Reisender, die zu exotischen Plätzen aufbrachen, wo sie sich schwere, lebensbedrohliche Krankheiten holten oder womöglich auch den Tod fanden.

Bei diesen Reisenden handelte es sich um Abenteurer jeglicher Couleur; manche suchten Ruhm und Reichtum, andere waren entschlossen, die rapide größer werdende Welt zu erforschen oder auch zu verbessern. Sie mochten Händler sein, die an fernen Küsten ein Vermögen mit Kautschuk, Fellen, Elfenbein, Gold und Gewürzen machen wollten. Oder Forscher und Wissenschaftler, die manchmal jahrelang in unbekannten Weltgegenden verschwanden, und zwar ohne Funk, ohne Hubschrauber oder gar Landkarten, nur bewaffnet mit ihren wissenschaftlichen Instrumenten, ihrer Neugier und ihren Tagebüchern. Manche waren gar Missionare, die alles daransetzten, den »Wilden«, die an andere Götter glaubten und merkwürdige Riten hatten, Christentum und (natürlich nach europäischem Maßstab) die »Zivilisation« zu bringen. Manche zogen aus, um zu heilen oder gegen die Plage des Sklavenhandels zu kämpfen. Ein paar flohen womöglich vor dem Bankrott, vor nörgelnden Gattinnen, dem Gesetz oder auch vor sich selbst. Tatsächlich wiesen einige der bekanntesten »Helden« tiefe psychologische Verwundungen auf. Durchaus nicht wenige zogen hinaus (ohne sich dessen vielleicht bewusst zu sein), um ihre Fantasien auf riesigen und gefährlichen Spielplätzen auszutoben, auf denen es keine solchen Beschränkungen gab wie in ihren engen Gesellschaftsstrukturen daheim – Spielplätze, auf denen sie Mut und Abenteuerlust beweisen konnten, große Risiken eingingen, das Gefühl ungeheurer Überlegenheit genossen, ihre Talente entwickelten, großartige Karrieren hinlegten und nach der Unsterblichkeit griffen. Diese Herausforderungen konnten das Beste herausholen aus jenen, die sich auf den Weg machten: Mut, innere Stärke, Selbstaufgabe und wahres Heldentum. Sie konnten aber auch das Allerschlimmste in ihnen wecken; einige der größten Verbrechen der Menschheit wurden in jenen weit entfernten Wüsten und Dschungeln verübt.

In Afrika, denn um Afrika soll es in diesem Buch gehen, trafen sie nicht nur andere Europäer – Franzosen, Portugiesen, Belgier, Briten, Holländer und viele mehr –, sondern auch Türken und Ägypter, die über große Landteile herrschten, indische Geschäftsleute und Arbeiter sowie Araber, die dort seit langem lebten und unter anderem einen florierenden Handel mit Elfenbein und Sklaven betrieben. Und, natürlich, Afrikaner. Auf diesem riesigen Kontinent gab und gibt es vielerlei Völker, die sich in Aussehen, Sprache, Kultur und Entwicklungsstand stark voneinander unterscheiden. Stärkere Stämme oder Königreiche widersetzten sich den Neuankömmlingen häufig mit aller Macht, schwächere hießen sie und ihre Waffen willkommen, nicht zuletzt als potenzielle Verbündete gegen ihre Feinde. Sie sollten bald lernen, dass es gute Weiße gab, die freundlich gesinnt waren, ihnen neue Fähigkeiten beibrachten, sie respektierten und sogar liebten, und sie erwiderten diese Zuneigung. Doch es gab auch die bösen Weißen, die sie wie Tiere behandelten, ausbeuteten und abschlachteten. Viele der weißen Männer und diejenigen, die sie entsandten, glaubten fest daran, dass die aus Charles Darwins Evolutionstheorie irrtümlich abgeleitete Vorstellung vom Recht des Stärkeren auch auf Völker und Staaten zutraf und dass es ihre Aufgabe – ach was, ihre heilige Pflicht – sei, den »Wilden« ihr Land zu nehmen und auszubeuten, was immer es hergab, solange man ihnen nur Christentum und Zivilisation brachte, notfalls mit dem Gewehr. Im Laufe der Zeit erkannten die Afrikaner, dass den Forschern und Missionaren bald Soldaten und Verwaltungsbeamte folgten, dass der weiße Mann ihr Land regelrecht ausplünderte und ihnen seine eigenen Gesetze aufzwang, bis nur noch wenig von der Welt übrig blieb, die ihre Vorfahren gekannt hatten. Und noch mehrere Generationen lang betrachteten nur wenige Weiße sie als ebenbürtig, die meisten sahen in ihnen Angehörige einer minderen Rasse.

Kehrten die weißen Männer heim, so wartete auf die Glücklicheren von ihnen tatsächlich der Ruhm. Denn die Öffentlichkeit liebte ihre Abenteuer. Die Menschen verschlangen die Zeitungsberichte über ihre Taten genauso wie die Bücher, die diese fremden, unbekannten Gegenden und Menschen beschrieben. Sie brachten riesige Geldsummen auf, um Missionare darin zu unterstützen, den »Wilden« die Bibel, Schulen und Kleidung zu bringen, oder um Expeditionen zu finanzieren, die Forscher retten sollten, die schon sehr lange vermisst wurden. Die Menschen beugten sich über Landkarten dieser fernen Länder, auf denen die großen weißen Flächen nach und nach schrumpften, sobald bislang unbekannte Gebirge, Flüsse und Seen »entdeckt« wurden. Sie strömten in Massen in die Vorträge, die von Geografischen Gesellschaften angeboten wurden, und gelehrte Herren mit steifen Hemdbrüsten und langen Bärten gerieten dort in hitzige Debatten über den Wahrheitsgehalt dieser oder jener Behauptung.

Falls diese Entdecker, Missionare und Pioniere also zurückkehrten, dann wurden sie oft berühmt. Sie schrieben langatmige Bücher voller Eigenlob, die sich ungeheuer gut verkauften, sie wurden als Helden verehrt, gingen auf lukrative Vortragsreisen, speisten mit Kaiser, König oder Queen und wurden von den Damen der Gesellschaft hofiert.

Vorreiter dieser Geschichte waren die Kaufleute. Mehrere Jahrhunderte lang hatten unter anderem portugiesische, spanische, britische und holländische Unternehmer Handelsposten an palmengesäumten Küsten errichtet; sie schickten Segelschiffe – und später Dampfschiffe – voller Elfenbein, Ebenholz, Gewürze und Gold nach Hause und zogen mit billigen Manufakturwaren wieder hinaus. Aus den Handelsposten wurden kleine Kolonien. Von dort aus drangen Entdecker und Missionare in das unbekannte Landesinnere vor. Einige der bekanntesten stammten, wie es einer Nation von großer Gelehrsamkeit und Kultur entsprach, aus dem deutschsprachigen Raum, darunter die großen Entdecker Heinrich Barth, Gustav Nachtigal, Gerhard Rohlfs und die schwäbischen Missionare Johann Ludwig Krapf und Johannes Rebmann, die gemeinsam den Kilimandscharo entdeckten. Zwei anderen Deutschen blieb es überlassen, diesen Gipfel als Erste zu besteigen.

In vielen Überseeterritorien blieb die europäische Herrschaft über lange Zeit sehr informell, es gab keine Verträge und sonstige Niederschriften. Das passte durchaus ins Konzept der europäischen Kolonisatoren, es verlieh ihnen Macht ohne Kosten und ohne Verantwortung.

Doch in der Zeit um 1880, in der unsere Geschichte beginnt, veränderte sich in Europa das Selbstverständnis, es breitete sich eine neue, ansteckende Form von Nationalismus aus, die wiederum eine neue Form des Imperialismus gebar: emotional, aggressiv, habgierig. Auf einmal waren Kolonien eine Frage von nationaler Größe, von Stolz und Prestige in der Rivalität zwischen den großen und den etwas weniger großen Mächten. In Großbritannien schlugen die Trommeln am lautesten, schwollen die Brustkörbe am meisten vor Stolz, als der Öffentlichkeit dort zu Bewusstsein kam, dass sich das Land wie nebenbei das bei weitem größte Stück vom Kuchen gesichert hatte. Doch auch in anderen Ländern gab es triumphale Gefühle und wässrige Augen angesichts der kolonialen Besitztümer. Alle waren nur zu begierig, sich mit jeder zur Verfügung stehenden Macht an das zu klammern, was sie sich angeeignet hatten, und so viel vom Rest zu ergattern wie nur möglich, bevor es die anderen in die Finger bekamen. Auf Betreiben ihrer Regierungen und anderer Organisationen machten sich mehrere Tausend Europäer auf, um diese neuen Gebiete zu besiedeln und sich dort als Farmer, Plantagenbesitzer, Bergarbeiter und Händler niederzulassen: Sie machten sich die Einheimischen untertan, beuteten sie aus und schafften sich eine Gesellschaft wie zu Hause – wohin sie jedoch nicht zurückzukehren beabsichtigten. Der Großteil des bis dato noch nicht beanspruchten Territoriums auf der Welt befand sich in Afrika – von Europäern nicht beansprucht, soll das heißen; die Tatsache, dass die dort Lebenden es als das ihre betrachteten, spielte keinerlei Rolle. Dort nun wurde der Konflikt der europäischen Nationen am heftigsten ausgetragen. Der Wettkampf um Afrika hatte begonnen.

Das erst 1871 ausgerufene Deutsche Reich hatte sich in diesem Spiel recht spät zu Wort gemeldet. Kolonialistische deutsche Verbände riefen nun nach Überseebesitzungen. Die nationalistischeren unter ihnen forderten dies zum Ruhme eines größeren, mächtigeren Deutschlands lautstark ein. Theoretiker und Ökonomen wollten sie haben, um so Überbevölkerung verlagern, Unruhestifter abschieben und industrielle Güter exportieren zu können. Andere blieben davon völlig unbeeindruckt, allen voran der Eiserne Kanzler, Fürst Otto von Bismarck, der keinen Hehl aus seiner Meinung machte, Kolonien brächten mehr Ärger und Ausgaben mit sich, als sie wert waren, und deshalb entschlossen war, dass Deutschland unter seiner Kanzlerschaft keine Kolonien erwerben werde. Diese Entschlossenheit reichte allerdings nur bis zu dem Tag, an dem er seine Meinung änderte.

Auch die Rolle der deutschen Forschungsreisenden in den Dschungeln und Savannen Afrikas änderte sich. Ihre Aufmerksamkeit richtete sich nun weniger auf wissenschaftliche Fortschritte, sondern mehr auf politische und wirtschaftliche Ziele. Einige unter ihnen, wie zum Beispiel der bedeutende Botaniker und Ethnologe Georg Schweinfurth, drängten ihre Landsleute, den Handel aufzunehmen und in der einen oder anderen fruchtbaren Gegend Posten zu eröffnen. Andere wie Gustav Nachtigal sammelten neben ihren wissenschaftlichen Unternehmungen »Verträge«, in denen Stammesoberhäupter ihr Land dem Kaiser überschrieben. Nachtigal, Rohlfs und der Entdecker Hermann Wissmann (ab 1890 Hermann von Wissmann) wurden später offizielle Vertreter der Berliner Reichsregierung vor Ort.

Es tauchten auch andere Abenteurer aus aller Herren Länder auf, die kein Interesse an Flora, Fauna oder der Bevölkerung hatten und nur über die kümmerlichsten ökonomischen Kenntnisse verfügten. Es handelte sich um Eroberer, die es einzig und allein darauf abgesehen hatten, riesige Ländereien für ihren Heimatstaat zu akquirieren, notfalls mit Gewalt und Mord.

Äquatoria war eine der Gegenden, in der es um diese Landnahme ging, eine riesige und weitgehend fruchtbare Region um den oberen Nil herum, die gierige Blicke auf sich lenkte. Und mitten in dieser Region lebte ein unbekannter und exzentrischer kleiner deutscher Arzt, der es sich in seinen kühnsten Träumen nicht gedacht hätte, zur Trophäe eines denkwürdigen internationalen Machtkampfs zu werden.

TEIL 1
AFRIKA LOCKT

KAPITEL 1
Ein Sturm zieht auf

Am 16. März 1883 schipperte der kleine Raddampfer *Telhawin**
langsam den Weißen Nil hinauf und zog eine schwarze Rußfahne
hinter sich her, die aus seinem hohen Schornstein waberte. Der
Steuermann achtete sorgsam auf die von Krokodilen bevölker-
ten und mückenverseuchten Schlammufer und Papyrusinseln zu
beiden Seiten des Schiffs. Der ägyptische Beamte, seine Familie
und die Mitreisenden konnten es kaum noch erwarten, endlich
ihr Ziel zu erreichen. Seit Wochen dampften sie nun schon den
Fluss hinauf, durch glühende Wüste und die endlosen Sümpfe
des Sudd, wo schwimmende Inseln ständig drohten, die Weiter-
fahrt zu blockieren, dann wieder durch scheinbar flaches Land,
wo die Flussufer mit hohem, trockenem Gras und gelegent-
lichen Flecken von Dornengestrüpp und kümmerlichen Bäumen
gesäumt waren. Die Eintönigkeit der Reise war nur gelegentlich
von Zwischenstopps an Flussstationen unterbrochen worden,
an denen kleine ägyptische Garnisonen mühsam die Kontrolle
über die schwarzafrikanische Bevölkerung des südlichen Sudan
aufrecht erhielten.

Langsam näherten sie sich dem Äquator; endlich kam zwölf
Meilen westlich von ihnen der runde, tausendfünfhundert
Meter hohe Berg Jebel Lado in Sicht und kündigte an, dass
ihr Ziel, die Station Lado, nicht mehr weit war. Der lange
Pfiff der Schiffssirene wurde mit großem Hurra beantwortet,
und als das Schiff sich der Anlegestelle näherte, konnten die

---

* Es gibt verschiedene Möglichkeiten, Wörter aus dem Arabischen zu
transkribieren. Die in diesem Buch benutzten Schreibweisen entspre-
chen der Präferenz der Autorin.

Passagiere die aufgeregte Menge der offiziellen Vertreter, Soldaten, Frauen und Kinder immer besser erkennen, die aus den Toren der Siedlung und von den umliegenden Feldern und Zitronenhainen herbeieilten. Lärmend drängten sie sich am Flussufer zusammen, während das Schiff knarrend und zitternd am hölzernen Landesteg festmachte. Die Einwohner hatten allen Grund, so aufgeregt zu sein. Die *Telhawin* war der erste Dampfer, der seit acht Monaten an diesem entlegenen Posten anlegte – acht Monate, in denen sie ohne Nachrichten, ohne Nachschub und ohne jeden Kontakt zu jener Regierung waren, deren Herrschaft sie hier zu vertreten hatten.

Der Lärm und das Durcheinander, das die Ankunft der *Telhawin* ausgelöst hatte, wurden kurzfristig durch offizielle Handlungen unterbrochen. Lado war damals Verwaltungszentrum der riesigen sudanesischen Provinz Äquatoria, und Hauptmann Osman Latif, der ägyptische Beamte, ehemals Oberster Kriminalbeamter in Khartum, war gekommen, um das Amt des stellvertretenden Gouverneurs anzutreten. Kleine Kanonen schossen Salut, eine Ehrengarde stand in Habacht, die ägyptische Nationalhymne wurde gespielt, die Neuankömmlinge offiziell begrüßt, während die rote Flagge Ägyptens mit ihren drei Halbmonden, die drei Sterne umfangen, am hohen Fahnenmast flatterte. Zwar war man hier gut tausend Meilen von der Hauptstadt Khartum entfernt, zweitausend Meilen von Sudans ägyptischen Herrschern in Kairo und eine ganze Welt von den osmanischen Oberherrschern in Konstantinopel, doch der Gouverneur legte großen Wert auf Formalitäten.

Dieser Gouverneur, der zur Begrüßung des neuen Beamten erschien, war ein kleiner, schlanker Mann mit Brille, elegant und makellos in eine weiße Uniform gewandet, die in scharfem Gegensatz zu seiner dunkel gebrannten Haut, dem sauber gestutzten Bart und dem roten Fez stand. In dieser Gegend der Welt war er als Mehmet Emin bekannt und trug die Titel Doktor, denn er war tatsächlich Arzt, und Bey, was seinen Status im Dienst der osmanisch-ägyptischen Herrschaft widerspiegelte. Name und Aussehen ließen vermuten, es könne sich bei ihm um einen Türken handeln, ein Eindruck, den zu erhalten er sich größte Mühe gab.

Niemand wusste so genau, was diesen Mann hierher, an diesen südlichsten Außenposten des Sudan, fern jeder Zivilisation, getrieben hatte. Es handelte sich um eine einsame, undankbare Aufgabe, für die Kette kleiner, abgelegener Flussstationen entlang des Nil und seiner Zubringerflüsse verantwortlich zu sein, die letzten Überbleibsel des ägyptischen Drangs, ein großes Reich im tropischen Afrika zu errichten. Kairos Finanzen waren zusammengebrochen und damit auch die Höhenflüge. Die Autorität des Gouverneurs beschränkte sich auf die Garnisonen in den Stationen, die Zivilangestellten und die Gemeinschaften, die sich darum gebildet hatten; um Recht und Verwaltung Ägyptens auf den Rest der Provinz auszudehnen, fehlten ihm die Mittel. Die Behörden in Khartum interessierten sich keinen Deut mehr für ihre am weitesten entfernt liegenden Außenposten, ignorierten Vorschläge des Gouverneurs oder lehnten sie ab und unterhielten nur rudimentäre Schiffsverbindungen. Seit Jahren hatten weder Emin Bey noch sonst jemand ein Gehalt bezogen.

In Kairo betrachtete man die tropischen Provinzen des Sudan – im Gegensatz zu den sandigen, von Arabern bewohnten Nordprovinzen – als eine Art Ägyptisch-Sibirien, als einen Ort, an den Verbrecher, in Ungnade gefallene Offiziere, unliebsame Beamte und andere unerwünschte Elemente strafversetzt wurden. Dazu kamen gewohnheitsmäßige Korruption und Diebstahl sowie die generelle Unfähigkeit der ägyptischen Behörden, was es alles in allem ungemein erschwerte, diese entlegene und primitive Region zu entwickeln. Und als ob das noch nicht genug sei, war auch das Klima in Lado ungesund

und zermürbend. Doch Emin Bey schien in seinem Element zu sein. Er vertrug sich gut mit seinen zwielichtigen Untergebenen, war freundlich und aufmerksam, und sie wiederum mochten und respektierten ihn, auch wenn sich die Offiziere manchmal wünschten, er wäre strenger. Erstaunlicherweise war Emin Bey in den fünf Jahren, die er dort bereits Dienst tat, recht erfolgreich gewesen.

Äquatoria war in den siebziger Jahren des 19. Jahrhunderts von zwei Briten im Namen des ägyptischen Herrschers, des Khediven Tewfik, und unterstützt von ägyptischen Truppen erobert worden, erst von dem Forschungsreisenden Samuel Baker (später Sir Samuel), dann von Colonel Charles George Gordon. Das Geschäft beruhte auf Gegenseitigkeit: Der Khedive erweiterte sein zentralafrikanisches Reich erheblich, und die beiden Briten erreichten ihr Ziel, zumindest in großen Teilen, die grauenhaften und höchst lukrativen Machenschaften des Sklavenhandels zu zerschlagen. Sie versuchten sich darin, so etwas wie eine Modellverwaltung zu errichten, doch nachdem Gordon 1876 Äquatoria verlassen hatte, zerfiel das Werk in kürzester Zeit.

Als Emin Bey 1878 zum Gouverneur ernannt wurde, war der Sklavenhandel längst wieder in vollem Gange. Selbst hochrangige Beamte, darunter sein ägyptischer Vorgänger, hatten unverhohlen Gefangene gemacht und sie den Fluss hinuntergeschickt, obwohl dies gegen die Gesetze war. Die Garnisonen zu versorgen, erwies sich als ein Dauerproblem, und die Truppen verfielen regelmäßig darauf, die örtlichen Stämme zu überfallen, um Nahrungsmittel und Vieh zu stehlen. Sie zögerten dabei nicht, all jene zu massakrieren, die sich ihnen in den Weg stellten. Aus diesem Grund flohen die Stammesvölker weiter ins Landesinnere, und die Gegenden rund um die Stationen fielen in unbewohnte, unkultivierte Wildnis zurück. Die Angestellten plünderten in schöner Regelmäßigkeit Staatsbesitz und widersetzten sich Anordnungen. Die Stationen verfielen zusehends.

Emin bekämpfte die Korruption, verbot die Überfälle und den Sklavenhandel und verbreitete durchaus einen Hauch von Recht und Ordnung, zumindest in den Gegenden, in denen er seine Autorität durchsetzen konnte. Er schloss sogar einen fragilen Frieden mit den Eingeborenen. Er behandelte die Menschen gut und war freundlich – meist zu freundlich. Bei schwereren Vergehen verhängte er, wie damals üblich, die Todesstrafe, und zusätzlich hatte er einen Killer in Lohn und Brot, der still und heimlich den einen oder anderen Unruhestifter beseitigte – eine Entdeckung, die einen engen Freund zutiefst schockierte. Unter Emins Oberbefehl war Lado zu einem ansehnlichen Städtchen von zweitausend Häusern angewachsen, die an säuberlich gepflegten, schachbrettartig angelegten Straßen standen. Die alten afrikanischen Lehm- und Strohhütten waren Ziegelgebäuden gewichen, nachdem er eine Ziegelbrennerei gebaut und den Menschen gezeigt hatte, wie man die Bausteine anfertigte. Er hatte Geschäfte und eine Apotheke eröffnet, eine Moschee, eine Koranschule sowie ein Krankenhaus errichtet, das er, da er der einzige Arzt war, zusammen mit einem Apotheker, einem tunesischen Juden namens Vita Hassan, führte.

Rings um das Städtchen, das durch eine hohe Palisade vor möglichen Überfällen geschützt wurde, waren auf sein Geheiß hin Zitronenhaine und Plantagen angelegt worden, die die Bewohner mit Obst und Gemüse, Weizen, Kaffee, Reis und Tabak versorgten und sogar Muskat, Indigo und Baumwolle lieferten. Europäische Besucher waren tief beeindruckt von den Fortschritten, und ihre Lobeshymnen sollten eine große, wenn auch irreführende Rolle bei den weiteren Ereignissen spielen. Jene, die länger bei Emin Bey blieben, mussten erkennen, dass viele seiner Projekte und Experimente schließlich meist an den örtlichen Gegebenheiten scheiterten. Doch die

Gegend war immerhin erheblich sicherer geworden. Emin hatte Löwenfallen ausheben lassen, vier Meter tiefe Gruben, bedeckt mit Blättern und Dornen. Nachts wurde eine Ziege hinuntergelassen, die durch ihr Gemecker die Löwen in ihr Schicksal lockte. Er hatte einen Palisadenzaun in den Fluss setzen lassen, damit die Frauen das Wasser holen konnten, ohne von Krokodilen gerissen zu werden.

Äquatoria war von europäischen Forschungsreisenden als die reichste und blühendste Provinz in Zentralafrika gepriesen worden, mit ausreichend Wasser gesegnet, mit einem ausgezeichneten Klima und natürlicher Schönheit. Doch Äquatoria hatte einen weiteren immensen Schatz: Elfenbein. Die Wälder waren – noch immer – voller wilder Elefanten, deren Stoßzähne zu den begehrtesten der ganzen Welt gehörten, da sie weich und weiß waren und besonders leicht zu all den Gegenständen verarbeitet werden konnten, die in den reicheren Ländern gerade en vogue waren – wie zum Beispiel Schmuckkästchen, Billardkugeln, Nippes, Klaviertasten und Besteckgriffe. Emin verfügte über große Lagerhäuser voll von Elfenbein in Lado und in anderen Stationen. Er war stolz darauf, dass die Provinz unter seiner Herrschaft für die eigenen Kosten aufkam, wenngleich der Gewinn meist aus dem Elfenbeinhandel stammte, der Staatsmonopol war. Er wusste aber auch: Solange es keinen freien Handel und keinen ordentlichen Schiffsverkehr gab, würde es keinerlei Hoffnung auf einen wirtschaftlichen Fortschritt in Äquatoria geben.

Emin Bey arbeitete hingebungsvoll für seine Provinz, versah seinen Dienst und kümmerte sich um sein nichtsnutziges Völkchen. Glücklicherweise verfügte er über ein Gegenmittel gegen all die Enttäuschungen und die Isolation, die mit seiner Aufgabe einhergingen: Er war ein leidenschaftlicher Naturforscher, und hier im tropischen Afrika gab es Tierarten, die in Europa bislang noch keiner gesehen, geschweige denn untersucht hatte. Trotz seiner Kurzsichtigkeit verbrachte er seine freie Zeit damit, Flora und Fauna zu beobachten und Artikel für wissenschaftliche Publikationen zu schreiben. Er beschäftigte einen Jäger, um Tiere und Vögel zu schießen – Vögel vor allem, die er vermaß, benannte und beschrieb, dann trocknen und ausstopfen ließ, um sie bei passender Gelegenheit an Museen in Deutschland und Großbritannien zu schicken. Wohin er auch ging, stets hatte er einen kleinen Tisch und einen Stuhl im Gepäck, sodass er die Funde begutachten und seine Beobachtungen aufzeichnen konnte. Er beschäftigte sich derart intensiv mit seinen wissenschaftlichen Forschungen, dass sich manche fragten, ob diese nicht der eigentliche Grund für seinen Aufenthalt hier waren.

In den vergangenen sechs Jahren, so überschlug Emin, hatten nur acht Dampfschiffe Lado erreicht und nur drei davon zumindest einen Teil des Nachschubs gebracht, den die Stationen so dringend benötigten. Einmal gab es ganze zwei Jahre keine Verbindung zu Khartum, nachdem eine außergewöhnlich hohe Flut Schlamm und Trümmer mit sich gerissen und in der Folge die Schifffahrt zum Erliegen gebracht hatte. Meistens jedoch waren Inkompetenz und Nachlässigkeit für das Ausbleiben des Schiffes verantwortlich.

Acht Monate lang hatte Emin nun schon ungeduldig auf ein weiteres Schiff gewartet. Ihn interessierte nicht so sehr die Ankunft seines neuen Stellvertreters. Vielleicht fragte er sich, warum Osman Latif aus der Hauptstadt in die am weitesten entfernte Provinz versetzt worden war, doch so oder so würde es mit der Zeit schon offenkundig werden, ob der Mann zu irgendetwas nutze war. Nachschub war wichtig, wenn es überhaupt welchen gab, Munition vor allem, aber auch Kleidung und Perlen, mit denen man von den Eingeborenen Nahrung erwerben und ihre Dienste bezahlen konnte. Von allergrößtem Interesse für Emin Bey war jedoch die Post: Briefe aus der Welt da draußen, von Freunden und Bekannten, Kollegen und Vorgesetzten, auch Zeitungen, Magazine und seine geliebten wissenschaftlichen Publikationen. Viele davon waren seit Monaten nicht mehr aktuell. Doch vielleicht konnten sie, ebenso wie die Informationen, die er von Schiffsbesatzung und Passagieren erhaschen konnte, die Hintergründe erhellen über die Besorgnis erregenden Gerüchte, die ihm über Unruhen im Norden zu Ohren gekommen waren.

Nachdem die Formalitäten erledigt waren, das Entladen beendet war, die allgemeine Aufregung sich gelegt und jeder sich wieder dem Tagesgeschäft zugewandt hatte, konnte Emin Bey sich hinsetzen und kontrollieren, was der Dampfer nun alles gebracht hatte. Eine erfreuliche Überraschung war eine Kiste mit Wein und Mortadella, ein Geschenk von Professor Manfredo Camperio, dem Herausgeber der italienischen geografischen Zeitschrift *L'Esploratore*, der Emin hin und wieder Artikel zusandte; eine höchst willkommene Abwechslung in der eintönigen Küche der Station.

Ansonsten war die Lage eher alarmierend. Im Sudan, so schrieb Emin kurz darauf einem Freund, »ist der Teufel los«. Emin hatte bereits mitbekommen, dass Muhammad Ahmad, ein gut aussehender junger Mann mit dunklen Samtaugen, der aus einer Bootsbauerfamilie von der Insel Aba im Nil stammte, sich selbst zum »Mahdi« ausgerufen hatte, zum von Gott gesandten Erlöser. Dieser Mahdi forderte, dass sich ihm alle Welt im *Dschihad* gegen die türkisch-ägyptische Herrschaft im Sudan anschloss. Tausende von Sudanesen waren seinem Ruf gefolgt, einige aus religiösem Fanatismus, viele aus Hass auf die arroganten, korrupten und habgierigen Herrscher aus Ägypten. Die überwiegend arabische Bevölkerung der nördlichen Sudanprovinzen hasste die Steuern, die sie zu zahlen hatte und die zumeist mit der *Kurbash* – einer Peitsche aus Büffelhaut – eingetrieben wurden. Die Reicheren und Mächtigeren waren wütend wegen des wirtschaftlichen Zusammenbruchs und des Verlusts ihrer Macht infolge der Unterdrückung des Sklavenhandels. Die gleichfalls unterdrückten schwarzen Völker in den Südprovinzen, die meist heidnischen Bräuchen anhingen oder nur oberflächlich islamisiert waren und als potenzielle Opfer der Sklavenhändler galten, interessierten sich nicht für den Mahdi-Aufstand, es sei denn, er tangierte ihre eigenen Interessen.

In anderen Gegenden des Sudan wurden die Mahdisten zunehmend stärker und hatten bereits zweimal Regierungstruppen geschlagen. In der Provinz Äquatoria war dagegen noch alles ruhig. Emin nahm an, dass die ägyptische Armee und ihre britischen Berater durchaus in der Lage seien, die Unruhestifter auszuschalten, bevor sie bei ihm eintrafen.

Er sollte sich irren. In den Regionen Kordofan und Sennar gingen die Kämpfe weiter, und die Ägypter mussten erhebliche Verstärkung für ihre Truppen entsenden. Khartum war befestigt worden, es wurde jederzeit mit einem Angriff gerechnet. Zudem war in Ägypten selbst der Teufel los. Ein Großteil der bewaffneten Streitkräfte unter dem Befehl eines Oberst namens Ahmed Arabi hatte gegen die türkische Schutzherrschaft protestiert, woraufhin die Briten intervenierten und die wunderschöne Hafenstadt Alexandria bombardierten. Dann waren sie einmarschiert, und im Endeffekt hatten sie damit das Land an sich gerissen. Oder, wie Emin später schrieb, als er die Zeitungen seinem Freund, dem deutschen Forschungsreisenden William Junker, weiterschickte, der zu der Zeit in der Region Monbuttu im Südwesten von Lado tätig war: »Aus den Zeitungen werden Sie sehen, was in der Welt vorgegangen ist; wie die Ägypter unter Arabi Pascha Krieg gespielt haben und die Engländer ihnen auf die Finger geklopft haben; wie sie den Suez-Kanal forcirt und die ägyptische Armee aufgelöst, wie sie Alexandrien bombardirt (…) und zu guterletzt sich in Ägypten häuslich niedergelassen haben, auch keine Miene machen, wieder weg zu gehen.«

Am meisten Sorge bereitete Emin jedoch die Tatsache, dass seit vier Monaten keinerlei Post mehr aus dem benachbarten Bahr-el-Ghazal eingetroffen war, der anderen südlichen, von Schwarzen bewohnten Provinz im Sudan, benannt nach dem gleichnamigen »Fluss der Gazellen«. Diese Stille sei »nicht recht geheuer«, wie er Junker anvertraute. Der offiziell illegale Sklavenhandel blühte noch in Bahr-el-Ghazal; dort herrschte blanke Gesetzlosigkeit. Der verantwortliche Gouverneur, ein unerfahrener englischer Beamter namens Frank Lupton, war nur auf dem Papier Herr der Lage. Die eigentliche Macht, so schrieb Emin an Junker, hätten die mächtigen und skrupellosen Sklaven- und Elfenbeinhändler. Zwei Hauptrouten durch Bahr-el-Ghazal waren blockiert, und die einzige Beziehung zur Regierung in Khartum bestand darin, dass die Provinz weiterhin Elfenbein schickte und dafür Nachschub an Geld, Waffen, Munition und Schießpulver erhielt.

Unterdessen gab es viel zu tun. Vor allem musste Emin Bey viele Briefe schreiben, die er an Bord des Dampfschiffes wissen wollte, bevor das wieder ablegte. Außerdem schickte er einen Boten mit einer kurzen Nachricht zu Major Gaetano Casati, einem italienischen Geografen, der weiter südlich arbeitete, um ihm mitzuteilen, dass die *Telhawin* Post für ihn gebracht hätte. An Bord des Dampfers kamen Emins wissenschaftliche Sammlungen, jede Menge Elfenbein und dazu eine Reihe von Beamten und Soldaten, deren Dienstzeit abgelaufen war. Am Samstag, den 14. April 1883, um zehn Uhr, sah Emin Bey nach vielen besorgten Abschiedsszenen, wie das Schiff sich wieder nordwärts den Nil hinunter auf den Weg machte und eine Rauchwolke hinter sich herzog.

Es sollte keinen weiteren Dampfer aus Khartum mehr geben.

KAPITEL 2

Ein Abenteurer macht sich auf den Weg

Neunzehn Jahre zuvor, am 21. Dezember 1864, war ein bebrillter junger Arzt namens Eduard Schnitzer von einem dreckigen, stinkenden Träger im primitiven Hafen von Antivari* an der albanischen Küste vom Dampfschiff *Arciduca Lodovico* Huckepack an Land getragen worden. Endlich war der junge Mann in der großen weiten Welt, im aufregenden und romantischen Orient, von dem er so lange geträumt hatte – wenn auch noch nicht ganz an der gewünschten Stelle oder in dem Stil, den er sich erträumt hatte. Jedenfalls war das hier kein Vergleich zu dem kleinen Provinzstädtchen Neiße im preußischen Schlesien, wo er aufgewachsen war und Mutter und Schwester noch immer lebten.

Der Arzt war 1840 im schlesischen Oppeln als Eduard Isaak Schnitzer, Sohn des jüdischen Kaufmanns Ludwig Schnitzer und seiner Frau Pauline, geboren worden. Als er zwei war, zog die Familie nach Neiße um; dort starb sein Vater drei Jahre später. Pauline heiratete einen Christen und konvertierte mit ihren zwei Kindern zum Protestantismus; 1846 wurde Eduard auf den Namen Eduard Carl Oscar Theodor Schnitzer getauft. Der junge Eduard bewies schnell seine hohe Intelligenz und entwickelte eine große Leidenschaft für die Naturwissenschaften. Sein Taschengeld gab er für Bücher über Pflanzen und Tiere aus. Schon recht früh begann er damit, Sammlungen anzulegen, die er später dem Gymnasium, das er besuchte, und der benachbarten Mädchenschule überließ. Eduard studierte Medizin, erst in Berlin, dann in

---

* das heutige Bar

Königsberg und Breslau. Das änderte nichts an seinem brennenden Interesse an der Natur, er schrieb Artikel für wissenschaftliche Zeitschriften und lernte einige der führenden Köpfe auf diesem Gebiet kennen.

Eduard, kurzsichtig, dunkelhaarig und blässlich wie seine Mutter, entwickelte sich zu einer vielschichtigen, widersprüchlichen und manchmal rätselhaften Persönlichkeit. Er war sehr gesellig, großzügig, charmant und keinem Spaß abgeneigt, zugleich aber auch höchst sensibel gegenüber Kritik. Er konnte sich leicht mit seinen Freunden überwerfen, sich für längere Zeit vor der Welt verschließen und sich ganz seinen Büchern widmen. Vor allem in Berlin wurde dies deutlich, wo er sich der Burschenschaft Arminia anschloss, nach einer Weile aber wieder austrat.

Zwar ging Eduard in seinem Studium gewissenhaft und akribisch ans Werk, doch hatte er auch einen Hang zur Unver-

Eduard im Alter von etwa sieben Jahren
mit seiner Mutter und der Schwester Melanie

nunft. Als Student litt er chronisch unter Geldmangel, und wenn er welches hatte, gab er es unbekümmert anderen, ohne sich um die Konsequenzen zu kümmern. Den einen Tag konnte er sich überaus enthusiastisch einer Sache widmen, nur um am nächsten Tag niedergeschlagen und mutlos zu sein. Häufig änderte er seine Pläne wie sein Urteil. Er war ein begeister-ter Familienmensch und dachte daran, selbst recht früh eine eigene Familie zu gründen, gleichzeitig aber hatte er schon seit frühester Jugend davon geträumt, in exotischen Gegenden auf entlegenen Kontinenten zu leben und zu arbeiten. Er bestand das Rigorosum mit glänzenden Noten, erschien aber – und das ist eines der bleibenden Rätsel seines Lebens – nicht zum Staatsexamen, das es ihm ermöglicht hätte, in Deutschland eine eigene Praxis zu eröffnen. Stattdessen entsetzte er seine nächsten Angehörigen mit der Ankündigung, sein Glück im Ausland versuchen zu wollen. Glücklicherweise erschreckte

Eduard als Corpsstudent
der Burschenschaft Arminia

das einige weiter entfernte Verwandte weniger, die der Ansicht waren, der junge Eduard hätte wohl bessere Chancen außerhalb des Deutschen Reichs, und die ihn daher mit bescheidenen finanziellen Mitteln für sein Unterfangen versahen.

Eduard Schnitzer hatte zu diesem Zeitpunkt schon versucht, sich in den britischen Kolonien in Afrika zu verdingen, was ihm aber nicht gelungen war. Er hatte mit der Idee gespielt, ein Angebot in Buenos Aires anzunehmen, den Gedanken aber wieder fallenlassen. Nun machte er sich auf den Weg nach Wien: Sein Ziel war ein Posten als Mediziner in osmanischen Diensten. Ein Besuch in der türkischen Gesandtschaft dort verlief enttäuschend. Er habe nur dann eine Chance, so teilte man ihm mit, wenn er sich nach Konstantinopel begebe, wie Istanbul damals noch hieß, und sich persönlich bewerbe. Dazu fehlten ihm jedoch die Mittel. Es gab nur noch eine weitere Möglichkeit: das Schlachtfeld. Er konnte sich dem Söldnerheer aus jungen Europäern anschließen, die dem Erzherzog Ferdinand Maximilian nach Mexiko folgen wollten, wo dieser gerade zum Kaiser ernannt worden war. Schnitzer begab sich im November 1864 zum Hauptquartier dieser neuen Armee in Laibach. Dort eröffnete sich ihm ein operettenhafter Anblick: »Bunt genug sah es freilich aus im Hauptquartier des Freiwilligen Corps Sr Majestät von Mexiko«, schrieb er seiner Mutter. »Die Leute in höchst malerischen Uniformen, rothe, weite Beinkleider; wallende Federn und klirrende Säbel; der sechsläufige Revolver im Gürtel: es war eine Verkörperung von Wallensteins Lager, wie Schiller es malt. Auch der Pfaff', wie man hier zu Lande sagt, fehlte nicht: nur war er ein Franziskaner und er trank sehr gern. Das Offiziers-Corps, wo liebenswürdige Leute, wie kaum irgendwo auf der Welt: Alles auf Du und Du. Natürlich war auch ich bald guter Kamerad und habe im Kreise vieler und lieber Bekannten, deren Bilder ich auch besitze, angenehme Tage verlebt. Junge Officiere,

Burschen von 22 Jahren und schon 4 Feldzüge mitgemacht, wie mein Freund Petzold; mit dem Verdienstkreuz geschmückt, wie Oswadicz, das Muster eines Montenegriners, und heitere Wiener Früchtel wie Pospischl.«

Doch es sollte nicht sein. Der Hauptmann und Regimentsarzt Dr. H. erklärte – wie bereits seine Kollegen in der deutschen Armee kurz zuvor –, dass der Freiwillige Schnitzer dienstuntauglich sei, und keine noch so große Intervention durch Petzold, Oswadicz, Pospischl & Co. konnten ihn davon abbringen. Grund dafür waren Schnitzers schlechte Augen. Es hatte also keinen Sinn mehr, noch länger in Laibach zu bleiben. Er aß mit seinen neuen Freunden zum Abschied und reiste noch in derselben Nacht nach Triest ab, dem nächstgelegenen Hafen.

Eduard muss zu diesem Zeitpunkt der Verzweiflung sehr nahe gewesen sein. Als er in Triest eintraf, hatte er noch zweieinhalb Gulden in der Tasche. Er mietete sich in ein schmutziges, billiges, aber freundliches Hotel ein und nahm sich das uralte Hotelfaktotum zur Hilfe, um eine Anstellung als Schiffsarzt zu finden. Wohin das Schiff ging, spielte keine Rolle. Doch wieder hatte Schnitzer kein Glück; stattdessen fand er Arbeit bei einem ortsansässigen Chirurgen und half ihm in dessen Praxis am Hafen beim Zähneziehen, Aderlassen und dem Verkauf von Zahnpulver. Glücklicherweise übersandten ihm seine Eltern und ein Onkel in Oberschlesien noch etwas Bargeld. Nun schaffte er es vielleicht bis Konstantinopel, wollte jedoch nicht die ganze Strecke mit dem Schiff fahren, sonst wäre er bei Ankunft schon wieder abgebrannt, eine Erfahrung, die er nicht noch einmal machen wollte. Eduard nahm sich vor, sich bis Ragusa (dem heutigen Dubrovnik) einzuschiffen und dann mit Glück zu Pferd oder sonst zu Fuß in die osmanische Hauptstadt zu gelangen und unterwegs Arzneien zu verkaufen und seine medizinischen Dienste anzubieten. Als er am

17. Dezember 1864 auf der *Arciduca Lodovico* davondampfte, war selbst ihm klar, dass sein Unterfangen zumindest sehr gewagt war, denn abgesehen von vielem anderen sprach er kein Wort Türkisch.

Während das Schiff der dalmatinischen Küste folgte, erschien endlich das Glück in Gestalt eines Mitreisenden namens Bolzo. Bolzo erklärte, er stamme aus der Gegend von Antivari, einem Hafen an der nordalbanischen Küste. Antivari konnte eine beachtliche Auslandsgemeinde vorweisen, hatte aber keinen richtigen Arzt – dort dürfte Schnitzer also keine Probleme haben, Arbeit zu finden. Bolzo nahm ihn sogar auf der Stelle zum Hausarzt und gab ihm ein Empfehlungsschreiben für seinen Bruder mit, der in der Stadt wohnte. Das war der Grund, warum sich Eduard Schnitzer am 21. Dezember auf dem Rücken eines Trägers wiederfand, der ihn für die Summe eines Piasters in dem winzigen albanischen Hafen an Land brachte. Und wie um zu bestätigen, dass er nun tatsächlich in der exotischen Fremde gelandet war, begutachtete der türkische Einwanderungsbeamte dort seinen Reisepass, indem er in verkehrt herum hielt, und ein anderer Beamter, der ihn in gebrochenem Italienisch befragte, erklärte zur Bewunderung aller Anwesenden, dass Schnitzer aus Russland käme.

Schnitzer lernte umgehend den österreichischen Konsul kennen, einen Italiener, der kein Wort Deutsch sprach, dann den Dolmetscher des Konsuls, der ihn spontan einlud, in seinem Haus zu wohnen; die Frau des Dolmetschers kam aus Preußen. Schnitzer wurde auch bald der Frau und der Tochter des Konsuls vorgestellt und dann noch dem in Deutschland geborenen Erzbischof von Albanien, und bevor er sich versah, galt er als Hausarzt dieser drei Haushalte, die zur besten Gesellschaft Antivaris zählten. Seine Karriere hatte begonnen.

Gegen Ende März saß unser Held bereits in einem eigenen zweistöckigen Haus, zu dem ein Arbeitszimmer und ein

Vorzimmer gehörten, ein Garten und eine Haushälterin, die kochte und putzte. Der Kreis seiner Freunde und Patienten wuchs schnell, und schon bald galt er in so manchem Mutterauge als potenzieller Schwiegersohn. Doch er versicherte seiner Familie, er klammere sich fest an seine Junggesellenschaft, die den Einwohnern einer Gegend, in der jeder unter zwanzig bereits heiratete, eine stete Quelle der Verwunderung war.

Die Arbeit war anstrengend. Folgendermaßen beschrieb er den neuen Hakim (Doktor) Schnitzer seinen Eltern daheim: »Hoch zu Ross, den Revolver im Gürtel, Instrumente und die nöthigsten Medikamente in einer kleinen Umhängetasche, auf der Kruppe des Pferdes den unentbehrlichen, langen Regenmantel von Wachstuch mit grosser Kapuze zum Schutze des Fez – so geht hier der Doktor über Land, – 6 Stunden lang im Sattel, früh von Haus fort. Abends zurück.«

Der Fez … Eduard Schnitzer hatte sich sofort darangemacht, sich so weit wie möglich seiner neuen Umgebung anzupassen. Er setzte sich nicht nur einen Fez auf, den roten, stumpfkegligen Filzhut mit der Quaste, den in jenen Tagen die meisten Männer im Osmanischen Reich trugen, auch in jeder anderen Hinsicht fügte er sich ein. »Ich bin so braun geworden, dass ich gar nicht mehr europäisch aussehe«, schrieb er nach Hause, »und der Fez und die Tracht vermehren das Fremdartige. Weissleinenes Beinkleid (gelbliche russische Leinwand), statt Hosenträger eine rothe seidene Binde, drei- bis viermal um den Leib geschlungen, mit gefransten Enden, weisses Hemd, leiner Rock, Fez mit langer Quaste, grosser Schnurrbart: da habt Ihr mein Bild einstweilen, bis der Photograph kommt.«

Er machte sich daran, die Sprachen zu erlernen, die in jenem Teil der vielvölkerigen osmanischen Welt gesprochen wurden – Türkisch, Griechisch, Serbokroatisch und Albanisch, dazu später noch Arabisch und Persisch. Da Eduard ein höchst sprachbegabter Mensch war, der bereits Italienisch,

Französisch und etwas Englisch konnte, dazu natürlich seine Muttersprache Deutsch, vermochte er sich bald fließend auch in all diesen neuen Sprachen zu verständigen, ein Vorteil, der ihm in der weiteren Zukunft noch von Nutzen sein sollte. Der Einfachheit halber nahm er noch einen türkischen Namen an, Hairoullah, versicherte seiner Familie aber umgehend, dass er natürlich immer noch ihr alter Eduard sei.

Schon nach ein paar Monaten in Albanien bewarb er sich um den Posten als Quarantäne- und Sanitätsarzt des Hafens und des Bezirks Antivari, und er bekam ihn. Die Stelle war gut dotiert, vor allem aber bot sie Aussicht auf Sicherheit in Form eines möglichen Eintritts in den türkischen Beamtendienst. Das Ganze hatte allerdings seinen Preis. Eduards Arbeitstag war ungeheuer langweilig, nur selten legten Schiffe an, und der Hafen bestand aus lediglich drei, vier geweißelten Gebäuden ohne Bewohner, mit denen er sich hätte unterhalten können. Außerdem lag er eine Stunde von Antivari selbst entfernt, was bedeutete, dass er sich ein eigenes Pferd zulegen musste. Und es bedeutete, dass er sich um eine Reihe seiner Patienten in der Stadt nicht kümmern konnte. Stattdessen schlug er sich damit herum, der unwilligen Sanitätspolizei neue Verhaltensregeln beizubringen und gegen den Willen der verständnislosen Einwohner so merkwürdige Ideen umzusetzen wie eine Straßenreinigung, den Bau von Abwasserkanälen und andere grundlegende Bestandteile öffentlicher Hygiene.

Schnitzer vermisste die Musik, Kultur, Wissenschaft und die allgemeinen Annehmlichkeiten der westlichen Welt, doch mochte er sein merkwürdiges neues Zuhause auch sehr und vermisste es, sobald er fort war. Gleichzeitig bemühte er sich angestrengt darum, auf einen höheren, besser bezahlten Posten versetzt zu werden, am liebsten irgendwohin, wo es interessanter war als in Antivari. Er hatte die Lebensbedingungen in dem Städtchen verbessert, er hatte alles getan, um Ausbrüche von Cholera unter Kontrolle zu halten, ihm waren wichtige politische und diplomatische Missionen im ganzen Land übertragen worden, seine Chefs waren angetan von ihm, und vier Jahre später saß er – wenn auch bei besserer Entlohnung und höherer Verantwortung – noch immer in Antivari. Seine Vorgesetzten und andere einflussreiche Personen, mit denen er Umgang pflegte, hatten ihm alle möglichen Versprechungen gemacht, doch war daraus nie etwas geworden. Erstaunlicherweise scheint Schnitzer nie gelernt zu haben, nicht an Versprechungen zu glauben, obwohl er doch schon so früh die gewundenen, undurchdringlichen Wege des Orient im Allgemeinen und des osmanischen Beamtentums im Besonderen kennenlernen konnte. Ein Fehler, für den er später noch teuer bezahlen musste.

Im Januar 1871 brach plötzlich der stete Fluss seiner lebhaften, alles farbig beschreibenden Briefe nach Hause ab. Erst ein Jahr später, im Januar 1872, nahm er die Korrespondenz wieder auf. »Frag mich nicht warum«, schrieb er seiner Schwester Melanie. Dann lüftete er den Schleier des Geheimnisses doch ein ganz klein wenig: »Ich habe viel durchgemacht und hatte wohl ein Recht auf ein Jahr zufriedenes und glückliches Leben – nun, in einem türkischen Harem hätte ich freilich nie mein Lebensziel vermuthet! Frag' mich nicht nach dem, was ich durchlebt und was gethan; mache mir keine Vorwürfe über mein Schweigen während dieses Jahres; nehmen wir unsere Korrespondenz auf, wo wir sie gelassen.«

Schnitzer, der endlos lange Briefe über alle möglichen Themen schrieb, war überaus geheimnistuerisch, wenn es um sein Liebesleben ging. Aus dem wenigen, das wir zusammentragen können, lässt sich aber wohl erkennen, dass sein »Lebensziel« die junge Frau seines Gönners Ismail Hakki Pascha war, des Gouverneurs des nördlichen Albanien.

Eduard hatte einen glänzenden Eindruck auf Ismail Pascha gemacht, als dieser ihn auf seiner ersten Dienstreise als Gouverneur kennenlernte, und war erfreut gewesen, als sein alter Freund Ende 1870 wieder auf diesen Posten zurückkehrte. In seinem letzten Brief vor dem einjährigen Schweigen, geschrieben am 19. Januar 1871, berichtete Schnitzer davon, dass er zu einem Notfall nach Skutari, der Bezirkshauptstadt gerufen worden war, um dort Madame Hakki zu behandeln, die plötzlich erkrankt sei. Er blieb acht Tage und kehrte nach der Genesung der Patientin mit einer herrlichen goldenen Uhr und einem stolzen Araberpferd zurück, Geschenke des dankbaren Pascha.

Ismail Hakki Pascha war ein alter Mann. Seine Frau, die Schnitzer als »höchst gut und liebenswürdig« beschrieb und die sich fließend auf Deutsch, Französisch und Italienisch unterhalten konnte, war jung, sogar jünger noch als Schnitzer selbst, und ihre Ehe mit Ismail Pascha war nicht glücklich. Man könnte sofort an eine schlehenäugige orientalische Schönheit denken, tatsächlich aber hatte sie deutsche Vorfahren und kam aus Siebenbürgen, das damals zu Ungarn gehörte. Was in jenem Jahr geschah, was Schnitzer »durchgemacht« hat und ob der Ehemann von ihrer Affäre wusste, werden wir zweifellos nie erfahren. Doch als Schnitzer seine Korrespondenz wieder aufnahm, war er Mitglied im Haushalt des Gouverneurs und gehörte praktisch zur Familie. Ismail »ist mir beinahe Vater«, schrieb er; Eduard aß mit der Familie und kümmerte sich um die Erziehung der vier Kinder, die ihn, wie er schrieb, beinahe mehr zu lieben schienen als ihre Eltern. Zum Haushalt gehörten noch sechs tscherkessische Sklavinnen, fünf Diener und ein Koch aus Wien.

Was er wohl auch noch »durchgemacht« hatte, waren Scharmützel mit aufständischen Albanern, in die er persönlich verwickelt war und die er offenkundig berauschend fand. »Die

Kugeln haben uns nicht berührt«, versicherte er seinen Lieben in Neiße. Doch Ismail wurde das politische Glück untreu, er wurde nach Konstantinopel zurückbeordert und dann in seine Heimatstadt Trapezunt an der Schwarzmeerküste ins Exil geschickt. Schnitzer erhielt den Auftrag, Familie und Haushalt dorthin zu schaffen, was er tat; er blieb ebenfalls dort.

Eduards Anspielungen auf eine mögliche Affäre und also die Möglichkeit, er könne vielleicht eine »türkische« Frau heiraten, die auch noch Muslimin wäre, entsetzten seine Familie ebenso wie die Tatsache, dass er einen türkischen Namen angenommen hatte. Sein Stiefvater forderte ihn auf, nach Deutschland zurückzukommen. Seine Mutter befürchtete offenbar, dass er türkischer Bürger geworden sei und sich zum Islam bekannt habe. »Sei ruhig darüber«, erwiderte Schnitzer darauf. »Bis heute ist es eben nur ein angenommener Name, um mir den Verkehr unter und mit den Türken zu erleichtern.« Was eine Konversion zum Islam anging, so würde er dies nur nach reiflicher Überlegung tun und nur, »wenn es mir Nutzen brächte. Also, keine Sorge. Zwar ist diejenige Person, welche mir nach Dir am liebsten ist, wohl Türkin, aber nicht so fanatisch für ihren Propheten begeistert, dass mein Glauben oder Denken unsere Verhältnisse beeinträchtigen könnte.« Nachdem er seiner Familie erst ein Jahr zuvor versichert hatte, dass er unter keinen Umständen an Heirat denke, beruhigte er sie nun, dass es wohl eine Weile dauern würde, denn er würde nie heiraten, »ohne meiner Frau eine Existenz bieten zu können«. Welche Rolle Ismail Hakki Pascha dabei spielen sollte, verriet er nicht.

Nun begann ein Kapitel in Eduard Schnitzers Leben, über das wir noch weniger wissen als über die Dinge, die zuvor passierten. Jedenfalls ging er nach Konstantinopel und wandte sich an die zuständigen Personen, um Ismail Hakki Pascha wieder in ein Amt zurückzuholen; kurz darauf zogen die Familie und er in die Hauptstadt, die er hasste. Schließlich wurde Hakki Pascha als Gouverneur von Epirus nach Ioannina entsandt, in eine osmanische Provinz, die heute zwischen Albanien und Nordgriechenland aufgeteilt ist. Schnitzer scheint bei gutem Salär offiziell als Sekretär und rechte Hand des Pascha eingestellt worden zu sein. Er unternahm mit diesem weite Reisen, mischte sich ein wenig in die türkische Politik ein und war in Pläne verwickelt, eine Zeitung zu gründen, woraus allerdings nichts wurde. Trotz der Versicherungen seiner Familie gegenüber muss er in dieser Zeit wohl zumindest Schritte unternommen haben, zum Islam zu konvertieren, und viele Jahre lang benahm er sich wie ein Moslem.

Irgendwann zwischen Oktober 1873 und Februar 1874 starb Hakki Pascha. Wieder brach die Korrespondenz ab, doch es sieht so aus, als sei Schnitzer der ruhende Pol für die Witwe geworden, die starke Schulter; er kümmerte sich um das langwierige Geschäft, den Hausstand aufzulösen, Pensionen auszuhandeln und Besitz zu verkaufen. Madame Hakki war entschlossen, außerhalb der Türkei zu leben und ihre nunmehr sechs Kinder großzuziehen, vor allem, weil ihre Einkünfte nur bescheiden sein würden und Konstantinopel sehr kostspielig war. Wie die Beziehung der beiden sich entwickelt hatte, ist ungewiss; es gibt allerdings Hinweise darauf, dass Eduard – wie für ihn typisch – immer wieder seine Zukunftspläne änderte. In einigen Briefen scheint Schnitzler von einem Leben – wohl mit ihr und den Kindern – auf einem Bauernhof in Norditalien zu träumen, wo die Lebenshaltungskosten sehr niedrig waren. In einem anderen Brief jedoch gab er sich entschlossen, sich nach Abschluss aller Geschäfte in Kairo niederzulassen, wo mehrere Angebote auf ihn warteten.

Am Ende zogen Schnitzer, Madame Hakki, die sechs Kinder und drei Diener nach Europa, lebten eine Weile in der Schweiz und dann in Arco am Gardasee, damals ein Teil Tirols.

Eduard, damals »Dr. Hairoullah«,
während seiner Zeit in osmanischen Diensten

Doch ließ sich kein passender Bauernhof finden. Nach langem, heftigem Drängen seiner Eltern brachte er die Familie schließlich nach Neiße, wo er Madame Hakki als seine Frau ausgab, wohl um der kleinstädtischen Gerüchteküche weniger Gesprächsstoff zu bieten. Tatsächlich heirateten die beiden nie. Wie der Besuch bei der Familie verlief, darüber lässt sich nur spekulieren. Irgendwann in dieser Zeit verreisten seine Eltern zu einer Badekur. Nachdem Schnitzer sich vergeblich um geeignete Arbeit in Neiße bemüht hatte, machte er sich im September 1873 alleine auf den Weg nach Breslau, um alte Studienkollegen zu besuchen.

Dann verschwand er von der Bildfläche.

Es gibt keinen Brief, keine Unterlagen, nichts, was seinen Schritt erklären könnte. Man kann nur Vermutungen anstellen, dass ihm wohl alles zu viel geworden ist. Er wäre wohl niemals in der Lage gewesen, einen so großen Haushalt zu finanzieren, schon gar nicht in der Weise, wie die Familie es im Orient gewohnt war. Vielleicht hatte auch die Beziehung gelitten. Eduard räumte selbst ein, dass es ihm durchaus nicht leichtfiel, sich wieder an die europäische Lebensart zu gewöhnen. Vielleicht war es die Sehnsucht nach seinem Junggesellenleben im Orient, frei von allen familiären Verpflichtungen.

Schnitzer ließ eine zutiefst verbitterte Madame Hakki zurück. Er sollte sie nie mehr wiedersehen.

KAPITEL 3

Ins tiefste Afrika

Am 15. Oktober 1873 war Schnitzer wieder in Triest; am 23. Oktober traf er in Kairo ein. Ägypten und dessen riesige Kolonie Sudan waren zu jener Zeit ein wahrer Magnet für europäische Abenteurer. Das Land gehörte nominell zum Osmanischen Reich – deshalb konnte sich Schnitzer durchaus gewisse berufliche Aussichten ausrechnen –, genoss aber erhebliche Autonomie. Der Khedive Ismail, das ägyptische Staatsoberhaupt, Vizekönig des Sultans in Konstantinopel, hatte sein Territorium modernisiert und zugleich erheblich ausgeweitet. Die grundlegenden Arbeiten hatten eine große, vielschichtige Ansammlung von Menschen aus zahlreichen westlichen Ländern angelockt. Sie hatten für ihn den Suezkanal gebaut und eröffnet, ein Telegrafensystem eingerichtet, Straßen angelegt, seine Armee umstrukturiert wie trainiert und riesige Areale in seinem Namen annektiert.

Doch Schnitzer wollte nicht nach Kairo, trotz allem, was er über eine mögliche Ansiedlung dort geschrieben hatte; er wollte in den Sudan. So schloss er sich einer Gruppe syrischer Händler an, deren Karawane nach Süden zog. Am Hafenort Berber am Nil verließ er sie und setzte seine Reise den Nil hinauf auf einem Dampfboot fort. Es brachte ihn nach Khartum, der staubigen sudanesischen Hauptstadt, wo der Weiße und der Blaue Nil zusammenfließen und der majestätische Fluss noch weitere tausend Meilen bis ins Mittelmeer vor sich hat. Als Eduard dort eintraf, war er wieder einmal vollkommen mittellos, und wieder halfen ihm neu gewonnene Freunde. In diesem Fall handelte es sich um den deutschen Vizekonsul Friedrich Rosset und um Carl Christian

Giegler, einen Vertreter der Firma Siemens, der ein sudanesisches Fernmeldewesen errichten und später Vizegouverneur des Landes werden sollte. Rosset lud Schnitzer jeden Tag in sein Haus zum Mittagessen ein, Giegler tat dies am Abend. Schnitzer, gesellig wie immer, bezahlte die Gastfreundschaft mit lebhaften Unterhaltungen und umkämpften Schachpartien – er war ein ausgezeichneter Spieler. Gelegentlich wurden sie alle ins Haus des österreichischen Konsuls Martin Hansal eingeladen, der ein Klavier sein Eigen nannte. Schnitzer, dieser merkwürdige Neuankömmling in der kleinen deutschsprachigen Gemeinde, unterhielt sie, indem er Mendelssohn oder Chopin spielte und Hansals Gesang auf dem Klavier begleitete.

Merkwürdig war dieser Eduard Schnitzer wirklich, denn in der Zwischenzeit hatte er einen weiteren türkischen Namen angenommen – Mehmet Emin (Emin heißt »der Vertrauenswürdige«) – und nach außen die Identität gewechselt. Er behauptete nun, Türke zu sein, der in Deutschland aufgewachsen und zur Schule gegangen sei, obwohl seine ihm nahestehenden Freunde genau wussten, wer er war; schließlich hatte Rosset seinen Pass geprüft.

In Kairo und Khartum nahm er wohl auch Kontakt zu dem recht kleinen Kreis an Forschungsreisenden, Wissenschaftlern und Verwaltungsbeamten aus aller Herren Länder auf, die in Zentralafrika unterwegs waren und sich bald alle gegenseitig kannten oder zumindest schrieben. Emin – so der Name, unter dem er nun bei allen bekannt war – wollte noch weiter in den Süden, doch erwies sich die Reise zu der Zeit als undurchführbar. Seine Freunde halfen ihm dabei, Patienten zu finden, damit er sein Auskommen hatte, während er auf eine Gelegenheit zur Weiterreise wartete. Diese Gelegenheit kam im Frühjahr 1876. Giegler hatte wegen Emin an Charles Gordon geschrieben, den Gouverneur der Provinz Äquatoria. Der gebürtige Brite entschied, dass er dort in Lado einen Stabsarzt benötigte, und schickte nach ihm.

Colonel Gordon war mit seinen dreiundvierzig Jahren bereits eine lebende Legende. Wegen seiner herausragenden Rolle als Kommandant einer Streitmacht, die in den sechziger Jahren des 19. Jahrhunderts an der Seite kaiserlich chinesischer Truppen die Taiping-Rebellion unterdrückte und späterhin als »Ever Victorious Army« bekannt wurde, trug er den Spitznamen *Chinese Gordon*. Seine Zeitgenossen waren zutiefst beeindruckt vom durchbohrenden Blick seiner saphirblauen Augen und seinem bezaubernden Lächeln, hinter dem sich eine magnetische, aber äußerst komplexe Persönlichkeit verbarg. Gordon war ein christlicher Mystiker, der an seinen Gott und an seine Mission so inbrünstig glaubte wie ein eifriger Moslem und der einen Großteil seines Einkommens an die Armen in den Londoner Slums gab. Aufgrund seiner Karriere und seiner Führungsqualitäten brachten ihm seine ägyptischen und sudanesischen Untergebenen ungewöhnlich viel Loyalität, Gehorsam und Leistungsbereitschaft entgegen.

Gordon stand Emin, diesem Deutschen, »der nun behauptet, Moslem zu sein und mir gegenüber so tut, als sei er von Geburt und Religion Araber«, zunächst skeptisch gegenüber. Dennoch stellte er ihn ein, und schon bald wuchs seine Achtung für Emin. Schon nach kurzer Zeit entsandte Gordon ihn auf eine schwierige diplomatische Mission in die benachbarten Königreiche Buganda und Bunyoro*.

Samuel Bakers und Colonel Gordons Feldzüge, die die Grenzen des Khediven immer weiter nach Süden verschieben sollten, waren dort abrupt zum Stehen gekommen, wo Buganda

---

* Diese Länder bilden zusammen mit anderen Königreichen und Gebieten das heutige Uganda. Die Bezeichnungen »Uganda« und »Buganda« leiten sich aus verschiedenen afrikanischen Sprachfamilien ab und wurden damals synonym verwendet.

und Bunyoro begannen. Bis dahin war es leicht gewesen, mit den kleinen Eingeborenengruppen, die im lockeren Verbund von Häuptlingen oder kleineren Sultanen geleitet wurden, auszukommen. Nun aber handelte es sich um große, straff organisierte Königreiche, die von wilden, autokratischen Herrschern regiert wurden. Baker hatte ein einziges Mal versucht, Bunyoro zu annektieren, war aber zum Rückzug gezwungen worden. König Kabarega betrachtete den Khediven und seine ausländischen Kommandeure mit größtem Argwohn und Misstrauen, genauso wie sein Kollege Mtesa, der *Kabaka* (König) von Buganda. Tatsächlich hielt Mtesa einen ägyptischen Offizier und hundertsechzig Mann gefangen, die Gordon entsandt hatte, um Mtesas Erlaubnis einzuholen, zwei Handelsstationen in der Nähe des Viktoriasees* zu errichten. Emins Aufgabe bestand nun darin, die Freilassung dieser Männer zu erreichen.

Frühere Gesandtschaften, die Gordon losgeschickt hatte, waren wohl, wie so viele Europäer in Afrika, herrisch, arrogant und von der eigenen Überlegenheit überzeugt aufgetreten. Emin war da anders: bescheiden, respektvoll, geduldig und erfahren im Umgang mit Menschen, die eine völlig andere Mentalität besaßen. Schon bald bekam er die Männer frei und freundete sich derart mit Mtesa an, dass dieser Gordon anflehte, Emin für immer bei ihm zu lassen.

Bei Emins Rückkehr nach Lado wurde er mit den militärischen Ehren empfangen, wie sie für höhere Dienstgrade vorgesehen waren. Unter denen, die ihn willkommen hießen, befand sich auch ein bärtiger deutsch-russischer Forschungsreisender, der auf dem Weg zurück nach Khartum zufällig in Lado Zwischenstation machte, nachdem er in den südsudanesischen Regionen Makaraka und Bahr-el-Ghazal gearbeitet

---

* Auch die Bezeichnung »Victoria Nyanza« ist gebräuchlich, *nyanza* ist in verschiedenen afrikanischen Sprachen das Wort für »See«.

hatte. Emin und Wilhelm Junker, der zu Hause in Deutschland bereits einen gewissen Ruhm genoss, verstanden sich auf Anhieb gut; zwischen ihnen entwickelte sich die wohl längste und wichtigste Freundschaft, die Emin je hatte.

Junker, stämmig, jovial, mit einem langen, krausen Bart, den er zweigeteilt trug, und einem nicht zu erschütternden Sinn für Humor, war der Sohn einer Familie wohlhabender deutscher Kaufleute in Russland und hatte seine Kindheit in Moskau und Sankt Petersburg verbracht. Er hatte dann in Deutschland Medizin studiert, um so dem Zwang zu entgehen, in das Geschäft seiner Eltern eintreten zu müssen, das er hasste. Doch auch an der Medizin hing sein Herz nicht wirklich. Er praktizierte nur sehr kurz als Arzt, bevor er sich schließlich seiner großen Leidenschaft zuwandte, der ethnografischen und naturkundlichen Forschung, und begann, die afrikanischen Völker zu studieren und die Pflanzen und Vögel des schwarzen Kontinents zu sammeln, um sie nach Europa zu schicken oder selbst dorthin zu bringen. Später beschrieb er die Begegnung mit Emin:

»Nach dem endlosen Ceremoniell des arabischen Empfanges mit dem unvermeidlichen Kaffee, Scherbet, den immer wiederkehrenden Fragen nach dem Befinden u.s.w., trat mir Dr Emin freundlich und herzlich entgegen und sagte: Jetzt, da dem Ceremoniell genügt ist, begrüsse ich Sie in deutscher Sprache, wir können endlich deutsch miteinander sprechen.« Sie begaben sich in Emins Privatgemächer und unterhielten sich über ihre jüngsten Reisen. Junker blieb mehrere Tage, und »in regem Austausch der Gedanken bei unserer täglichen Zusammenkunft verging die Zeit sehr rasch. Emin hat sehr interessante ethnographische Gegenstände aus den südlichen Bezirken der Provinz, wie auch aus Unyoro und Uganda mitgebracht. Er war so freundlich, mir zur Vervollständigung meiner eigenen Sammlung eine grössere Anzahl von Duplikaten zu überlassen.«

Junker hinterließ auch eine Beschreibung von Emin, die lebendiger wirkt als alle Fotografien:»Dr Emin ist ein schlanker, fast magerer Mann, von etwas mehr als Mittelgrösse mit schmalem, von einem dunklen Vollbart umrahmtem Gesicht und tief liegenden Augen, welche durch die starken Krystallgläser der Brille beobachtend hervorschauen. Seine starke Kurzsichtigkeit zwingt ihn zur Anstrengung und Konzentrirung seines Sehvermögens auf die vor ihm befindliche Person, was seinem Blick einen harten, mitunter scheinbar lauernden Ausdruck verleiht. Der auch malerisch interessante Kopf, in welchem sich unverkennbar eine bedeutende Intelligenz ausspricht, lässt in Nichts den Deutschen vermuthen; das unleugbar orientalische Gepräge desselben erleichterte Dr Emin wesentlich die Rolle eines Türken, welche er gegenüber der Beamtenwelt und dem Volke angenommen hatte und die er vorzugsweise in den ersten Jahren seines Aufenthaltes im Sudan und den Negerländern unentwegt durchführte.

An jedem Freitag sah man ihn nach der Moschee gehen, wo er die vorgeschriebenen Gebete sprach. In seiner Haltung wie in seinen Bewegungen drückt sich eine beabsichtigte, stets kontrollirte Gemessenheit aus, welche berechnet ist, würdevoll und selbstbewusst zu erscheinen. Insbesondere konnte man das beobachten, so oft Dr Emin in seiner Eigenschaft als ägyptischer Beamter mit den Untergebenen verkehrte. Sein äusserer Mensch verrieth eine fast peinliche Sauberkeit, bei grosser Sorgfalt des Anzuges.«

Junker, wie auch sonst alle, die Emin kannten, bemerkte seine ungeheure Großzügigkeit:»Von höchst selblosem Charakter, war er mildthätig gegen seine Umgebung und gab gern von dem, was er besass, während er Aufmerksamkeiten von Untergebenen, Gelegenheitsgeschenke, wie sie wohl sonst in den Ländern üblich sind, ungern annahm, insofern es nicht Dinge für die Sammlungen waren.«

Nicht lange nach seinem Besuch tat Wilhelm Junker seinem neuen Freund einen Gefallen, der ihn den dramatischen Ereignissen, die sie bald beide gefangennehmen sollten, entscheidend näher brachte. Gordon war zum Generalgouverneur des Sudan ernannt worden und suchte dringend nach einem Nachfolger für sich in Äquatoria. Junker war in der Zwischenzeit in Khartum eingetroffen, und Gordon fragte ihn, ob er nicht jemanden vorschlagen könne. Junker nannte ihm sofort Emins Namen. Gordon hegte erst noch Zweifel, willigte aber schließlich ein und ernannte 1878 Emin zum Gouverneur der Provinz.

KAPITEL 4
Leopold streckt seine Fühler aus

Als Gaetano Casati Emins Nachricht erhielt, dass die *Telhawin* eingetroffen sei, eilte er nach Lado, um seine Post abzuholen und die neuesten Nachrichten zu erfahren. So hatte Emin für eine Weile die willkommene Gesellschaft eines weiteren Europäers in diesem entlegenen Außenposten. Casati war Offizier bei den *Bersaglieri*, einem Eliteregiment des italienischen Heeres, gewesen, hatte in zwei Unabhängigkeitskriegen gegen Österreich gekämpft und war gegen Banditenbanden auf Sizilien vorgegangen. 1879 hatte er den aktiven Dienst verlassen, um Geografie zu studieren und sich der Redaktion von Manfredo Camperios *L'Esploratore* anzuschließen. Auf Drängen von Romolo Gessi, des damaligen Gouverneurs der Provinz Bahrel-Ghazal, war er nach Afrika gekommen, um das Tal des Flusses Welle und andere Gegenden zu kartografieren. Casati, eine hellhaarige, wenig einnehmende Gestalt, wirkte und benahm sich eher wie ein Nordeuropäer und nicht wie ein Italiener, er war ruhig, still, zurückhaltend – in Camperios Worten »nicht in Worte zu fassen bescheiden« (»modesto oltre dire«). Nachdem der Dampfer wieder aufgebrochen war, bereitete Casati sich auf seine Abreise Richtung Südwesten vor. Emin, der offenbar recht zuversichtlich war, dass Äquatoria noch sicher sei, beschloss, ihn zu begleiten. Er war fasziniert von dem Land im Westen, das als Erstes von Georg Schweinfurth erforscht und der Welt beschrieben worden war. Emin hoffte, dort auf Junker zu treffen; vor allem aber war seine Mission politischer Natur.

Westlich von Monbuttu, im tiefsten Herzen von Afrika, lag ein riesiges Territorium von nahezu undurchdringlichen

Tropenwäldern und Sümpfen, die ein britisch-amerikanischer Forscher und Journalist erkundet und erschlossen hatte: Henry Morton Stanley. Er arbeitete für den belgischen König Leopold, der unter dem Deckmantel einer philanthropischen Organisation dabei war, große Territorien im Kongobecken an sich zu binden, die er bald den »Kongo-Freistaat« nennen würde. Leopold war entschlossen, seinen neuen Staat vom Atlantik bis zum Indischen Ozean auszudehnen, was nicht nur den Fluss Kongo, sondern auch den Nil einschloss. Er wollte seinen Handelsgesellschaften einen direkten Zugang zum Mittelmeer und damit nach Europa und dem Nahen Osten verschaffen. Aus diesem Grund wurde die Ostgrenze des Kongo immer weiter auf das Territorium Emins Äquatoria und Luptons Bahr-el-Ghazal hin ausgedehnt. Es war eine Frage der Zeit, bis Stanley sich Monbuttu näherte, wo die ägyptische Präsenz nur mühsam und mithilfe einer Reihe von Garnisonen aufrechterhalten wurde. Er wünsche nicht, schrieb Emin an Junker, in der nächsten Zukunft von Herrn Stanley belästigt zu werden, deshalb müsse er ihm zuvorkommen. Hauptzweck von Emins Reise war es also, eine Reihe von weiteren Militärstützpunkten einzurichten, um die ägyptische Präsenz in der Region zu verstärken. Kaum war er in Monbuttu eingetroffen, erhielt er allerdings Neuigkeiten von einem Aufstand unter den Dinka, einem schwarzafrikanischen Volk in Äquatoria. Er musste seine Pläne vorerst fallenlassen und zurückeilen, um diesen Konflikt zu beenden.

Eine solche Bedrohung durch Leopold war sieben Jahre zuvor, 1876, nicht vorherzusehen gewesen, als sich Europas berühmteste Forscher, bedeutendste Geografen und führende Missionare steif und formell gewandet und von siebentausend Kerzen beschienen zur Eröffnung der ersten geografischen Konferenz über Afrika im Thronsaal des Königlichen Palastes in Brüssel einfanden. Unter den Deutschen waren Gerhard Rohlfs,

Gustav Nachtigal und Baron Ferdinand von Richthofen, Präsident der Berliner Geografischen Gesellschaft. König Leopold hatte sie alle eingeladen, sich, wie er in seiner Eröffnungsrede formulierte, einem »Kreuzzug« anzuschließen, nämlich »der Zivilisation den einzigen Teil des Globus zu eröffnen, der bislang noch nicht betreten wurde, die Dunkelheit zu erhellen, die über ganzen Völkerscharen hängt«. Ziel des »Kreuzzuges« sollte die Ausrottung der Plage Sklaverei sein, und er sollte Handel und Zivilisation auf den Kontinent bringen.

Seine Gäste pflichteten ihm ganz wie beabsichtigt bei, dass Routen ins Innere Afrikas eröffnet werden müssten, an denen »gastfreundliche, wissenschaftliche und friedenstiftende Stationen« lägen, von denen aus man den Sklavenhandel unterbinden und für den Frieden unter den verschiedenen Völkerschaften sorgen könnte. Diese Stationen sollten von Europäern bemannt werden, die den Eingeborenen nützliche Dinge beibrächten und die Natur erforschten. Die Basislager würden mit Nahrungsmitteln, Medizin und der nötigen Ausrüstung bestückt sein, um es den Expeditionen zu ermöglichen, mit möglichst leichtem Gepäck unterwegs zu sein.

Sie pflichteten ihm ebenfalls bei – auch das die Absicht Leopolds –, eine *Association Internationale Africaine* ins Leben zu rufen mit Sitz in Brüssel, die dieses riesige Vorhaben leiten sollte. Jedes teilnehmende Land würde ein nationales Komitee bilden und einen eigenen Beitrag zu den Aktivitäten leisten. Es sollte ein Internationales Zentralkomitee geben, dessen Vorsitz Leopold gern übernähme, aber – die reine Bescheidenheit – nur für ein Jahr; danach würde die Aufgabe unter den Mitgliedsstaaten rotieren.

Leopold betonte, dass seine Motive rein altruistischer Natur seien. »Müssen wir noch erwähnen, dass wir von keinerlei egoistischen Motiven geleitet wurden, als wir Sie nach Brüssel holten? Nein, meine Herren, Belgien mag ein kleines Land sein, aber es ist glücklich und zufrieden mit seinem Schicksal; wir hegen keinerlei andere Bestrebungen, als diesem Land gut zu dienen.«

Die Gäste wurden wie königliche Herrschaften behandelt, sie hatten ohne jegliche Formalitäten einreisen dürfen, sie wohnten im Palast und speisten und tranken jeden Abend auf festlichen Banketten. Zum Ende überreichte der Monarch ihnen ein gold gerahmtes Porträt von sich selbst. Als alle wieder abgereist waren, hatte sich Leopold in den Augen der Öffentlichkeit von einer recht kühlen, langweiligen Gestalt in einen großartigen, begeisternden, humanitär gesinnten Menschenfreund verwandelt, der alles daransetzte, völlig uneigennützig Gutes in Afrika zu tun.

Nichts konnte der Wahrheit ferner liegen.

Leopold war eine recht farblose Figur, groß, mit einer langen, schmalen Nase und blassblauen Augen. Er war bekannt für sein leicht linkisches, etwas humorloses Auftreten, aber er konnte auch durchaus charmant wirken, wenn es ihm passte; dahinter verbarg sich eine ausgeprägte Intelligenz, beträchtliche politische Fähigkeiten und erhebliche Gerissenheit und Verschlagenheit. Leopold entstammte dem Hause Coburg, das über zwei kleinere Herzogtümer in Deutschland regierte, aber deutliche dynastische Ambitionen hegte und in nahezu alle regierenden Königshäuser in Europa einheiratete, unter anderem bei den Romanows in Russland, den Habsburgern in Wien und der britischen Königsfamilie. Zudem waren sie Monarchen in Ländern geworden, die bis dato noch keinen König gehabt hatten, wie eben Belgien. Leopold, der sich wie seine Familie an eine Vorstellung von königlicher Macht klammerte, die andernorts im Aussterben begriffen war, störte sich insgeheim an den Beschränkungen, die ihm die belgische Verfassung auferlegte. Sein Ziel war es, ein riesiges Privatvermögen anzuhäufen, das ihm jene Macht verleihen würde, die ihm die Verfassung versagte, und Belgien groß zu machen. Der neue Kolonialismus und der moderne Kapitalismus boten ihm dazu Gelegenheit.

Das Problem war nur, dass die Belgier, sturköpfige Geschäftsleute, immun waren gegen das unter den Nachbarn grassierende imperialistische Fieber. Ganz gleich, ob sie mit ihrem Schicksal nun glücklich waren oder nicht, Kolonien wollten sie keine haben. Leopold ließ sich jedoch nicht beirren. Sein kleines Land sollte ein großes Imperium beherrschen, und dazu mussten sich wohl Mittel und Wege finden lassen. »Belgien beutet die Welt nicht aus«, beklagte er sich einmal bei einem seiner Berater. »Den Geschmack dafür müssen wir dem Land erst noch beibringen.« Und das sollte durch Hinterlist geschehen.

Leopold hatte Weltkarten studiert, unzählige Beschreibungen von Forschungsreisen gelesen und viele Experten befragt, um nach einem geeigneten Flecken für seine imperialistischen Gelüste zu suchen, doch vergeblich. Er hatte seine Fühler nach Spanien, Portugal, den Niederlanden und Großbritannien ausgestreckt, hatte gehofft, einige Kolonien gar kaufen oder pachten zu können, war aber abgeblitzt. Dann las er im November 1875 einen Bericht in der Londoner *Times* (die ihm jeden Morgen eigens gebracht wurde) von einem jungen englischen Forscher namens Lieutenant Verney Lovett Cameron. Der war kürzlich, halb tot vor Skorbut, aus dem Dschungel an der Küste Angolas gestolpert, nachdem er drei Jahre lang von Küste zu Küste durch Äquatorialafrika unterwegs gewesen war – der erste Europäer, der dies geschafft hatte. Camerons Berichte, die London noch vor seiner Ankunft erreichten und bei einem Treffen der *Royal Geographical Society* vorgetragen wurden, zeichneten ein erstaunliches Bild vom unerforschten Inneren Afrikas. Wie so viele Forschungsreisende jener Zeit übertrieb er selbstredend maßlos hinsichtlich der Möglichkeiten, die sich in den Gegenden boten, welche er gesehen hatte. »Das Innere ist über weite Strecken ein beeindruckendes und gesundes Land von unbeschreiblichem Reichtum«, schrieb er. »Ich habe eine kleine Probe von guter Kohle bei mir; andere Mineralien, wie Gold, Kupfer, Eisen und Silber, sind überreichlich vorhanden ...« Cameron behauptete in seinem Bericht, üppige Zuckerrohr- und Getreideernten sowie jede Menge wilden Gummibaum gesehen zu haben, und er meinte, dass sich sicherlich schnell Fernmeldeverbindungen aufbauen ließen und Investoren schon bald zu Geld kommen könnten. Er berichtete ebenfalls davon, dass auch in jener Gegend die Plage des Sklavenhandels ausgebrochen sei: Er habe mit eigenen Augen die entsetzlichen Kolonnen der Gefangenen gesehen, die an die Küste getrieben wurden, wie auch die in den Dörfern hinterlassene Zerstörung.

Andere Afrikakundige teilten Camerons Einschätzung der angeblichen Reichtümer nicht. In der Tat hatte Cameron nur recht wenig vom Kongofluss gesehen. Doch Leopold war fasziniert. Die Region, so entschied er, wäre eine ausgezeichnete Investition, zumal sie von niemandem beansprucht wurde. Tatsächlich hatte Cameron das Kongobecken im Namen Englands annektiert, die Regierung in London das jedoch umgehend abgelehnt. Leopold konnte sein Vorhaben trotzdem nicht offen angehen. So heckte er einen Plan aus, wie er sich unbemerkt ins Spiel bringen konnte, und bediente sich des Alibis, gegen den Sklavenhandel vorgehen zu wollen. Wer konnte dazu schon Nein sagen?

Nach kurzer Zeit schlief die Idee der *Association Internationale Africaine,* die in der Presse höchste Beachtung gefunden hatte, wieder ein, auch das ganz im Sinne Leopolds. Stattdessen setzte er ein Syndikat aus internationalen Bankiers und Geschäftsleuten ein, das den Titel *Comité d'Etudes du Haut-Congo* trug; es sollte die Erforschung des Landes und die

Errichtung von Stationen planen sowie erkunden, ob es möglich wäre, eine Eisenbahn zu bauen, die die ersten gewaltigen Katarakte des Kongo umfahren könnte. Das vorgebliche Ziel war die Errichtung einer »Konföderation Freier Neger-Republiken«, etwa so wie Liberia, für befreite Sklaven und andere Afrikaner – nur ganz von Weißen geführt. In Wirklichkeit war das Ganze lediglich ein weiterer Schritt in Leopolds ausgeklügeltem Versteckspiel. 1879 löste er das *Comité* klammheimlich auf und ersetzte es durch die sogenannte *Association Internationale du Congo* – die gar nicht international war, sondern ausschließlich von Leopold geführt und finanziert wurde. Die absichtliche Namensverwirrung gehörte ebenfalls zu jenem Verwirrspiel, mit dem Leopold sich zum alleinigen Besitzer eines riesigen Landstrichs im Kongobecken aufschwingen

Henry Morton Stanley

konnte. Abgesehen von ein paar engen Verbündeten schien zunächst niemand davon Notiz zu nehmen.

Das Kongobecken, also das Einzugsgebiet des imposanten Flusses desselben Namens und seiner Zuläufe, umfasst ungefähr dreieinhalb Millionen Quadratkilometer und ist damit einhundertundzehnmal so groß wie Belgien. Damals war dies alles unbekanntes, unerforschtes Land, fast die Hälfte davon dichter Regenwald, und die Grenzen waren völlig unbestimmt. Es gab eine große französische Konkurrenz in Gestalt des dynamischen jungen Marineoffiziers und Forschungsreisenden Graf Pierre Savorgnan de Brazza, der riesige Ländereien im Norden des Flusses beanspruchte. Leopold brauchte seinerseits jemanden, der ihm den Kongo erschloss, und diese Person, so entschied er, sollte Henry Morton Stanley sein.

Der britisch-amerikanische Journalist und Forschungsreisende war weltweit bekannt geworden, als er 1871 David Livingstone, den berühmten schottischen Missionar und Forscher, aufzuspüren vermochte, nachdem dieser bei seinem Marsch durch Zentralafrika sechs Jahre lang jeglichen Kontakt zur Außenwelt verloren hatte. Stanley war bei anderen Forschungsreisenden umstritten. Sie missbilligten seine brutale Vorgehensweise, verachteten seine riesigen Expeditionsheere mit hunderten von Trägern und bis an die Zähne bewaffneten Soldaten – oder beäugten sie neidisch. Dank seines unbeugsamen Willens und seiner Skrupellosigkeit – die Eingeborenen nannten ihn »Bula Matari«, den »Felszertrümmerer« – blieb Stanley dort siegreich, wo andere scheiterten. Er war ein begnadeter Selbstvermarkter und schrieb höchst lesbare, spannende Bücher, die seine Erfolge glorifizierten und zu Bestsellern wurden. Nach einer Weile bemerkte das Publikum allerdings, dass Stanley dazu neigte, die Ereignisse zu dramatisieren und zu übertreiben, was seine Glaubwürdigkeit schmälerte und seine durchaus bemerkenswerten Erfolge herabwürdigte.

Leider befand sich Stanley zu der Zeit, als Leopold ihn suchte, 1876/1877, irgendwo im tiefsten Afrika. Der König konnte nicht ahnen, dass Stanley gerade einige Entdeckungen machte, die für die belgischen Ambitionen äußerst wichtig werden sollten. Stanley hatte den Lualaba erreicht, einen sagenumwobenen Fluss westlich des Tanganjikasees, der nordwärts durch Zentralafrika fließt. Livingstone glaubte, dass es sich beim Lualaba um den Anfang des Nil handelte. Stanley war entschlossen, dem Fluss zu folgen und zu überprüfen, ob dies denn stimme. Er stellte fest, dass der Fluss schließlich nach Westen abbiegt und zum Hauptstrom des Kongo wird. Tausende von Kilometern fuhr er mit seiner Expeditionsmannschaft den Fluss hinunter, auf ihrem Boot namens *Lady Alice*, das auch auseinandergebaut und über Land transportiert werden konnte. Der Fluss war so riesig, dass manchmal das eine Ufer kaum vom anderen aus zu sehen war, und die Zuflüsse selbst waren häufig größer als die größten Flüsse in Europa. Aber es gab auch Stromschnellen, um die herum sie ihre Ausrüstung tragen mussten, und am Ende warteten zweihundert Meilen gespickt mit donnernden Wasserfällen, zweiunddreißig Stück insgesamt, über die der riesige Fluss unter ohrenbetäubendem Lärm durch tiefe Schluchten und über Klippen aufs Meer zuraste. Stanley und seine Leute benötigten viereinhalb Monate, sich und ihre Ausrüstung, meist in sintflutartigen Regenfällen, um diesen Abschnitt herum zu schleppen. Doch als sie schließlich ausgehungert, krank und halb wahnsinnig in der Hafenstadt Boma eintrafen, brachten sie die Erkenntnis mit, dass sich jenseits dieser Wasserfälle eine unvergleichliche natürliche Inlandwasserstraße befand, die die Möglichkeit leichten Transports und schneller Verbindungen hinein ins riesige Herz Afrikas bot.

Nachdem Stanley mit den Berichten von seinen Entdeckungen wieder aufgetaucht war, schickte Leopold ihm seine Emissäre entgegen, um ihn für das Kongoprojekt zu begeistern.

Einer flüsterte ihm die Idee, für Leopold zu arbeiten, bei einem Dinner in Alexandria ein. Zwei weitere überfielen ihn, als er in Marseille an Land ging, und boten ihm den Auftrag an. Stanley war zwar geschmeichelt, lehnte aber erschöpft ab. Leopold ließ nicht nach, und fünf Monate später, im Juni 1878, kam Stanley nach Brüssel zu einer Audienz beim belgischen König. Diesmal klappte es: Stanley verpflichtete sich, fünf Jahre lang für Leopold zu arbeiten. Seine Aufgabe, so wurde es in der Öffentlichkeit kommuniziert, bestand darin, Stationen einzurichten und eine »Dampfbootverbindung« aufzubauen. Erst als Stanley in Afrika war, erhielt er eine Geheimbotschaft, in der er aufgefordert wurde, so viel Gebiet wie möglich für König Leopold zu sichern. Kein Wort mehr von einer Konföderation der Negerrepubliken; nun ging es um einen »Freistaat« im Besitz des Königs und mit diesem als Staatsoberhaupt.

Stanley machte sich daran, einen Weg an den Wasserfällen vorbei freizuhacken und zu befestigen. Dann stellte er eine Armee zusammen und dampfte den Kongo hinauf, er richtete Stationen ein und schloss unterwegs, wie geheißen, Verträge mit Stammeshäuptlingen. Seine Vorgehensweise war so brutal wie auf all seinen Expeditionen. Er hatte keinerlei Gewissensbisse dabei, sich in schwierigen Situationen den Weg frei zu schießen, unbotsame Träger zu ermorden oder in Eisen zu legen und Eingeborenendörfer auszuplündern, falls sich keine Nahrungsmittel erwerben ließen.

Doch nichts von dem, was Stanley tat, konnte dem Vergleich mit den Gräueln standhalten, die später von anderen begangen wurden, die nach ihm in den Kongo kamen. Unter dem Deckmantel humanitärer Propaganda machten sich Leopolds Leute daran, die fürchterlichsten Grausamkeiten zu verüben, die Europäer bis dato jemals angerichtet hatten. Leopold gab sich nicht wie andere westliche Herrscher damit zufrieden, in den Kolonien innerhalb der gesellschaftlichen Strukturen zu arbeiten, zu handeln und sie als Märkte für die eigenen Waren zu entwickeln. Kolonien waren dazu da, bis auf den letzten Blutstropfen ausgebeutet zu werden. »Zwangsarbeit«, so schrieb Leopold einem Mitarbeiter, »ist die einzige Art, diese trägen und verdorbenen Bevölkerungen zu zivilisieren und moralisch aufzubauen.« Ursprünglich hatte Leopold gehofft, mit Elfenbein sein Vermögen zu machen. Doch es kam anders. Neun Jahre, nachdem der König Stanley angeheuert hatte, für ihn den Kongo zu erobern, beobachtete John Dunlop, ein schottischer Tierarzt, der in Irland lebte, wie sein Sohn auf seinem Dreirad herumholperte, und fragte sich, ob es nicht eine Möglichkeit gäbe, die Fahrt mit dem Spielgefährt angenehmer zu machen. Er kam auf die Idee, die Räder mit dünnen, zusammengeklebten Gummilagen zu umspannen, die er mit einer Fußballpumpe aufblies. Im Jahr 1888 meldete er das Verfahren zum Patent an, und im Jahr danach gründete er eine Firma, um diese Reifen kommerziell zu produzieren. Die unmittelbaren Vorteile dieser Erfindung für den Straßenverkehr lösten eine riesige Nachfrage nach Gummi aus – und das sollte Leopold endlich die Reichtümer bringen, die er bislang nicht aus dem Kongo hatte schöpfen können.

Zu diesem Zeitpunkt stammte das Kautschuk, das es im Kongo gab, von wilden Gummilianen, die sich in den Regenwäldern um die Bäume wanden. Die einzige Möglichkeit, sie zu ernten, bestand darin, auf die Bäume zu klettern, den sirupzähen Saft zu zapfen und gerinnen zu lassen, indem man ihn auf den eigenen Körper schmierte. Später musste er dann wieder abgezogen werden, ein äußerst schmerzhafter Vorgang. Da niemand freiwillig Kautschuk sammelte und sich die Aufsicht im Wald schwierig gestaltete, wurden neue Methoden der Zwangsarbeit eingeführt. Kolonialsoldaten, schönfärberisch als *Force Publique* bekannt, entführten Frauen und Kinder aus den Dörfern und legten sie in Ketten, bis die Männer die Arbeit getan hatten und sie, zum Beispiel mit ein paar Ziegen, zurückkaufen konnten. Jeder Mann hatte eine bestimmte Menge Kautschuk zu ernten; schaffte er diese nicht, konnte er Nase, Hände oder Ohren verlieren. Dörfer, die gegen diese Form der Sklaverei rebellierten, wurden dem Erdboden gleichgemacht, die Bewohner massakriert. Den Leichen wurden die rechten Hände abgetrennt, diese dann geräuchert, um sie länger haltbar zu machen, und den Aufsehern gebracht, um zu beweisen, dass die zur Verfügung gestellte Munition gegen Menschen und nicht zur Jagd auf Tiere eingesetzt worden war. Die Erlaubnis, im Namen des Königs zu töten, auszupeitschen, zu verstümmeln und zu quälen, weckte in vielen der Männer, die im Kongo arbeiteten, die niedrigsten und grausamsten Instinkte. Sadismus in all seinen Ausformungen war allgegenwärtig, und für Millionen von Kongolesen wurde das Leben zur Hölle auf Erden.

Über viele Jahre hinweg wussten nur wenige, was da vor sich ging. Die daran Beteiligten schwiegen, Besucher wurden von den Kautschukgebieten ferngehalten, Missionare eingeschüchtert, oder diese vermochten nicht, sich Gehör zu verschaffen. Die ganze grausige Angelegenheit kam erst ans Licht, als Edmund Morel, einem bescheidenen anglofranzösischen Angestellten, der für eine Reederei arbeitete, die exklusiv die Handelsroute von Antwerpen in den Kongo bediente, etwas Merkwürdiges auffiel. Die Schiffe aus dem Kongo waren mit Kautschuk und Elfenbein voll beladen. Die Schiffe in Gegenrichtung transportierten dagegen nur wenige Handelsgüter, ansonsten Gewehre, riesige Mengen an Munition und Männer. Diese Leute beschrieb er später folgendermaßen: »meist jung, meist aus ärmlichen Verhältnissen, klein, blass, Taugenichtse … Ihre Gesichter sind kein schöner Anblick, so verzerrt von Brutalität, mit einem grausamen, lüsternen Blick, Gesichter, von denen man sich mit einem unwillkürlichen Schaudern der Abscheu abwendet.« Morel wusste, dass die Eingeborenen im Kongo kein Geld haben durften. Womit also wurden sie entlohnt? Der einzige Schluss, den er ziehen konnte, lautete: Sie wurden nicht entlohnt.

Morel forschte gewissenhaft nach, er schrieb Artikel, Bücher und Flugschriften über den Kongo, hielt Reden und weckte so die Besorgnis der Öffentlichkeit. Die Kampagne dieses einfachen Angestellten, lüftete schließlich den Schleier der Heuchelei und hielt einer entsetzten Welt die Wahrheit vor Augen.

Doch nun befinden wir uns bereits an der Jahrhundertwende, also mehrere Jahre nach der uns interessierenden Zeitspanne. Greifen wir Emins Schicksal wieder auf und kehren wir ins Jahr 1883 zurück, dieses Mal allerdings ins Deutsche Reich, wo ein weiterer Faden seiner Geschichte gesponnen wurde.

KAPITEL 5
Deutschland braucht Kolonien!

Eines Tages im Oktober 1883 bahnte sich im kalten, grauen
Berlin ein kleiner junger Mann mit knochigen Gesichtszügen,
schütterem Haar und Brille einen Weg durch die Gruppen von
elegant gekleideten Kauflustigen und Flaneuren auf der Fried-
richstraße, als er einen alten Freund erblickte. Es handelte sich
um Pastor Ludwig Diestelkamp aus der Nazarethgemeinde
im Wedding. »Woher kommen Sie, und wohin wollen Sie?«,
fragte der Pastor den jungen Mann. Dieser antwortete, er sei
am Vortag von einem längeren Aufenthalt in London zurückgekehrt und plane, sich eine Zeitlang in Berlin niederzulassen. Der Pastor fragte ihn, ob er Freunde oder Bekannte in
der Hauptstadt habe, und als er hörte, dass dem nicht so sei,
meinte er: »Ach, kommen Sie doch heute Abend in unseren
neugegründeten Klub, ich möchte Sie einigen Herren vorstellen.« Es handelte sich dabei um den Konservativen Klub von
Berlin, dessen Räumlichkeiten gleich um die Ecke in der Beh-
renstraße 29 lagen. Die beiden verabschiedeten sich, der junge
Mann fand ein Zimmer in der Dennewitzstraße in Schöneberg
und erschien dann am selben Abend tatsächlich in dem Klub.
»Ein Klub Londoner Stiles war das freilich nicht, sondern ein
Vereinslokal«, schrieb er Jahre später; »indes lernte ich eine
Reihe sympathischer Leute kennen, und ich versprach, dem-
nächst dort einen Vortrag über das Deutschtum in London
zu halten.« Diesem Vortrag, den er tatsächlich wenig später
hielt, schloss sich eine Debatte über Kolonialpolitik an. Damit
begann Carl Peters' höchst ambivalente Karriere als politischer
Agitator, der Deutschlands Transformation hin zu einer Kolonialmacht aktiv betrieb.

Carl Peters war Akademiker. Er hatte in Göttingen, Tübingen und Berlin Philosophie studiert und war nach längerem Londonaufenthalt nach Berlin zurückgekehrt, um seine Habilitation zu schreiben. Doch die Vorstellung, an einer Universität zu unterrichten, lockte ihn nicht im mindesten. Er hatte bereits mit dem Gedanken gespielt, in die Politik zu gehen und Parlamentsabgeordneter zu werden, doch nun hatte er ein erheblich faszinierenderes Projekt gefunden: Er wollte für Deutschland eine Kolonie in Afrika gründen.

Der Ursprung von Carl Peters' Begeisterung für ferne Länder scheint, genau wie bei Emin, in seiner Jugend zu liegen. Peters wurde in Neuhaus an der Elbe, südöstlich von Hamburg, als achtes von neun Kindern eines protestantischen Pastors geboren. Der Vater war von Afrika fasziniert, er verfolgte die Reisen David Livingstones mit leidenschaftlichem Interesse. Stets lag eine Landkarte von Afrika auf dem Wohnzimmertisch, und der Pastor deutete, wie Carl Peters sich später erinnerte, häufig auf die ostafrikanischen Seen und sagte: »Dort liegt die Zukunft Afrikas.« Peters' Vater war ein enger Freund des Ostafrikareisenden Baron Karl Klaus von der Decken, des ersten Europäers, der versuchte, den Kilimandscharo zu besteigen. Zwischen seinen Reisen wohnte er bei Verwandten in der Nähe von Neuhaus. Die grausame Ermordung von der Deckens und seiner Expeditionsgesellschaft durch Eingeborene in Somalia 1865 machte einen tiefen Eindruck auf die Familie Peters. Doch während Emins Faszination persönlicher und wissenschaftlicher Natur war, war Peters politisch motiviert – er wurde von demselben Nationalismus angefeuert, der auch so viele andere junge Deutsche seiner Zeit ergriff. Peter empfand es als bitter, dass die deutschen Emigranten – etwa zweihunderttausend Auswanderer verließen Jahr für Jahr das Land – sich der Kultur und der Sprache ihrer neuen Heimatländer, wie zum Beispiel der Vereinigten Staaten oder Australien, anzupassen hatten. Und er fand es erniedrigend, dass andere europäische Mächte, selbst ganz kleine, überall auf der Welt Kolonien hatten, das Deutsche Reich aber nicht.

Die Erlebnisse seiner Jugend formten Peters' zähe, energische, aggressive und ungeheuer ambitionierte Persönlichkeit und den unerschütterlichen Glauben an die eigene Überlegenheit, die ihn zu erstaunlichen, höchst fragwürdigen Heldentaten trieb. Da er allerdings auch dazu neigte, sich seine angeblichen Erlebnisse zusammenzufabulieren, können seine zahlreichen Reiseberichte nur als unzulänglicher Anhaltspunkt für das dienen, was sich tatsächlich zutrug. Zumindest zeigen sie einiges von seinem Charakter, und sie sind dabei hilfreich, Deutschlands außergewöhnliches Abenteuer in Ostafrika zu verstehen.

Peters verrät uns zum Beispiel nicht, dass er klein und als Kind häufig krank war, stattdessen prahlt er, sein Vater habe darauf geachtet, »dass mein Körper von frühester Jugend auf abgehärtet und im Schwimmen, Ringen, Turnen usw. unausgesetzt geübt ward«. Mit neun oder zehn, so behauptet er, habe er eine Bande aus Gefolgsleuten um sich versammelt, die zum Verdruss seines Vaters ständig im Clinch mit anderen Banden in der Stadt und der umliegenden Gegend lag. Mit vierzehn wurde er in die Klosterschule nach Ilfeld im Harz geschickt, einem angesehenen Internat, dessen neuer Direktor mit einer seiner Cousinen verheiratet war. Viele seiner Mitschüler stammten aus adligen oder reichen Bürgerfamilien und sahen auf den kleinen Landpastorensprössling herab. Doch er, so will er uns in seinen Aufzeichnungen glauben machen, schaffte es aufgrund seiner Stärke und Kampftechnik, vom allerersten Tag an alle gegen ihn gerichteten Hänseleien zu unterbinden. Gleichzeitig musste er andere Fähigkeiten, vor allem rhetorische, entwickeln, um mithalten zu können. Peters behauptet, aufsässig gewesen zu sein, war aber wohl allem Anschein nach ein guter Schüler. Eine Lehrerbeurteilung wirft ein bezeichnendes Licht auf ihn: »Peters ist recht gut beanlagt, was jetzt noch mehr hervortreten würde, wenn er immer gleichmässig fleissig gewesen wäre und wenn er nicht durch sein etwas grillenhaftes und sehr zur Eitelkeit und Selbstüberschätzung neigendes Wesen seine wahrhaft gründliche Ausbildung doch etwas gehemmt hätte. Zu wünschen ist ihm, dass sein Glaube, ein Genie zu sein, recht bald erschüttert wird.«

So mancher Historiker hat vermutet, dass Peters ein Psychopath war, und sicherlich könnte sein späteres Verhalten in Afrika durchaus darauf hinweisen. Doch aus seinem Leben und seinen Schriften wird eines ganz deutlich: Tief in ihm war ein massiver Minderwertigkeitskomplex am Werk – und seine Erfahrungen in der Schule dürften klar dazu beigetragen haben.

Die Schwierigkeiten verschärften sich noch, als sein Vater 1872 starb und die Familie fortan von der mageren Witwenrente seiner Mutter leben musste. Der mittlerweile sechzehnjährige Carl sah sich gezwungen, nun das Geld für seine eigene Schulbildung selbst zu verdienen. Er nahm verschiedene Arbeiten an und achtete die ganze Zeit sorgsam darauf, seine Mitschüler nicht merken zu lassen, wie schlecht es ihm finanziell ging. Auf der Universität verbesserte erst ein Geschenk eines Paten, dann ein Stipendium die prekäre Lage. Er stürzte sich mit großem Eifer auf die Fechterei. Da er sich den Eintritt zu einer der existierenden schlagenden Verbindungen nicht leisten konnte, gründete er seine eigene und schrieb seiner Familie ausführliche Darstellungen der blutigen und verunstaltenden Ergebnisse. In einem Brief brüstete er sich damit, mit zehn Stichen genäht worden zu sein, während der Gegner sechsundzwanzig Stiche gebraucht hätte. Peters studierte Geschichte, Geografie und belegte sogar Kurse in organischer Chemie und Psychophysiologie, bevor er schließlich bei der Philosophie

landete. Er widmete sich dem Werk Schopenhauers und veröffentlichte im Jahre 1883 eine umfangreiche Arbeit über ihn
mit dem Titel *Willenswelt und Weltwille*.

Peters' Leben nahm eine entscheidende Wendung, als ein
reicher Onkel, der in London lebte, ihn im Dezember 1880
bat, zu ihm zu ziehen. Karl Engel, der Bruder seiner Mutter, war Komponist, Pianist und Musikologe. Er hatte eine
englische Erbin geheiratet, sich auf der Insel niedergelassen
und war dort eingebürgert worden. Seine Gattin war gerade
verstorben, sie hatten keine Kinder, und der Onkel brauchte
Gesellschaft. Wie er auf Carl verfiel, wissen wir nicht, doch
er schloss ihn ins Herz und tat alles, einen englischen Gentleman aus ihm zu machen. Er richtete ihm ein Konto ein – kein
Gentleman sollte mit weniger als vierzig oder fünfzig Mark in
der Tasche unterwegs sein, meinte er –, gab ihm eine goldene
Uhr, überließ ihm die alleinige Nutzung eines Pferdes und
bot ihm ein Gesellschaftsleben, von dem die meisten jungen
Männer nur träumen konnten. Peters interessierte sich in
London sehr für den britischen Kolonialismus, vor allem für
die Konzessionsgesellschaften, die seit zweihundert Jahren in
verschiedenen Weltgegenden Handel trieben, dort forschten
und kolonisierten. Er beobachtete sorgsam die britische Politik
und den Alltag und entwickelte feste Vorstellungen, die sich
zur Grundlage seiner Kampagne für deutsche Kolonien entwickeln sollten. Peters ging davon aus, dass es die Kolonien
waren, die Großbritannien so reich und mächtig hatten werden
lassen, und dass es diese Reichtümer des Landes waren, die
seinen Bewohnern (zumindest jenen in der besseren Gesellschaft, die er kennenlernte) eine gewisse Unabhängigkeit und
Selbstsicherheit verliehen – genau das, wie er fand, was den
Deutschen fehlte.

Engel war über seine Gattin mit der Frau von Joseph Chamberlain verschwägert, dem ultraimperialistischen, expansio-

nistischen und nationalistischen britischen Kolonialminister.
In Peters' Memoiren finden sich keinerlei Hinweise darauf,
Chamberlain jemals begegnet zu sein, doch kann er dessen
ideologische Position wohl kaum übersehen haben. Chamberlain glaubte, dass es die »Mission« der europäischen
Mächte, allen voran Großbritanniens, sei, den schwächeren
afrikanischen Völkern das Land zu nehmen und ihnen dafür
die Zivilisation zu bringen. Gewalt und Blutvergießen waren
notwendiger Bestandteil dieser Mission, wie er später in einer
berühmten Rede betonte: »Man kann kein Omelett backen,
ohne Eier zu zerschlagen.«

Nach einer Weile in London, so behauptete Peters, habe
sein Onkel angeboten, ihn zu adoptieren und zum Alleinerben
einzusetzen mit der Aussicht auf ein leichtes, vergoldetes Leben
in der Metropole oder auf einem Posten in der Verwaltung des
Empire, in Indien womöglich. Doch Peters habe entschieden
abgelehnt: Deutschland und die Chance, die Deutschen mit
seinen Ideen zu beeinflussen, seien ihm wichtiger gewesen als
alle Verlockungen Londons. Dass seine Wahl in Wahrheit
keineswegs so eindeutig und sein Patriotismus keineswegs so
hehr war, lässt sich an der Tatsache ablesen, dass er ebenfalls
ernsthaft in Erwägung zog, sich einem anderen Verwandten
anzuschließen und Schweinezüchter in den Vereinigten Staaten
zu werden.

Bevor Peters nach Deutschland zurückkehrte, lernte er
einen Amerikaner namens Stacy kennen, der gerade aus
Afrika gekommen war und ein strahlendes Bild von all dem
Gold malte, das sich in Mashonaland südlich des Sambesi
schürfen ließe. Stacy suchte nach einem Partner, um dorthin
zurückzukehren und mit der Arbeit zu beginnen. Peters war
Feuer und Flamme. Er würde dort die deutsche Fahne hissen, Stacy die Schürfrechte erhalten, und sie beide würden
eine Gesellschaft gründen, die einen Teil der Gewinne an das

Deutsche Reich abführte. Stacy bestand jedoch darauf, dass es die britische Flagge sein sollte; damit war die Partnerschaft wieder beendet.

Von der grundsätzlichen Idee aber blieb Peters begeistert. »1883 war der weltgeschichtliche Augenblick, wo Deutschland Afrika für sich nehmen konnte«, schrieb er später. »Der Zambesi war der natürliche Ausgangspunkt, von dem wir den dunklen Weltteil nach Norden und nach Süden aufrollen konnten.« Peters war entschlossen, sich deutsche Unterstützung zu sichern und allein ans Werk zu machen.

Mit zwei Zielen vor Augen kehrte er also nach Berlin zurück. Er hatte 1879 seine Doktorarbeit fergiggestellt, jetzt wollte er seine Habilitation schreiben und damit seine Studien abschließen. Und er wollte sich potente Finanzgeber für sein Unterfangen suchen, gleich ob bei der Regierung oder bei Privatleuten. Sein Ziel war es, sich ein »Firmenschild« zu beschaffen, also eine Beteiligungsgesellschaft ähnlich denen, die im 17. und 18. Jahrhundert Handelsposten und Kolonien für Großbritannien gegründet hatten. Diese Firma würde, so hoffte er, Investoren aus wohlhabenden Kreisen anlocken – niemand, das wusste er, würde dem unbekannten Carl Peters persönlich Geld leihen.

Der Konservative Klub erwies sich für Peters als fruchtbarer Boden. Sein stärkster und wertvollster Fürsprecher war niemand anderes als der erzkonservative Präsident des Klubs selbst, Graf Felix Behr-Bandelin, Kammerherr des Kaisers und Besitzer riesiger Ländereien in Pommern. Peters und der Graf spielten schon bald Billard miteinander, und eines Tages, während die Kugeln auf dem grünen Filz klackerten, erzählte ihm Peters von seinen Plänen, eine Kolonie am Sambesi zu gründen, woraufhin der buschig-bärtige Graf brummte: »Bin dabei, mein guter Doktor.«

Der Graf stand zu seinem Wort. Anderswo hatte Peters mit seinen Bemühungen, Unterstützung für seinen Plan zu finden, keinen Erfolg. Das Auswärtige Amt hatte nicht auf seine schriftliche Bitte um Unterstützung geantwortet. Monate später erfuhr Peters unter der Hand, dass das Außenministerium die Landstriche südlich des Sambesi als zum britischen Einflussbereich gehörig erachtete. Diese Reaktion spiegelte die Haltung der Regierung zu diesem Zeitpunkt ziemlich genau wider. Reichskanzler Fürst Otto von Bismarck stand Forderungen nach Kolonien höchst skeptisch gegenüber; ihn interessierte vielmehr die europäische Machtpolitik.

Doch wir reden hier vom ausgehenden 19. Jahrhundert, und in dem drückten sich Gefühle, Träume und Hoffnungen in einer lärmenderen Sprache aus als in langweiliger Logik. Es ging um deutschen Nationalstolz, um die Fata Morgana ungeheurer Reichtümer, um deutsche Ländereien in tropischer Ferne. Eine Gruppe von Kolonialbegeisterten, darunter so prominente Namen wie Friedrich Fabri und Wilhelm Hübbe-Schleiden, hatten den Deutschen Kolonialverein gegründet, der zwar klein, aber sehr bemüht war, Kolonialbestrebungen zu schüren. Hoffnungsvoll hatte Peters ihnen seinen Plan vorgestellt, war aber abgeblitzt. Der Vereinspräsident Fürst von Hohenlohe-Langenburg teilte ihm mit, dass der Verein nicht die Absicht habe, die eigenen Ideen auch in die Tat umzusetzen. Dr. Fabri hatte öffentlich erklärt, dass »aktuelle Kolonialpolitik Sache des 20. Jahrhunderts« sein werde. Peters fand, dass dies viel zu spät sei – bis dahin werde es nichts mehr geben, was noch kolonisiert werden könne. Der Verein war nur eine Quatschbude, wie ihm klar wurde. Deutschland brauchte Taten.

Am 22. März 1884, nach den offiziellen Feierlichkeiten zum siebenundachtzigsten Geburtstag Kaiser Wilhelms I., führte Peters ein ernsthaftes Gespräch mit Behr-Bandelin. Die beiden kamen überein, eine Gesellschaft für deutsche Kolonisation (GfdK) zu gründen, in deren Namen man tatsächlich losziehen und für das Deutsche Reich Kolonien suchen sollte. Der Graf verschickte Einladungen; am 28. März trafen sich etwa dreißig Interessierte – natürlich alles Männer –, lauschten einem Vortrag von Peters und gründeten diese Gesellschaft. Die GfdK hatte anfangs vierundzwanzig Mitglieder und sehr wenig Geld. Die Zahl der Mitglieder wuchs schnell, die Finanzen blieben mager. Eine Erklärung mit den Zielen ging an die Presse.

Nachdem die ersehnte Gesellschaft nun endlich gegründet war, machte sich Peters unverzüglich ans Werk. Sein Plan: »Ein Reich nach meinem Geschmack zu erwerben.«

KAPITEL 6

Der Sudan wird aufgegeben

Während Emin alle Hände voll zu tun hatte, die aufsässigen Stämme in Äquatoria zu befrieden, und Peters am Anfang seiner Kolonialkarriere stand, brütete Sir Evelyn Baring am 13. Dezember 1883 in Kairo über einem Telegramm, das gerade aus London eingetroffen war. Darin teilte ihm der britische Außenminister Lord Granville mit, er »schlage vor«, dass Ägypten den Sudan aufgeben solle. »Vorschlagen«, das war ein Euphemismus für »befehlen«.

Die Vorstellung, Sir Evelyn, der lediglich den Titel des britischen Generalkonsuls und Agenten in Kairo trug, könne der ägyptischen Regierung etwas »vorschlagen«, oder »anraten«, war eines jener kuriosen imperialen Spielchen, die Großbritannien so gern spielte. Es handelte sich um eine diplomatische Fiktion, die kaum die Tatsache verbergen konnte, dass der brummige und autokratische Sir Evelyn, mit der massiven Rückendeckung britischer Truppen, der eigentliche Herrscher über Ägypten war, nicht der Khedive Tewfik, obgleich Letzterer offizielles Staatsoberhaupt, mit all den Palästen, dem Harem, einem riesigen Hofstaat und sonstigen dazugehörigen Insignien der Macht war. Über dem Khediven thronte zwar noch der Sultan in Konstantinopel, zu dessen heruntergekommenem Osmanischen Reich Ägypten theoretisch nach wie vor gerechnet wurde, doch das konnte Großbritannien einfach ignorieren. Baring agierte von einer kleinen, übervollen Residenz in Kairos Rue Moughrabi aus. Seine zur Schau gestellte Bescheidenheit wurde ein wenig dadurch konterkariert, dass ihn stets eine Paradeeskorte britischer Soldaten begleitete, wenn er mit der Kutsche zur Audienz des Khediven in dessen riesigen und prächtigen Abdin-Palast fuhr oder am Bahnhof hochgestellte Persönlichkeiten empfing.

Der Khedive Tewfik hatte diese Umstände seinem Urgroßvater Mohammed Ali Pascha, vor allem aber seinem Vater Ismail Pascha zuzuschreiben, die sich beide an großartige Reformen und gigantische öffentliche Bauvorhaben gewagt hatten, darunter den Bau des Suezkanals, um ihr riesiges Reich zu modernisieren, gleichzeitig aber auch bemüht gewesen waren, ein afrikanisches Imperium zu schaffen, das sich vom Mittelmeer bis zu den Quellen des Weißen Nil erstrecken sollte. Als Ismail schließlich das Geld ausging, lieh er sich von europäischen Kreditgebern ungeheure Summen zu Wucherzinsen und musste schon bald erkennen, dass er seine Schulden kaum mehr begleichen konnte. 1875 vermochte er sich noch einen Aufschub zu erkaufen, indem er seine Anteile am Suezkanal an die britische Regierung veräußerte, doch schon im Jahr darauf konnte Ägypten die Ratenzahlungen nicht mehr leisten. Die internationalen Gläubiger forderten entsprechende Maßnahmen. Großbritannien und Frankreich entsandten offizielle Vertreter, um eine Aufsicht über Ägyptens Staatseinkünfte und Ausgaben zu haben, ein System, das sie »doppelte Kontrolle« nannten. Die Situation, die sie vorfanden, war so katastrophal, dass sie den Sultan in Konstantinopel – der selbst bis zum Hals in Schulden steckte – bedrängten, Ismail seines Amtes zu entheben und den gefügigen Tewfik als Khediven einzusetzen.

Doch noch waren die Briten nicht glücklich mit der Lage. Sie hatten größere Sorgen, als nur die Not der Investoren zu lindern: die Sicherheit der überlebenswichtigen Nabelschnur nach Indien und zu den weiteren Besitzungen im Osten zu garantieren. Die Briten waren nahezu besessen vom Suezkanal. 1869 eröffnet, hatte dieser die Seereise um ganz Afrika herum nach Indien drastisch verkürzt sowie die alte Überlandroute vom Mittelmeer ins Rote Meer obsolet werden lassen. Um genau diese Verbindung zu Indien zu kappen, hatte Napoleon 1798 Ägypten kurzfristig besetzt. Wenn die Briten nicht achtgaben, konnte so etwas sehr schnell wieder drohen. Ein Jahr zuvor hatten sie eine günstige Gelegenheit beim Schopf gepackt.

Nicht nur in Europa, auch in Ägypten war der Nationalismus auf dem Vormarsch, und die gebildeten Ägypter, vor allem Armeeoffiziere, verachteten die Fremdlinge zutiefst, die ihr Land regierten und ausplünderten. Ihr Hass richtete sich zum Teil auf die türkischen Offiziere und Beamten, die korrupt, arrogant und diebisch waren. Vor allem aber hassten sie die allgegenwärtigen europäischen Berater und Kontrolleure, und das stand für sie in keinem Widerspruch dazu, dass sie auch vieles an der europäischen Kultur mochten und alles daransetzten, nach einer möglichen Machtübernahme Reformen nach europäischem Vorbild durchzuführen. Im September 1881 wagte eine Gruppe von Offizieren unter einem Oberst Ahmed Arabi einen Staatsstreich.

Das war die Chance für die Briten. Im Juni 1882 beschoss eine britische Flotte nach Unruhen in Alexandria die Stadt, im September überrannte eine britische Expeditionsarmee den Rebellenstützpunkt bei Tel-el-Kebir – ein blutiger, halbstündiger Angriff vor Morgengrauen –, bevor sie ungehindert in Kairo einmarschierte. Die britische Regierung erklärte, dass es sich nur um eine befristete Besetzung handele, was sie wohl zu diesem Zeitpunkt auch beabsichtigte. Doch Baring erkannte bald, dass Ägypten nach dem Abzug der Briten sofort in Anarchie fallen und die dringende Reform nicht mehr umgesetzt werden würde. Also blieben die Briten*, und Ägypten wurde zu einer kolonialen Last, die Kräfte band und damit die

---

* Die letzten Kolonialbeamten verließen das Land erst 1956.

imperialen Strategien Großbritanniens anderswo oft schwer behinderte.

So waren sich die Briten nach der Besetzung keineswegs sicher, ob der Sudan, die südliche Kolonie Ägyptens, überhaupt ihre Sorge sein sollte. Ganz bestimmt hatten sie keinerlei Interesse daran, sich mit dem Mahdi auseinanderzusetzen; sollten sich die Ägypter mit ihm abplagen. Also fiel die Aufgabe, den Mahdi zu beseitigen, Raouf Pascha zu, dem ägyptischen Beamten, der nach dem Rücktritt Gordons im Jahr 1879 Generalgouverneur des Sudan geworden war.* Dieser Raouf Pascha war keineswegs das, was man einen Vorzeigebeamten nennen konnte. Gordon hatte ihn bereits einmal wegen Unfähigkeit gefeuert. Seit er nun erneut an der Macht war, ließ er viele von Gordons Errungenschaften rückgängig machen, und langsam verfiel die Gegend wieder in den alten Trott. Raouf machte sich Sorgen wegen des Mahdi. Die Briten schätzten, dass der »Erlöser« über zweihunderttausend Kämpfer verfügte, wohl eine Übertreibung, doch er wurde langsam zu einer ernsthaften Bedrohung. Und er war nicht zu fassen.

Gegen den Rat der Briten stellte Raouf Pascha eine recht chaotische Truppe zusammen, die er unter den Befehl von William Hicks stellte, einem britischen Obersten im Ruhestand, der von einer Gruppe europäischer Offiziere unterstützt wurde, die alle als Söldner angeheuert hatten. Man focht ein paar unentschiedene Scharmützel aus, bevor sich das achttausend Mann starke Expeditionsheer Anfang November 1883 unter dem Kommando eines höchst zögerlichen und skeptischen Hicks

---

* Gordon hatte sich von dem Posten zurückgezogen, einerseits weil er sehr erschöpft und in schlechter gesundheitlicher Verfassung war nach den Anstrengungen im Sudan, andererseits mochte auch der Wechsel von Ismael zu Tewfik als Khedive eine Rolle gespielt haben, in dessen Folge er sich auf seinem Posten in Khartum immer weniger unterstützt sah.

auf den zweihundert Meilen langen Marsch nach Südwesten machte, den neuesten Stützpunkt des Mahdi bei El Obeid, der größten Ansiedlung in der Provinz Kordofan, im Visier. »Das war wohl«, so schrieb sehr viel später einmal Winston Churchill, »die übelste Armee, die je in den Krieg gezogen ist.« Viele von Hicks' Männern waren unzufriedene ägyptische Soldaten, die nach der Arabi-Rebellion gefangen genommen und nur unter der Bedingung auf freien Fuß gesetzt worden waren, im Sudan zu kämpfen. Ganze Einheiten mussten in Ketten gelegt mitmarschieren, dennoch war die Zahl der Deserteure hoch. Den Soldaten mangelte es an Übung, Disziplin und Kampfeswillen. Begleitet wurden sie von etwa vierhundert wilden, berittenen Freischärlern, den Baschi-Bosuks. Dazu kamen fünftausend Kamele, die für fünfzig Tage Verpflegung mitschleppten und die Expedition erheblich erschwerten. Von der Tropensonne durchglüht, auf der verzweifelten Suche nach Wasser, von den einheimischen Führern vermutlich absichtlich in die Irre geleitet, wurde die Truppe bei El Obeid von etwa fünfzigtausend Mahdisten umzingelt und überfallen. Der Verteidigungsring hielt zwei fürchterliche Tage lang; am 5. November wurde das Heer faktisch ausradiert. Nur ein paar hundert Ägypter, die sich ergaben, und eine Handvoll Europäer überlebten. Hicks soll mutig mit dem Schwert in der Hand umgekommen sein.

Für William Gladstone, den intellektuellen, grundsätzlich antiimperialistischen britischen Premierminister jener Zeit, und für Sir Evelyn Baring selbst war der Schluss, der aus dem Desaster bei El Obeid zu ziehen war, offensichtlich. Großbritannien, das sich andernorts um dringendere Probleme zu kümmern hatte, würde Hicks' Niederlage nicht rächen und versuchen, den Sudan zurückzuerobern. Stattdessen sollte Baring dem Khediven befehlen, das ganze Land, das sein Vater und Urgroßvater annektiert hatten, aufzugeben und den Mahdisten zu überlassen. Das allerdings war nicht ganz so einfach, wie Baring sich das wohl zweifelsohne gedacht haben mag, als er das Telegramm las. Ägypten verfügte im Sudan über einen großen, etablierten Verwaltungsapparat mit Gouverneuren wie Emin, Beamten und einundzwanzigtausend stationierten Soldaten, dazu kamen große Vorräte an Waffen und Munition. Dann waren da noch tausende Zivilangestellte, nicht zu vergessen deren Familien, Diener, Sklaven, Händler und alles, was dazugehörte. Sie würden evakuiert werden müssen. Aber wie? Sir Evelyn, Sprössling einer britischen Bankiersfamilie mit Ursprung in Bremen (er erhielt später den Titel eines Earl of Cromer), hatte erst kurz zuvor seinen Posten in Ägypten angetreten. Dies war seine erste wichtige Bewährungsprobe. Er telegrafierte zurück, dass er einen hochrangigen britischen Beamten mit allen Vollmachten bräuchte, um die Evakuierung des Sudan zu beaufsichtigen. Und er verlangte zudem für sich die Vollmacht, die Entscheidung für den Rückzug der ägyptischen Regierung aufzuzwingen, von der er wusste, wie er warnend schrieb, dass sie »erbitterten Widerstand« leisten würde. »Minister und Gouverneur haben diesen Ratschlag zu befolgen oder verlieren ihr Amt«, schrieb er.

Nach zwei dringenden Kabinettssitzungen und der widerwilligen Zustimmung durch Queen Victoria erhielt Sir Evelyn das, was er begehrte. Am 7. Januar 1884 bat er um eine Audienz beim charmanten, unkomplizierten ägyptischen Premierminister Mohammad Sharif Pascha und teilte ihm seinen »Ratschlag« mit. Sharif und seine Minister legten darauf prompt ihre Ämter nieder – der Konflikt beeinträchtigte die freundlichen Beziehungen der beiden Männer jedoch in keinster Weise: Schon am nächsten Tag speiste Sharif in Barings Haus, zum Erstaunen der Gerüchteköche der Stadt. Drei Tage später wiederum stimmte der Khedive, der wusste, dass sein Thron ganz vom Wohlwollen der Briten abhing, zu, den Sudan aufzugeben, und teilte Baring – sicherlich mit zusammengebissenen

Zähnen – mit, dass dieser Schritt im besten Interesse seines Landes sei. Dann setzte er eine neue Regierung mit dem Premier Nubar Pascha ein. Dieser, ein höchst intelligenter, erfahrener und gleichzeitig zynischer Mann, der bereits einmal Premierminister gewesen war, gab sich keinen Illusionen hin. Er sei nicht da, um zu regieren, meinte er trocken, sondern um das Land für die Briten zu führen:»Ich bin nur der Schmierer der offiziellen Räder.«

Zum Beamten, der die Evakuierung organisieren sollte, bestimmte die britische Regierung auf lautstarkes Verlangen der Öffentlichkeit, jedoch gegen das bessere Urteilsvermögen Barings, den obersten Krisenmanager des Landes, Charles George Gordon, der in März 1882 zum Generalmajor aufgestiegen war.

Nachdem Gordon den Sudan 1879 verlassen hatte, war er, höchst attraktiven Angeboten folgend, auf kurzen Missionen in Indien, China und auf Mauritius gewesen. Als ihn die Abberufung in den Sudan erreichte, war er gerade im Begriff, seine Offizierskarriere an den Nagel zu hängen und seine Sachen zusammenzupacken, um für Belgiens König Leopold die Leitung im Kongo zu übernehmen. Der König war nicht sonderlich zufrieden mit Stanleys langsamer Landnahme, drang auf schnelleres Vorgehen und hatte sich deswegen schon zweimal an den legendären Gordon gewandt – obwohl auch er sich kurz fragte, ob das Kongobecken überhaupt groß genug war für zwei solch überragende Persönlichkeiten. Gordon kam gut aus mit Leopold und mag als passionierter Idealist vom »humanistischen« Plan des Königs beeindruckt gewesen sein. Doch für Gordon hatte der Ruf seines eigenen Landes, loszuziehen und im Sudan für Ordnung zu sorgen, natürlich Vorrang vor den Wünschen des belgischen Königs.

Und so kam es, dass man am Abend des 18. Januars 1884 auf dem Bahnsteig des Londoner Bahnhofs Charing Cross beobachten konnte, wie sich drei zylinderbewehrte Gentlemen von General Gordon verabschiedeten: der Außenminister Lord Granville, der Duke of Cambridge, Oberbefehlshaber der britischen Armee, und Lord Garnet Wolseley, der als Generalmajor die Arabi-Aufständischen in einem brillanten Einsatz bei Tel-el-Kebir geschlagen hatte und ein enger Freund von Gordon war. Wolseley trug Gordons Tasche; als er bemerkte, dass der General nur noch ein paar Shilling bei sich hatte, gab er ihm den Inhalt seines Portemonnaies, dazu seine Uhr mitsamt der Kette. Lord Cambridge öffnete die Waggontür. Im letzten Augenblick kam Gordons Neffe angerannt und brachte noch die Generalsuniform in einer metallenen Uniformkiste. Gordon stieg ein, der Pfiff ertönte, und alle reckten ihre Zylinder zum Abschied in die Höhe. Gordon nahm den Nachtzug nach Paris und fuhr von da weiter nach Brindisi; dort würde er ein Dampfschiff nach Alexandria nehmen. Seine Reise ins imperiale Märtyrertum hatte begonnen.

KAPITEL 7
Ein Ultimatum

Die Nachricht vom Sieg des Mahdi hatte sich wie ein Lauffeuer im Sudan verbreitet. Seine Gefolgsleute jubelten: Der Erlöser war unbesiegbar. Binnen kurzem, so verkündeten sie, würde er Khartum erobern und über das ganze Land herrschen. In vielen Provinzen kamen jetzt bereits Mahdisten an die Macht, sie fegten sogleich die türkisch-ägyptische Verwaltung beiseite. In Darfur ergab sich im Dezember 1883 nach zweijährigem Widerstand der schneidige österreichische Gouverneur Rudolf Slatin, um weiteres Blutvergießen zu vermeiden. Er wurde gefangen genommen und in Ketten gelegt. In Bahr-el-Ghazal war Frank Lupton entschlossen, bis zum Letzten zu kämpfen, doch seine Truppen meuterten. Er ergab sich im April 1884 und kam zu Slatin ins Gefängnis nach Omdurman. In seinem letzten dramatischen Brief an Emin schrieb er:»Hier ist alles aus mit mir ... Geben Sie Acht: etwa 8000 bis 10000 Mann sind schwer bewaffnet auf dem Weg zu Ihnen.« Das Schreiben traf am 23. Mai 1884 in Lado ein. Vier Tage später kam ein Bote der Mahdisten mit einem Brief für Emin. Geschrieben war er von Keremallah, dem Emir des Mahdi in Bahr-el-Ghazal. Er befahl Emin, mit seinen obersten Beamten zu ihm zu kommen und sich seiner Herrschaft zu unterwerfen. Ein Begleitschreiben von Lupton, offenkundig von den Mahdisten diktiert, erklärte, wenn Emin sich weigere, würde er von der Außenwelt abgeschnitten.

Emin war anfangs durchaus bereit, diesem Befehl zu gehorchen. Wenn die Mahdisten es geschafft hatten, Hicks' Armee zu schlagen und nun die Macht über große Teile des Sudan besaßen, dann gab es wenig Hoffnung für ihn, durchhalten zu können. Seine Truppen verfügten nur über wenige Waffen, kaum Munition und sonstige Ausrüstung. Er wusste nicht, auf wie viele von ihnen er sich verlassen konnte und wie viele zum Feind überlaufen würden. Um weiteres Blutvergießen zu vermeiden, würde er dem Befehl folgen müssen.

Emin berief eine Versammlung mit den höheren Beamten und den führenden Vertretern der Gemeinschaft und der Angestellten ein, die alle seiner Meinung waren. Doch wurde dabei deutlich, dass alle befürchteten, das blanke Chaos würde ausbrechen, wenn Emin ginge. Also kamen sie überein, dass er vor Ort bleiben sollte, während eine Abordnung von ihm ein Unterwerfungsschreiben überbrachte. Angesichts der Langsamkeit, mit der sich in diesem Winkel der Erde die Ereignisse mitunter entwickelten, so wurde Emin klar, konnte es noch Monate dauern, bevor der Mahdi tatsächlich Äquatoria angreifen würde. In der Zwischenzeit kam womöglich der Dampfer mit Waffen und Munition. Vielleicht wurden sie gerettet, denn sicherlich würden doch die Briten oder die Ägypter die Niederlage bei El Obeid nicht ungesühnt lassen. Also wurde eine Gesandtschaft losgeschickt, angeführt vom Kadi, dem obersten Richter der Provinz, und begleitet von einer Reihe Mahdi-Sympathisanten, die Emin nur zu gern davonziehen sah. Sie sollten nie mehr zurückkehren. Emin ging davon aus, dass sie übergelaufen waren.

Und so warteten sie, ohne zu wissen, was in Kairo, Khartum oder sonstwo vor sich ging, warteten voller Sorge – auf den Dampfer und auf einen Angriff der Mahdisten. Der Dampfer kam nicht, und Emin hatte recht behalten, denn die Mahdisten ließen sich Zeit. Doch die Lage verschlechterte sich zusehends.

Emins Provinz war in Auflösung begriffen. Die Eingeborenen, die die arroganten, diebischen Soldaten schon seit langem hassten, fingen an, Emins Stationen zu belästigen und anzugreifen. Nicht, dass sie mit den Mahdisten sympathisiert hätten: Als Schwarze und überwiegend »Ungläubige« hatten sie diese zu fürchten, wie jüngste Massaker und Versklavungen von Schwarzen in Bahr-el-Ghazal zeigten. Gleichwohl hatten die Niederlage bei El Obeid und die Mahdistenerfolge die Autorität der »Türken«, wie die Ägypter in der Provinz genannt wurden, gründlich unterminiert. Sie erschienen plötzlich verwundbar. Emin musste die am weitesten entfernten Stationen schließen, aus anderen waren die Soldaten desertiert, und in weiteren brach die Disziplin, die schon in den besten Zeiten nicht sonderlich gut gewesen war, vollkommen zusammen.

Während sich die letzten sorgenvollen Wochen des Jahres 1884 hinzogen, gab es in Lado ein völlig anders geartetes, ebenfalls wichtiges Ereignis. Im November kam Emins dunkelhäutige Tochter zur Welt.

Viele europäische Forschungsreisende und Verwaltungsbeamte im innersten Afrika nahmen sich fern der Heimat afrikanische Geliebte oder Konkubinen. Darüber verlor man nicht viele Worte, wenn überhaupt, vor allem nicht zu Hause, wo so etwas die Leute nur entsetzt hätte. Unter seinen Kollegen war Wilhelm Junker bekannt dafür, sich öfter den liberaleren Umgang der Afrikaner in puncto Sexualität zunutze gemacht zu haben. Auch Emin schien für den weiblichen Charme der Afrikanerinnen nicht ganz unempfänglich gewesen zu sein, denn wie er in einem ungewöhnlich heiteren Brief an einen Freund in Kairo schrieb: »Es giebt unter all diesem räuchrigen Volke … sehr hübsche Mädchen von heller, beinahe ägyptischer Hautfarbe – keine Albinos –, die einen schon in Versuchung führen und, was nicht unwahrscheinlich, auch aus der Versuchung erlösen könnten, aber zahlreich sind sie nicht …«

Aus dem spärlichen Quellenmaterial, das uns heute zur Verfügung steht, lässt sich herauslesen, dass Emin in Lado eine Abessinierin namens Safaran geheiratet haben könnte. Über die Frau wissen wir nichts weiter. Georg Schweitzer, Emins Vetter und Biograf, bezeichnete sie herablassend als »Gallasklavin«, was ein wenig ungerecht erscheint, denn in jenem Winkel Afrikas konnte jede, selbst eine Prinzessin, das widrige Schicksal erleiden, als Sklavin zu enden. Da die zumeist groß gewachsenen, eleganten, feingliedrigen Frauen der Gallas und auch anderer Abessinienvölker weltberühmt waren (seinerzeit) für ihr gutes Aussehen, kann man sich durchaus vorstellen, dass Safaran sehr hübsch gewesen sein mag. Gallafrauen waren auch bei den reicheren Familien im Sudan durchaus gefragt, denn sie galten als gewissenhafte, reinliche und tüchtige Haushälterinnen; möglich, dass Safaran auf diesem Weg in Emins Haus gekommen war. Vita Hassan zufolge, Emins tunesischem Apotheker in Lado, hatte sie Emin bereits einen Sohn geboren, der aber bald verstorben war. Am 6. März 1887, als Tochter Ferida kaum zweieinhalb Jahre alt war, starb auch Safaran. Emin war so untröstlich, dass er zumindest dieses eine Mal den Schleier lüftete, hinter dem er sonst sein Privatleben verbarg, und in einem Brief an Junker schrieb: »Wenn es wahr ist, dass Gott diejenigen, die er liebt, züchtigt, so gehöre ich zu den Auserwählten. Nach achttägigem Kranksein ist am Abend des 6. dieses Monats meine Frau einem biliösen Fieber zum Opfer gefallen und hat mich mit meinem kleinen Mädchen allein gelassen. Ich habe gethan, was in meinen Kräften gestanden hat, leider vergeblich. Wie schwer dieser Schlag mich trifft und wie ich nun gerade des Kindes halber in Sorgen bin, verstehen Sie ja.«

KAPITEL 8

Der Fall Khartums

Noch bevor Gordon am 18. Februar 1884 in Khartum eintraf, hatte er bereits Pläne für eine Evakuierung der Garnisonen geschmiedet, zumindest für jene, bei denen dies zu jenem Zeitpunkt möglich war. Er wusste, wenn er den Sudan nicht in die Hände des Mahdi fallen lassen wollte, musste er das Land von einer starken Macht schützen lassen. Und es gab nur eine einzige Person, die stark und einflussreich genug war, diese Rolle zu übernehmen: Zebehr Pascha, der ehemalige Anführer der Sklavenjäger, ein ungeheuer reicher Mann, dessen Einfluss im Sudan selbst den des Khediven überstieg. Um den alten Sklavenhändler nicht in Versuchung zu führen und keinen Aufruhr zu verursachen, dachte Gordon daran, ihm die nördlichen, überwiegend von Arabern bewohnten Provinzen des Sudan zu überlassen. Die beiden südlichen, schwarzen Provinzen Äquatoria und Bahr-el-Ghazal sollten niemand anderem übertragen werden als ... König Leopold.

In einem bemerkenswerten Brief, den Gordon von unterwegs schrieb, wandte er sich an Leopold: »Würden E. M. [Eure Majestät] den Vorschlag überdenken, die Provinzen Bahr el Ghazal und Äquatoria augenblicklich zu übernehmen? Die eine steht unter einem Deutschen, Emin Bey, die andere unter einem Engländer, Lupton. Deren Truppen sind schwarz und kennen mich.« Er schlug vor, in diesen beiden Regionen eine Konföderation unter den verschiedenen einheimischen Sultanen zu bilden, um sie später, im Namen Leopolds natürlich, selbst zu übernehmen.

Gordon konnte nichts von den Schrecken ahnen, die sich später im Kongo abspielen sollten. Sein Ziel, das er dem König bereits dargelegt hatte, war es, das Kernland des Sklavenhandels zu besetzen und so der Sklaverei einen tödlichen Schlag zu versetzen. Für Leopold eröffnete sich eine höchst willkommene Gelegenheit, sein Reich bis an den Nil auszudehnen.

So brillant Gordons Idee von der Aufteilung des Sudan auch gewesen sein mochte, die britische Regierung lehnte sie jedenfalls rundheraus ab. Die britische Öffentlichkeit würde es einfach nicht hinnehmen, Teile des Sudan einem Sklavenhändler zu überlassen, wurde Baring mitgeteilt. Worauf der Generalkonsul, der den Vorschlag unterstützt hatte, verärgert zurücktelegrafierte: »Ich wage zu behaupten, dass jeglicher Versuch, die ägyptischen Fragen im Lichte der englischen öffentlichen Meinung zu regeln, nur Schaden anrichten kann.« Gordon war zutiefst enttäuscht. Nun musste er eine andere Lösung finden.

Gordon traf im Februar 1884 in Khartum ein und wurde von den Einwohnern der Stadt überschwänglich willkommen geheißen. Wie die Briten daheim glaubten sie offenbar, dass er auf wundersame Weise irgendwie all ihre Probleme lösen könnte. Tatsächlich gelang es ihm, mehr als zweitausend Frauen und Kinder, Kranke und Verwundete aus der Stadt zu evakuieren, bevor sie am 13. März von den Mahdisten umzingelt wurde. Diese kappten die Telegrafenleitung und schickten Gordon den üblichen Brief, sich zu ergeben oder dem Tod ins Auge zu sehen.

Viele Bücher sind geschrieben, viele Filme gedreht worden über das Drama, das sich nun um den grauen, zweistöckigen Gouverneurspalast am Blauen Nil abspielte. Von dort aus leitete Gordon seine brillante Verteidigung Khartums. Er befestigte die Stadt, ließ riesige Mengen an Munition anfertigen und dachte sich alle möglichen Dinge aus, um den Mut der Garnison und der Bevölkerung aufrechtzuerhalten und den Feind in die Irre zu führen. Vieles davon war reiner Bluff, aber es funktionierte. Gordon sandte eine Vielzahl meist hoch emotionaler und zum Teil äußerst widersprüchlicher Nachrichten nach Kairo. Es waren Briefe, die in den Gewändern von Arabern versteckt wurden, die bereit waren, sich durch die Reihen der Mahdisten zu schleichen. Umgekehrt erreichten nur wenige von Barings Briefen jemals Gordon. Die zehnmonatige Belagerung wurde wohl zu einer der größten Legenden des britischen Empire. Nur die Regierung Gladstone sah das anders. Ihr fiel auf, dass Gordon keinerlei Versuche unternahm, aus der Stadt auszubrechen, was durchaus möglich gewesen wäre. Gladstone hatte den rätselhaften General im Verdacht, dass dieser sich selbst als Geisel benutzte, um ihn dazu zu zwingen, eine Armee zu entsenden und den Sudan zurückzuerobern. Gordon wusste sehr wohl, dass die öffentliche Meinung daheim hinter ihm stand und es politischem Selbstmord gleichkäme, wenn Gladstone ihn dem Mahdi auslieferte.

Wie nicht anders zu erwarten, gab es einen kollektiven Aufschrei der britischen Presse, Gordon müsse gerettet werden, und Gladstone wurde als »Verräter« bezichtigt, weil er so langsam handele. Schließlich gab der Premierminister nach, bat das Parlament um Finanzierung und beauftragte Lord Garnet Wolseley mit der Rettungsmission.

Dieser machte sich sofort daran, seine Truppen zusammenzustellen – alle Eliteeinheiten und Abenteurer des Empire stritten darum, mittun zu dürfen. Währenddessen stolzierte Gordon durch Khartum, vermittelte Selbstvertrauen, schwitzte im Palast über seinem Tagebuch (das später gefunden wurde) oder stand mit einem Teleskop in der Hand auf dem Dach und beobachtete über die Kuppeln und Minarette der Stadt hinweg in der wabernden Hitze die Bewegungen der Feinde oder hielt Ausschau nach den Schornsteinen der *Telhawin* und der anderen Dampfer, die er den Nil hinuntergeschickt hatte, um seinen möglichen Rettern entgegenzufahren.

Das Ende kam in der Stunden vor Sonnenaufgang am 26. Januar 1885. Die Truppen des Mahdi überrannten die Stadt und massakrierten alle, die sich ihnen in den Weg stellten. Die Szene, wie Gordon, der in einer weißen Paradeuniform am oberen Ende der Palasttreppe steht, verächtlich auf die Eindringlinge herabblickt und von einem Speer getötet wird, hat sich tief in die Mythologie des britischen Empire eingebrannt. Tatsächlich weiß niemand genau, wie er ums Leben kam.

Die Rettung war nur zehn Meilen entfernt. Zwei Tage später dampfte die *Telhawin* mit ihrem kleineren Schwesterschiff, der *Bordein*, voll besetzt mit rot gewandeten britischen Truppen und unter heftigem Gewehrfeuer, herbei. Doch ihre Besatzung konnte nurmehr feststellen, dass die Fahne am Mast des Gouverneurspalastes fehlte und die Stadt in die Hände des Mahdi gefallen war.

Die britische Nation, ja ganz Europa, war erschüttert. Alle betrauerten Gordons Tod. »Zu spät, zu spät!«, lautete der schmerzerfüllte, anklagende Refrain. Gladstone trat mit seinem Kabinett zurück. Das Empire hatte seinen Märtyrer.

Was Emin noch nicht wissen konnte: Damit war auch die letzte, leiseste Hoffnung auf einen Dampfer aus Khartum dahin.

KAPITEL 9

Landnahme in Ostafrika

Sechs Monate nach der Gründung der Gesellschaft für deutsche Kolonisation in Berlin konnte man auf der *Titania*, einem Schiff, das von Triest nach Aden fuhr, und dann auf der von Aden nach Sansibar segelnden *Baghdad* eine merkwürdige Gruppe junger Männer beobachten, die alles daransetzten, nur ja keine Aufmerksamkeit zu erregen. Sie gaben sich als Engländer aus, obwohl zwei von ihnen überhaupt kein Englisch konnten, und sie reisten mit den ärmlicheren afrikanischen und arabischen Passagieren auf dem Zwischendeck. Als sie am 4. November 1884 den schwülen, nach Gewürzen duftenden Hafen von Sansibar erreichten, ging das Versteckspiel weiter. »Bald gerierten sie sich als Jäger, als wissenschaftliche Reisende, um die Höhenmessungen in Usagara zu untersuchen, oder als Vergnügungsreisende«, berichtete Kurt Toeppen, ein deutscher Elfenbeinhändler mit Sitz auf der Insel. »Nach einigen Tagen war es ein offenes Geheimnis, dass die Herren die Absicht hatten, Land zu annektieren.«

Anführer dieser Gruppe war niemand anders als Carl Peters. Bei ihm waren sein bester Freund aus Kindertagen, Karl Ludwig Jühlke, Sohn des kaiserlichen Hofgartendirektors in Potsdam, und ein junger Forschungsreisender, Graf Joachim von Pfeil, ehemaliger Landwirt und Viehzüchter in Südafrika und begeisterter Befürworter von Kolonien. Der Vierte hieß August Otto, ein junger deutscher Handelsmann, der in der Hoffnung mitreiste, in Ostafrika ein Geschäft eröffnen und Geld machen zu können.

Nachdem das Projekt Mashonaland und eine Reihe von weiteren vagen Plänen fallengelassen worden waren, konzentrierten sich Peters und seine Leute auf die Gegend um Usagara im Landesinneren. Sie hatten in Stanleys Buch *Wie ich Livingstone fand* eine Beschreibung gelesen, nach der sich das Gebiet als guter Ort für Siedler eignete. Nach Sansibar waren sie deshalb gekommen, weil diese üppige grüne Koralleninsel trotz ihres ermüdenden Klimas das wirtschaftliche und politische Machtzentrum Ostafrikas bildete. Die Insel war ein Handelszentrum im Indischen Ozean, sichere Basis für ausländische Schiffe – vor allem britische – und der beste Ort, um Expeditionen aufs Festland zusammenzustellen und auszurüsten. In der exotischen weißen Hafenstadt lebte ein buntes Gemisch aus Arabern, Afrikanern, Persern und Indern, wobei Letztere, die ja britische Untertanen waren, einen Großteil der Geldgeschäfte und des Handels kontrollierten. Der Sultan, Seine Hoheit Said Barghash bin-Said, Sprössling einer arabischen Dynastie aus dem Oman, die die Insel mehr als ein halbes Jahrhundert zuvor unter ihre Herrschaft genommen hatte, regierte Sansibar und die benachbarten Inseln nominell von seinem weißen Palast an der palmengesäumten Westküste aus. Von dort aus kontrollierte er auch etwa zweitausend Kilometer an der Festlandsküste, die nur dreißig Kilometer westlich lag, dazu einen großen, nicht genau umrissenen Streifen im dahinterliegenden Inland.

Doch der eigentliche Herrscher auf der Insel residierte in dem gelben Gebäude ganz in der Nähe des Palastes. Es handelte sich um Sir John Kirk, einen schottischen Arzt, Naturforscher und Gegner der Sklaverei, der, wie Baring in Kairo, offiziell britischer Konsul war, den Sultan aber in wichtigen Staatsfragen »beriet«. Sansibar war nicht besetzt, war auch (noch) kein Protektorat, doch der Sultan verdankte seinen Thron und den Schutz der Insel den Briten und ihren Kriegsschiffen, die einen Steinwurf von seinem Palast entfernt ankerten. Ein anderer Brite, General Lloyd Mathews, hatte für ihn die Armee der Sansibari aufgestellt und trainiert; nun kommandierte der General sie auch noch. Das Interesse der Briten war hauptsächlich strategischer Natur, denn auch nach der Öffnung des Suezkanals war Sansibar wichtig für die Sicherheit der Schiffsrouten nach Indien und ins südliche Afrika. Die Konstruktion war so locker und informell wie die Kontrolle des Sultans über das Festland, doch die britische Macht war auch ganz real: So war Sansibar die Hauptstadt des Sklavenhandels gewesen, bis die Briten Said Barghash unter Androhung der Entmachtung gezwungen hatten, die Verschiffung der Sklaven zwischen Festland und Insel zu unterbinden. Sie hatten zudem verlangt, dass er den riesigen, schockierenden Sklavenmarkt in der Stadtmitte schloss und an dessen Stelle eine anglikanische Kathedrale errichtete. Der boomende Gewürzhandel und der steigende Warenumsatz machten den Verlust des Sklavenhandels mehr als wett. Solange die Institution der Sklaverei allerdings an so vielen anderen Orten weiterhin Bestand hatte, zeigten die britischen Bemühungen nur geringe Wirkung – der Sklavenhandel wurde einfach woanders weitergeführt.

Said Barghash hatte die Briten schon seit geraumer Zeit gedrängt, sein Herrschaftsgebiet zu einem britischen Protektorat zu machen, um sich so gegen den Zugriff anderer gieriger Mächte abzusichern. Die Londoner Regierung zögerte jedoch, für Sansibar noch mehr Geld auszugeben. Sie ging ein wenig selbstgefällig davon aus, dass die gegenwärtigen Verhältnisse ausreichten, um die britische Oberhoheit in Ostafrika zu sichern und andere europäische Mächte fernzuhalten. Sir John machte sich allerdings erheblich größere Sorgen um das wachsende fremdländische Interesse an der Region. Er drängte London dazu, das Protektorat über ganz Ostafrika auszurufen, und schrieb mahnend an Außenminister Lord Granville, wenn die Regierung noch mehr Zeit vergeude, dann könne bald eine andere Macht aufmarschieren: »Merkwürdige Deutsche reisen landeinwärts ...«

Auch andere europäische Mächte hatten Agenten auf Sansibar, vor allem, um den Handel im Blick zu behalten. Meist waren diese selbst Händler. Ihre Büros standen an derselben Seepromenade wie Palast und Konsulate, darunter auch das des deutschen Honorarkonsuls William Henry O'Swald, Erbe einer großen Hamburger Kaufmannsdynastie, dessen gesamtes Geschäft von den guten Beziehungen zum Sultan abhing. O'Swald hielt nichts von den ungestümen jungen Männern und ihrem neumodischen Kolonialunsinn, der nur den Sultan zu verärgern und die Handelsbeziehungen zu beeinträchtigen drohte.

Europäische Forschungsreisende und Händler blieben meist ein paar Monate auf Sansibar, um sich dort auf ihre Expeditionen vorzubereiten. Sie mussten sich mit den indischen Geschäftsleuten verständigen, die die Träger stellten. In dieser Gegend Afrikas war es – relativ gesehen – am sichersten, die Waren auf den Köpfen starker Männer transportieren zu lassen. Pferde, Esel, Ochsen und Kamele kamen erheblich seltener zum Einsatz, da sie höchst empfindlich waren gegen Krankheiten, die unter anderem von der Tsetsefliege übertragen wurden. Die Forscher mussten zudem Soldaten anheuern, die sie unterwegs vor feindlich gesinnten Stämmen schützen konnten. Von daheim brachten sie ihre wertvollen Gerätschaften mit, Waffen, Arzneimittel und ein paar Nahrungsmittel. Hier auf Sansibar tauchten sie in die engen, stinkigen, übervollen Gassen ein, um Perlen zu kaufen, Stoffe, Kupferdraht und andere Geschenke, wie sie die Stämme im Inneren Afrikas hoch schätzten und die als Tauschwaren dienten, um unterwegs Nahrungsmittel oder Wohlwollen erkaufen zu können. Bei all diesen Organisationsaufgaben legten die Forscher große Sorgfalt an den Tag, denn sie würden Monate, wenn nicht gar Jahre in unbekanntem und häufig gefährlichem Gelände unterwegs sein.

Peters und seine Begleiter hatten jedoch keine Zeit und kein Geld für genaue Planung. Toeppen amüsierte sich köstlich über »die tolle Hast«, mit der die Vorbereitungen getroffen wurden. »Fast hatte es den Anschein, als fürchteten die Herren, es würde ihnen jemand den abenteuerlichen Plan streitig machen«, schreibt er einem Bekannten. Das kam der Wahrheit näher, als er ahnte. Peters machte sich nicht nur ungeheure Sorgen, dass jemand – die Deutschen, die Briten, wer auch immer – sie vielleicht aufhalten könnte. Er war auch alarmiert, weil ihm zu Gehör kam, dass gerade eine andere Expedition, eine belgische, auf Sansibar zusammengestellt wurde, um zu den großen Seen aufzubrechen. Man erzählte sich, dass König Leopold sich nicht nur für den Nil interessierte, sondern auch für das Gebiet zwischen den Seen und der Ostküste. Dem mussten sie zuvorkommen.

Toeppen spottete über die Art, wie amateurhaft Peters seine armselige kleine Expedition anging. »Über das Leben an der Küste, Karawanenwesen etc. konnten damals hier nur drei Leute Auskunft geben, Kapitän Combier und Herr Lindner von der *Association Internationale Africaine* und meine Wenigkeit. Ersterer Herr wurde gar nicht gefragt, was Herrn Lindner und mich anbelangt, so gaben wir uns alle Mühe, die Herren von der Expedition zur Ruhe zu mahnen. Aber trotz aller Ermahnungen wurde die Reise schon nach 9 Tagen und mit ganz ungenügender Ausrüstung ins Werk gesetzt.«

Peters hatte sich an Justus Strandes gewandt, der für Hansing arbeitete, die andere Hamburger Handelsfirma auf der Insel. Auch Strandes riet ihm, drei bis vier Monate an Vorbereitungszeit einzuplanen, half ihm gleichwohl dabei, unmittelbar Träger und Tauschwaren zu beschaffen, und besorgte ihm zudem ein Empfehlungsschreiben des Sultans, dem man vorgegaukelt hatte, es würde sich um eine Jagdgesellschaft handeln. Strandes warnte Peters, dass es auf dem Festland eine Hungersnot gebe und die berüchtigten Massai, die schon unter günstigen Umständen gefährlich waren, sich auf der Suche nach Nahrung der Küste näherten. Peters focht das alles nicht an. Als er feststellte, dass sie mehr Gepäck hatten, als seine sechsunddreißig Träger und sechs afrikanischen Diener tragen konnten, ließ er zwei Drittel der Nahrungsmittel, die sie gekauft hatten, zurück. Zudem fehlten ein vernünftiges Zelt, ausreichende medizinische Versorgung und viele weitere lebenswichtige Ausrüstungsgegenstände für eine Expedition in die Tropen.

Bevor er abreisen konnte, erhielt Peters eine bedrohlich wirkende Vorladung beim deutschen Konsulat. O'Swald hatte eine wichtige Botschaft von Graf von Hatzfeld erreicht, dem Staatssekretär im Auswärtigen Amt, und zwar im Namen des Reichskanzlers. »Es sei der Regierung zu Ohren gekommen, dass ein gewisser Dr. Peters sich nach Sansibar begeben habe, um im Gebiet Sr. Hoheit des Sultans von Sansibar eine deutsche Kolonie zu gründen. Falls Peters wirklich in Sansibar eintreffen solle, so wolle der deutsche Konsul ihm eröffnen, dass er dort Anspruch weder auf Reichsschutz für eine Kolonie, noch auch Garantie für sein eigenes Leben habe. Gehe er dennoch mit seinem Plan vor, so geschehe dies lediglich auf seine eigene Gefahr und Verantwortung.«

Peters möchte uns in seinen Memoiren glauben machen, dass er die Regierung absichtlich nicht über seine Pläne informiert habe, aus Angst, diese könne ihn aufzuhalten versuchen. »Ich antwortete dem Fürsten Bismarck, wenn er mir einmal wieder etwas abschlagen wolle, so möge er gefälligst warten, bis ich um etwas gebeten habe.« Tatsächlich aber *hatte* er das Auswärtige Amt vor seiner Abreise informiert und schriftlich behauptet, er habe »vertrauliche Fingerweise« der Ermutigung erhalten – wohl eine Strategie, um die Verantwortung auf weitere Schultern zu laden, falls etwas schiefgehen sollte. Die indirekte Botschaft über das Konsulat war offensichtlich der

Gegenschritt, um alle Verantwortung für das Unternehmen zurückzuweisen. Peters' Antwort, die erhalten ist, klingt nun so gar nicht nach der frechen Bemerkung, die er gemacht haben will, sondern wirkt klein und unterwürfig:»Ich gebe mir die Ehre, Ew. Hochgeborenen ganz ergebenst darauf mitzuteilen, dass wir uns stets bewusst gewesen sind, zumal bei Beginn unserer Unternehmung, voll und ganz auf eigene Gefahr hin zu handeln ...« Er versprach zudem:»Im Gebiet des Sultans von Sansibar werden wir kein Land erwerben, falls wir es nicht vom Sultan selbst erhalten können.«

Toeppen hatte vorausgesagt, dass die Expedition kein gutes Ende nehmen würde. Und tatsächlich sah es ganz so aus, als sollte er recht behalten. Peters kehrte nach ungefähr fünf Wochen zurück, getragen in einer Hängematte, halb tot vor Fieber, mit einer schweren Säureverätzung am Fuß, am ganzen Körper von den Dornen der Mimosensträucher zerkratzt, an denen sie vorbeigekommen waren, fast verhungert, manchmal halluzinierend und beinahe wahnsinnig von der sengenden Sonne, vor der es keinen Schutz gab. Peters hatte Angst gehabt, die Rückreise nicht zu überleben, und Vorsorge getroffen, dass Jühlke und, falls dieser umkommen sollte, ihr Dolmetscher Ramassan die wertvollen Dokumente, die sie unterwegs zusammengetragen hatten, zur Küste bringen und nach Deutschland schicken lassen würde. Dennoch war er immer noch in der Lage, seine erschöpften Träger mit gezückter Waffe fünfzehn Stunden am Tag voranzutreiben. Nach einer Weile wurde tatsächlich auch Jühlke krank und musste ebenfalls getragen werden. Graf Pfeil und der Geschäftsmann Otto, beide ebenfalls schwer erkrankt, waren in einem Ziegenstall irgendwo im Landesinneren zurückgelassen worden. Die beiden hatten sich schon bald nach Beginn der Expedition mit Peters überworfen, und die Stimmung war so explosiv gewesen, dass Pfeil sogar einmal auf Peters schoss, ihn aber verfehlte.

Peters zufolge bestand die Aufgabe der beiden darin, vor Ort eine Basis für ihre Gesellschaft zu errichten. Nach Pfeils Darstellung waren sie ohne Nahrung und Arznei ausgesetzt worden. Otto, der den Großteil der Expedition über betrunken gewesen war, starb in dem Ziegenstall. Pfeil wurde gerettet, von einem französischen Missionar gesund gepflegt und von Hansings Leuten zurück an die Küste gebracht. Sein Verhältnis zu Peters blieb von da an vergiftet.

Am 24. Dezember 1884 hatten sich Peters und Jühlke bereits wieder so gut erholt, dass sie gemeinsam auf der Terrasse des Hotels Orient sitzen konnten. Sie feierten nicht nur Weihnachten, sondern insgeheim auch noch ihren »Sieg«. Tatsächlich hatten sie ihre Mission erfolgreich beendet, auch wenn sie es nicht wagten, offen in Sansibar darüber zu sprechen. Der Sultan durfte noch nicht erfahren, dass sie ganze Landstriche seines Herrschaftsgebietes an sich gerissen hatten. Ottos und Pfeils Notlage war ihnen offenbar keinen weiteren Gedanken wert.

Toeppen konnte nicht wissen, dass Peters und seine Gruppe mit größter Entschlossenheit in diesen wenigen Wochen durch das Landesinnere gestürmt waren und sich die Unterschriften von zwölf angeblichen afrikanischen Häuptlingen und »Sultanen« auf Dokumenten gesichert hatten, die ihr Land den Deutschen überließen, wofür sie deren Schutz genießen sollten. Peters beschrieb ihre Vorgehensweise recht unverblümt in einem Artikel für die *Tägliche Rundschau* in Berlin. Ihr Eintreffen in einem Eingeborenendorf zielte zunächst immer darauf ab, Eindruck zu schinden. Waren Araber in der Nähe, die Schwierigkeiten hätten machen können, feuerten sie ihre Gewehre ab, um diese einzuschüchtern. Peters hatte eine ganze Reihe von Flaggen bei sich, die er nach Gutdünken aufzog, und er achtete darauf, dass seine Leute den Eingeborenen klarmachten, dass er eine sehr mächtige und einflussreiche Person sei. Waren sie erst ins Dorf hineingelangt, »knüpften wir sofort ein recht kordiales Verhältnis an, indem wir den Sultan zwischen uns auf ein Lager nahmen, von beiden Seiten unsere Arme um ihn schlagend. Wir taten dann einen Trunk guten Grogs und brachten Seine Hoheit von vorn herein in vergnüglichste Stimmung.« Dann wurden Geschenke verteilt, »Verhandlungen« aufgenommen und der »Vertrag« unterzeichnet.

Was Peters und seine Kumpane da veranstaltet hatten, war nichts Neues. Andere Nationen wandten in Afrika schon seit Jahren ähnliche Taktiken an, um sich Land anzueignen, wenn auch wohl weniger hastig und improvisiert. Nachdem Peters mit seiner Gefolgschaft wieder in Berlin eingetroffen war, äußerten allerdings nicht nur die Briten, sondern auch die Deutschen ihre ernsthaften Zweifel an seinen zwölf »Verträgen«. Verfügten die Personen, die ihre Kreuze unter die Papiere gemacht hatten, tatsächlich über gewisse Macht oder waren sie – wie ein Missionar erklärte, der die Gegend kannte – nur einfache Dorfälteste*? Hatten diese »Häuptlinge« irgendein Anrecht auf das Land, das sie hergaben? Hatten sie überhaupt eine Vorstellung davon, was sie da taten, angesichts der Tatsache, dass sie nicht lesen konnten – und ganz abgesehen davon, dass die Dokumente auf Deutsch verfasst waren, was die Stammesleute nun sicher nicht verstanden? War Peters überhaupt in den Gegenden gewesen, von denen er behauptete, sie aufgesucht zu haben, oder waren einige dieser Dokumente nicht vielmehr schlichtweg Fälschungen? Besaßen diese »Verträge« irgendeinen Wert?

All diese Fragen spielten sehr bald überhaupt keine Rolle mehr. Wie sich herausstellte, war Peters zum genau richtigen Zeitpunkt wieder aufgetaucht. Als er im Februar 1885 in

---

* Die Antwort kennen wir bis heute nicht. Peters, Stanley und andere Zeitgenossen scherten sich wenig um die Strukturen afrikanischer Gesellschaften und bezeichneten in ihren Schriften die Führungsfiguren der Eingeborenen oft willkürlich als Häuptlinge, Sultane oder sogar Könige, ohne zu wissen, wer und was sie eigentlich waren.

Berlin eintraf, hatte sich Bismarck mit der Idee einer eigenen Kolonialpolitik angefreundet, hatte drei deutschen Kolonien in Afrika Schutzbriefe ausgestellt* und hielt nun den Zeitpunkt für gekommen, die Peters'schen Schriftstücke mit den »Negerkreuzen« – wie Bismarcks Sohn und Sekretär Herbert abfällig meinte – für bare Münze zu nehmen. Warum der alte Fuchs seine Haltung so unvermittelt geändert hatte, wird unter den Historikern heute noch debattiert. Hinter seiner berühmten Bemerkung – »Die ganze Kolonialgeschichte ist ja Schwindel, aber wir brauchen sie für die Wahlen« – verbargen sich wohl komplexere Überlegungen. Für Peters jedenfalls war das alles uninteressant. Viel wichtiger war, dass der Text eines Schutzbriefes vorbereitet wurde, in dem das Deutsche Reich zusicherte, auch über seine ostafrikanischen Aktivitäten wohlwollend zu wachen.

Zu diesem Zeitpunkt, so behauptete Peters, habe er etwa fünftausend bis siebentausendachthundert Quadratkilometer in Ostafrika vertraglich gesichert – ob dies nun tatsächlich der Wahrheit entsprach, konnte niemand sagen. Jedenfalls machte sich Peters, durch diesen Anfangserfolg ungeheuer ermutigt, mit seiner Gesellschaft daran, sich noch weitere Landstriche unter den Nagel zu reißen.

---

* Togo, Kamerun und Deutsch-Südwestafrika

KAPITEL 10

In der Zwischenzeit ...

Als Peters und seine Kumpane noch auf ihrer ersten Reise unterwegs waren, hielten wieder einmal Kutschen vor einem mächtigen Palais und erlauchte Gäste wurden in einen prächtigen Saal gebeten, um dort in aller Ernsthaftigkeit über die Zukunft Afrikas zu sprechen. Auch diesmal war nicht ein einziger Afrikaner dabei.

Diese Szene spielte sich in der Wilhelmstraße 77 in Berlin ab, der Residenz des Reichskanzlers. Es war der 15. November 1884. Die Herren, Repräsentanten von vierzehn Regierungen, darunter auch die der Vereinigten Staaten und des Osmanischen Reichs, waren von Otto von Bismarck eingeladen worden, um ein paar Streitigkeiten zu klären, die der Wettlauf um Afrika ausgelöst hatte. Die Zusammenkunft trug den Namen Berliner Westafrika-Konferenz oder auch Kongo-Konferenz, denn Auslöser war ein Disput zwischen Portugal und Großbritannien um die Hoheit über die Kongomündung, und ein Großteil der Verhandlungen drehte sich um Gebietsansprüche im westlichen Afrika. Der Themenkreis der Konferenz war aber noch erheblich weiter gesteckt, und wie so oft gab es auch hier eine geheime Tagesordnung. Die Konferenz sollte den neuen Status des Deutschen Reichs als Kolonialmacht bekräftigen und dessen Ansprüche anerkennen. Bismarck hoffte zudem, an der britischen Position rütteln zu können, dem Empire würden riesige Gebiete in Afrika und anderswo gehören, ohne diese tatsächlich besetzt zu haben. Die Beziehung des Deutschen Reichs zu Großbritannien war im Begriff, sich zu verändern. Rivalität in den Kolonien weckte Misstrauen und ein gewisses Maß an Feindseligkeit unter Vertretern beider Seiten, während deutlich nationalistischere Agitatoren und Kolonialbefürworter die öffentliche Meinung über den jeweils anderen zu vergiften begannen. Tatsächlich gelang es dem Deutschen Reich, seine drei Kolonien anerkennen zu lassen. Die Konferenz akzeptierte zudem die über die *Association Internationale* vermittelten Ansprüche König Leopolds auf das Kongobecken. Und sie entschied, dass die Staaten in Zukunft einander über Gebietsansprüche informieren sollten, denen eine tatsächliche Besetzung zu folgen hatte. Man legte fest, dass es Verträge mit den örtlichen Herrschern, Flaggen und physische Präsenz geben müsse, dazu eine effektive Polizei zur Aufrechterhaltung der Ordnung – ansonsten konnten andere Länder die Gebiete beanspruchen. Das waren erheblich schwächere Bedingungen, als Bismarck sich gewünscht hatte und abgesehen davon in der Praxis schwer durchsetzbar. Die Konferenz verbot zudem den Sklavenhandel. Entgegen mancher Behauptungen wurde der Kontinent während der Sitzungen nicht »aufgeteilt«; auch Vermutungen, dass sich der »Wettlauf« um Afrika durch die Konferenz beschleunigt hätte, sind umstritten. Eines aber war sie auf jeden Fall: ein zeitgenössisches Porträt dessen, wie sich die europäischen Mächte Afrika gegenüber verhielten. Es zeigte vor allem deren völlige Missachtung der Interessen der Afrikaner selbst.

Am 26. Februar 1885 verließen die Delegierten den Festsaal zum letzten Mal. Am folgenden Tag unterzeichnete der deutsche Kaiser den Schutzbrief für Deutsch-Ostafrika, Deutschlands vierte afrikanische Kolonie, der am 31. März veröffentlicht wurde.

KAPITEL 11

Überlebensstrategien

In Lado hatte sich Emin auf das Schlimmste vorbereitet.
»Wenn es nun einmal ans Sterben gehen soll«, so schrieb er
am 22. Oktober 1884 an Dr. Schweinfurth, ohne zu wissen,
ob und wann dieser Brief jemals eintreffen würde, »so wollen
wir wenigstens einen ehrlichen Soldatentod sterben. Und weit
ist das nicht von uns, glaube ich.« Angesichts der Bedrohung
durch den Mahdi war Lado in eine Festung verwandelt worden.
Hunderte von Soldaten gruben einen tiefen Graben um die drei
landwärtigen Seiten der Station und errichteten hohe Wälle mit
Bastionen und zwei Zugbrücken. An den Ecken wurden Kanonen aufgestellt. Ein Hüttendorf gleich außerhalb der Dämme,
das von eingeborenen Dolmetschern und Führern bewohnt
wurde, musste verlegt werden, um nicht in der Schusslinie zu
liegen. Riesige Mengen an Mais und Brennholz wurden auf dem
Fluss herbeigeschafft und eingelagert. In Lado selbst wurde es
langsam ziemlich voll; Soldaten und ihre Angehörigen strömten
aus aufgelassenen Stationen im Norden herbei, um Schutz zu
suchen. Und noch immer keine Spur von einem Dampfer.

Selbst Junker sorgte vor: Er entwarf den Plan, ein großes
Loch in die Erde graben zu lassen, in dem sich seine Diener im
Fall einer Bombardierung verstecken sollten. In einem Lager-
haus entdeckte er ein Leinenfaltboot aus Gordons Tagen, das
zwar vielleicht nicht stark genug war, gegen die Nilströmungen
zu bestehen, doch ließ er es für alle Fälle herrichten.

Im Augenblick gab es noch genügend Nahrung für alle,
Fleisch, Getreide, Obst und Gemüse aus den Küchengärten
und Obstplantagen, die Emin rings um Lado hatte anlegen lassen. Andere notwendige Güter wurden allerdings knapp; man

lernte zu improvisieren. Emins Stiefel lösten sich langsam auf, aber er fand in Lado Schuhmacher, die Leder zu groben, nicht sonderlich bequemen Schuhen verarbeiteten. Es gab keine Seife mehr, also rührten sie sich Pottasche und Fett zusammen, was ein dunkelbraunes Gemisch ergab. Emin und Junker vermissten ihren Kaffee, stellten aber fest, dass *Karkadeh,* ein Aufguss aus gerösteten Hibiskussamen, eine wohlschmeckende Alternative darstellte. Sie nahmen Honig statt Zucker und stellten Kerzen aus Bienenwachs her. Sie bauten ihren eigenen Tabak an, und das wenige Zigarettenpapier, das es in Lado noch zu finden gab, war sein Gewicht in Gold wert.

Den größten Mangel litten alle an Kleiderstoffen. Emin hatte einige Leuten seiner Provinz angelernt, ein grobes Baumwollgewebe herzustellen, da die Dampfer meist nie genügend Nachschub brachten. Doch die meisten Weber schienen zu den Mahdisten übergelaufen zu sein. Uniformen und Zivilbekleidung zerlumpten und mussten ständig geflickt werden. Die Diener wurden angewiesen, die Stoffe nach dem Waschen nicht auszuwringen, aus Angst, sie könnten das mürbe Gewebe dabei zerreißen. Die Soldaten schabten und schlugen Felle weich, um sich daraus Hosen zu nähen, und die Frauen zogen jeden Morgen in die Wälder, um nach frischen Blättern zu suchen, in die sie sich kleideten, so wie ihre Vorfahren es vor nicht allzu langer Zeit noch gemacht hatten. Es war extrem heiß, selbst für Zentralafrika. Junker hatte eine geniale Idee, um sich kühl zu halten. Er kaufte einen großen, eckigen Flechtkorb, so hoch wie ein Mann und etwa zwei auf zwei Meter groß, in dem man eigentlich Getreide lagerte. Junker schnitt ein großes Loch hinein und stellte den Korb exakt so vor seiner Haustür auf, dass sich diese in den Korb hinein öffnen ließ. Dann stellte er im Korb eine Badewanne auf und begann ein »amphibisches Leben« im Freien, ohne von jemandem dabei gesehen zu werden.

Es war eine zermürbende Zeit. Erst zerrte Keremallah, der örtliche Führer des Mahdi, an ihren Nerven, indem er ihnen alle paar Wochen Drohbriefe zukommen ließ. Dann, und das war noch nervenzerrüttender, hörten die Briefe auf. Zu ihrer Beunruhigung erfuhren sie, dass es Angriffe auf Amadi gegeben hatte, die Station, von der aus die Route vom Stützpunkt der Mahdisten in Bahr-el-Ghazal nach Lado bewacht wurde, doch noch hielt die Garnison dort durch. Angst und Spannungen nahmen zu; November und Dezember zogen vorbei, ohne dass es irgendwelche Neuigkeiten von der Außenwelt gegeben hätte. Emin wusste, dass er kaum mehr tun konnte, als die weitere Entwicklung abzuwarten. Nachdem er sich um die Routineaufgaben gekümmert hatte, verbrachte er seine Zeit damit, seine Nerven zu beruhigen und die seltenen exo-

Emins Lieblingsbeschäftigung: das Sammeln, Ausstopfen und Beschreiben von Exemplaren afrikanischer Vogelarten.

tischen Vögel, die sein Jäger Kismullah Allah ihm brachte, zu vermessen, zu katalogisieren und auszustopfen.

Weihnachten 1884 war ausgesprochen trostlos. Emin und Junker saßen bis neun Uhr abends zusammen und unterhielten sich, hatten aber nicht einmal ein Glas Wein zum Anstoßen. An Silvester zog Junker, aus Ermangelung alles anderen, seine besten Sachen an, einen alten grauen Anzug, und wünschte Emin, was sie beide so herbeisehnten: Wapur – den Dampfer. An diesem Tag, so erinnerte sich Junker, »träumten wir allesamt von nichts als dem Dampfer aus Chartum«.

Doch das neue Jahr 1885 brachte nur schlechte Nachrichten. Briefe aus Amadi berichteten davon, dass ein ehemaliger Angestellter Emins sich den Mahdisten angeschlossen habe, mit vierhundert Bewaffneten aufmarschiert sei und behaupte, weitere zweitausend Mann in Reserve zu haben. Weitere Meldungen besagten, dass die Station Amadi in einem jämmerlichen Zustand und der Kommandant ständig betrunken sei. In den Briefen stand auch, dass praktisch der gesamte Sudan in den Händen der Mahdisten, Khartum gefallen und Gordon tot sei. Obwohl Emin den Prahlereien der Mahdisten stets skeptisch gegenüberstand, war er gezwungen, zwei Schlussfolgerungen zu ziehen: Es gab keine Hoffnungen mehr auf einen Dampfer, und Amadi würde bald fallen. Das nächste Angriffsziel wäre dann Lado. Nun waren lebenswichtige Entscheidungen zu treffen.

Als Erstes mussten sie versuchen, Kontakt zur Außenwelt zu bekommen. Sie beschlossen, dass Junker sich mit Briefen zur Ostküste aufmachen und um Munition und Nachschub bitten sollte. Junker wollte schon seit einer ganzen Weile aufbrechen. Tatsächlich hatte er sich bereits einmal in Richtung Süden aufgemacht, war aber nur langsam vorangekommen und schließlich nach Lado zurückgekehrt in der Hoffnung, dort den Dampfer nehmen zu können. Er wusste, wenn die Mahdisten kamen, konnte er als Christ und Europäer nicht mit Gnade rechnen. Besonders bedrückte es ihn, dass er seine unschätzbare Sammlung an afrikanischen Kunstgegenständen, Pflanzen und Tieren zurücklassen musste, die er bei seinen Reisen zusammengetragen hatte. Doch er war entschlossen, zumindest all seine Notizen und Tagebücher sicher nach Europa zu schaffen, und er wollte von unterwegs aus Emin helfen.

In einem zweiten Schritt musste Emin sein Hauptquartier in den Süden verlegen, was er sich schon seit längerem überlegt hatte. Die meisten Stationen im Norden wurden bedroht, waren aufgegeben worden oder zerfielen. Mit ihnen hatte Emin wichtige Nachschubquellen verloren, von dort kam das Getreide, mit dem er seine Leute ernährte – eine wichtige strategische Beobachtung. Der Süden war fruchtbar, außerdem würden die Mahdisten sie wohl kaum so weit von ihren muslimischen Kernlanden entfernt verfolgen. Dort gab es außerdem zwei kleine Dampfer, die *Khedive* und die *Nyanza*, die den schiffbaren Abschnitt des Oberen Nil zwischen der Station Dufilé und dem Albertsee befuhren. Auch sehr wichtig war die Nähe zu den Königen von Buganda und Bunyoro, mit denen Emin freundschaftliche Beziehungen unterhielt, auch wenn sie schon seit mehreren Jahren keinen direkten Kontakt mehr gehabt hatten. Wenn es zum Äußersten kommen sollte, konnte man vielleicht bei ihnen Schutz finden.

Kurz bevor Junker aufbrach, traf Gaetano Casati ein, den Emin dazu gedrängt hatte, den relativen Schutz von Lado aufzusuchen. Er wurde begleitet von einem großen Gefolge und führte selbst einen Schimpansen an der Hand. Mit seinen Diebereien und seinen Späßchen sorgte dieser Affe für Unterhaltung und Aufregung; Junker bot sich eine wunderbare Gelegenheit für Beobachtungen. Das Tier kam in seine Küche und legte Fleischbrocken und Bohnen vor das Feuer, um sie dann später vorsichtig mit dem Zeigefinger zurückzuholen, so wie es die Einheimischen auch taten. Der Affe schien jedes Wort und jede Geste zu verstehen, so hielt Junker fest, und es fehlte ihm wohl nichts zum Menschsein außer der Sprache.

Ein weiterer, zu dieser Zeit in Äquatoria gestrandeter Europäer war ein griechischer Händler, der nur als Signor Marco bekannt war, eine undurchsichtige Gestalt, die bei den weiteren Ereignissen keine solche Rolle spielen würde wie Junker, Casati oder der Apotheker Vita Hassan.

Am 26. Januar brach Junker mit großen Paketen voller Briefe von Emin auf. Sie waren an die britischen Missionare gerichtet, von denen er hoffte, sie würden noch immer in Buganda wirken, an den britischen Konsul in Sansibar, an die Behörden in Kairo, an Freunde. »Ich fühlte mich daher so recht als diplomatischer Kurier, der alle Taschen voll Weltgeschichte hat«, notierte Junker in seinem Tagebuch. Der Abschied vor dem Stationstor nach all den vielen Monaten, die Emin und Junker gemeinsam verbracht hatten, war überaus traurig. Die beiden wussten, dass sie sich vielleicht nie mehr wiedersehen würden. Ein stummer Händedruck, ein melancholischer Abschied, dann ritt Junker schnell auf seinem Maultier hinter den Trägern her, die bereits aufgebrochen waren.

KAPITEL 12
Ringen um die Außenwelt

Es war eine schier endlose Schlange von Trägern, die einer hinter dem anderen mit Lasten auf den Köpfen voranschritten – sie trugen Grundnahrungsmittel, Geschenke und Perlen zum Tauschen, Nachschub für Emins Stationen unterwegs, dazu Junkers persönliche Habe. Den Trägern folgten sein Stab und seine kranke Haushälterin, die Gallafrau Amina, die auf einem Angareb, einer niedrigen afrikanischen Bettstatt aus Ledergeflecht, transportiert wurde. Zur Sicherheit begleitete die Gruppe eine Einheit von Emins Leuten unter dem Kommando eines Feldwebels.

Nach einer Reise von einem Monat, erst über Land, dann auf dem Dampfer und dann wieder über Land, vorbei an Seen, über Hügel und durch hohe, trockene Savanne, hörten sie auf einmal Wasser rauschen. Sie gingen durch einen schönen Wald voller hoher Bäume, als sich plötzlich ein Abgrund auftat, und sie tief unten schäumende Stromschnellen sahen, den Nil, durchsetzt mit Felseninseln, der sich durch eine hohe Schlucht mit üppiger Vegetation seinen Weg bahnte. Weiter vorne am steilen Ufer entdeckten sie viele Hütten mit spitzen Strohdächern. Das war das Dorf Anfinas, das wie so viele afrikanische Dörfer nach seinem Oberhaupt benannt war. Anfinas Dorf war Junkers erstes Ziel.

Das Oberhaupt Anfina war Vasall des Khediven, er unterstand somit Emin und hatte die Aufgabe, das Grenzgebiet Ägyptens zu schützen. Sein kleines Territorium grenzte an Kabaregas Königreich Bunyoro. Sein unmittelbares Gegenüber war Chief Kamisoa, ein mächtiger Mann, der für König Kabarega über die Grenze wachte. Junker brauchte Anfinas Hilfe, um mit Kamisoa in Kontakt zu kommen, und dessen Hilfe, um zu Kabarega zu gelangen. Kabarega wiederum konnte ihm helfen, die britischen Missionare in Buganda zu kontaktieren, die ihrerseits Mtesa, den König von Buganda, überreden konnten, ihm und seiner Karawane zu helfen, an die Küste zu gelangen.

So hoffte Junker zumindest. Dabei hatte er allerdings vergessen, die afrikanische Politik und Psychologie zu berücksichtigen. Die verschiedenen Versuche der Ägypter, Teile von Bunyoro zu besetzen, hatten Kabarega und insbesondere Kamisoa aufgebracht, der Anfinas häufig überfiel. Anfina war äußerst besorgt um seine eigene Sicherheit, so hatte er seinen Wohnsitz eigens auf eine felsige, bewaldete Insel verlegt, die in den gefährlichen Stromschnellen lag und nur von den erfahrensten Bootsleuten angesteuert werden konnte. Er verließ seine Insel selten und verbrachte – so Junker – viel Zeit damit, *Mwenga* und *Merissa* zu trinken, Ersteres ein Bananenwein, Letzteres eine Art dickes Bier.

Anfina trug europäische Kleidung und wirkte recht freundlich. Doch schon bald bemerkte Junker, dass ein Brief, den Emin schon vor Monaten geschickt hatte mit der Bitte, diesen an die weißen Missionare in Buganda weiterzuleiten, noch immer an Ort und Stelle war. Boten, die Anfina angeblich zu Kamisoa entsandt hatte, hatten das Dorf niemals verlassen. Mit viel Geduld und Beharrlichkeit schaffte es Junker schließlich, selbst zu Kamisoa zu gelangen und ihn mit dem Geschenk eines Gewehres zu erfreuen. Die Aussicht, später vielleicht noch mehr davon zu bekommen, ließ Kamisoa versprechen, den Brief zu überbringen. Junker kehrte zu Anfinas Dorf zurück und wartete.

Die Monate schleppten sich dahin, doch keine Antwort kam. Das Warten wurde unerträglich, und da Anfina jeden weiteren Kontakt zu Kamisoa untersagte, schickte Junker heimlich seinen Diener Binsa los, um zu erkunden, was passiert war. Ein paar Tage später kehrte dieser mit einer überraschenden Nachricht zurück: Briefe für Junker waren schon vor Wochen eingetroffen – und Anfina hatte sie verheimlicht aus Sorge, dass Junker mit jenen Briefen verschwinden würde, während er selbst mit weiteren Angriffen aus Bunyoro rechnen musste. Völlig aufgebracht wollte Junker wissen, wo die Briefe seien. Sie seien ein paar Tage zuvor zu Emin geschickt worden, lautete die Antwort.

Wie sich herausstellte, stammten die Briefe von Kabarega, nicht von den Missionaren. Als Junker erkannte, dass sein Plan nicht aufgehen würde, beschloss er, fürs Erste aufzugeben und zu Emin zurückzukehren.

In der Zwischenzeit hatte die lange Belagerung von Amadi ihren Tiefpunkt erreicht. Der Hunger unter den Soldaten war so groß, dass sie Felle und sogar ihre eigenen Sandalen aßen. Sie hatten Ausfälle unternommen, Emin hatte Entsatz geschickt, doch das alles brachte nichts. Nach erbitterten Kämpfen erhoben sich die Offiziere schließlich gegen ihren betrunkenen und unfähigen Kommandeur und brachen aus. Ein Großteil der Garnison konnte entkommen, doch nun war der Weg für die Mahdisten nach Lado frei, und für Emin und seine Leute war es höchste Zeit zu verschwinden.

Es gab nur ein Problem: Trotz der drohenden Gefahr war ein großer Teil der Bevölkerung nicht willens abzuziehen. Die Offiziere, Angestellten und anderen Mitarbeiter waren in dem Städtchen mittlerweile sesshaft geworden und führten große Haushalte – ein Offizier, notierte Emin, kam auf zweiunddreißig Personen in seinem Haushalt, seine Konkubinen nicht gerechnet, ein Angestellter immer noch auf achtundzwanzig Mitglieder. Viele der von ihnen Abhängigen waren Sklaven, die sich, wie ihre Herren wussten, bei erster Gelegenheit auf und davon machen würden, wenn sie abzogen. Insbesondere die Schwarzen misstrauten Emins Absichten. Casati zufolge ging das auf eine fahrlässige Bemerkung zurück, die Emin selbst gemacht haben soll:»Wir Weißen werden gerettet werden, dafür werde ich sorgen. Die schwarzen Soldaten überlassen wir Kabarega, dem König von Bunyoro, einem guten Freund von mir, dafür wird er uns gestatten, sein Land zu durchqueren.« Was genau Emin damit gemeint hat, ist unklar – wenn er es überhaupt gesagt hat –, doch Casati zufolge verbreitete sich das Gerücht wie ein Lauffeuer, dass Emin sie vielleicht als Sklaven an die beiden Könige verkaufen würde.

Die Menschen waren derart entschlossen, an Ort und Stelle zu bleiben, dass Emin am 1. April 1885 an Junker in Anfinas Dorf schrieb, er sei nicht in der Lage aufzubrechen.»Vom Gehen nach Süd ist für mich keine Rede mehr, da, sowie ich Lado verlasse, das Kartenhaus zusammenklappt und ich vermutlich von meinen eigenen Leuten würde festgehalten werden. Haben sich doch hier Stimmen hören lassen, die behaupteten, wir sollten die Soldaten nach Süden führen und an die grossen Chefs verkaufen, um uns zu retten!«

Dennoch setzte Emin seine Überredungsversuche fort; am 24. April hielt er eine Versammlung der obersten Offiziere und Verwaltungsbeamten ab, Casati war ebenfalls anwesend, um die Lage erneut zu besprechen. Diesmal war es einfacher, sie zu überzeugen, denn hunderte von Flüchtlingen strömten aus Amadi und von andernorts herbei, der Getreidevorrat ging zur Neige, und sie sahen alle einer drohenden Hungersnot entgegen. Außerdem errichteten die Mahdisten ihre ersten Außenposten vor Lado; offenbar wurde ein Angriff vorbereitet. Emin zog sich aus der Versammlung zurück, um, wie er sagte, die Entscheidung nicht zu beeinflussen. Als diese schließlich getroffen wurde, hätte sie auch von Emin selbst diktiert worden sein können (was sie womöglich auch war). Man kam überein, Frauen, Kinder und deren Habe zu evakuieren und südwärts zu schicken; die Soldaten sollten so lange wie möglich auf ihren Posten bleiben, falls nötig aber ebenfalls nach Süden abziehen. Zudem sollten Stützpunkte in den südlichen Stationen Dufilé und Wadelai eingerichtet, Briefe oder Boten nach Sansibar und Ägypten entsandt, und, wenn alles nichts half, die Könige von Buganda und Bunyoro gebeten werden, ihnen Zuflucht zu gewähren.

Nur drei der sechzehn anwesenden Männer sprachen sich gegen diesen Plan aus, einer davon war Casati, der sich mürrisch in seine Hütte zurückzog. Casati glaubte womöglich, es als ehemaliger Offizier besser zu wissen; er hatte argumentiert, dass Lado unter allen Umständen gehalten werden müsse. Dieses Muster sollte sich noch mehrfach wiederholen; Casati hielt es häufig für seine Pflicht, Emin einen Ratschlag zu erteilen, den dieser wiederum ebenso häufig überging, woraufhin sich Casati beleidigt fühlte. Bemerkenswert, dass diese Streitereien ihrer langen Freundschaft keinen Abbruch taten.

Emin ließ seinen Leuten keine Zeit, es sich anders zu überlegen. Schon am folgenden Tag brach er nach Gondokoro auf, der benachbarten Station nilaufwärts, um den Weg für den großen Treck in den Süden vorzubereiten. Ein paar Wochen später kam ein Unteroffizier zu ihm, der bei Amadi von den Mahdisten gefangen genommen worden war und später fliehen konnte, und überbrachte gute Nachrichten: Die Mahdisten hatten erhebliche Verluste erlitten, und die Munition ging ihnen aus. Sie hatten eine große Zahl an Eingeborenen aufgegriffen, um sie als Sklaven zu benutzen oder zu verkaufen, und sich nach Bahr-el-Ghazal zurückgezogen. Dennoch drängte Emin weiter darauf, abzuziehen, da niemand wissen konnte, wann der Feind zurückkehrte. In den folgenden Wochen marschierten er und seine Leute langsam südwärts von einer Station zur nächsten, bis er sein Ziel Wadelai erreichte, eine angenehme

Station auf einer Anhöhe am Ostufer des Nil mit Blick über den sich windenden Fluss hin zu einer baumbestandenen Ebene und den fernen Hügeln dahinter. Hier war es friedlich, die Männer waren loyal und die Eingeborenenstämme relativ freundlich. Junker war nach seiner abgebrochenen Reise bereits dorthin zurückgelangt. Schon nach kurzer Zeit bekamen sie unerwarteten Besuch: Eine von König Kabarega entsandte Delegation sollte herausfinden, ob der seit neuestem dort ansässige »Chef der Türken« tatsächlich sein alter Freund Emin sei. Die Besucher teilten auch mit, dass arabische Reisende von vier Fremden in Buganda berichtet hätten, also waren wohl die Missionare noch immer dort. Die Beziehungen zwischen Bunyoro und Buganda seien so angespannt wie eh und je, sagten sie, doch Händler und Boten dürften sich frei zwischen den beiden Königreichen bewegen.

Das zumindest klang nach einem möglichen Ausweg. Sie beschlossen, dass Junker und der Apotheker Vita Hassan sich auf den Weg zu Kabarega machen sollten; Junker würde dann mit der Post zur Küste weiterreisen, während Vita als Emins Vertreter beim König blieb.

Wieder wurde es Weihnachten, doch diesmal war die Stimmung besser. Es gab ein Fest, gefolgt von Abschiedsfeiern, und am 1. Januar 1886 brachen Junker und Vita in Wadelai auf, im Gepäck eine Art Quarkkuchen aus Emins Küche. Die Schiffssirene ertönte, die Leinen wurden losgemacht, Junker und Emin sagten sich erneut Lebewohl und winkten mit ihren Taschentüchern, bis das Schiff außer Sicht geriet. Es war das letzte Mal, dass Emin seinen Freund sehen sollte; sie korrespondierten aber weiterhin. Seine weitere Reise beschrieb Junker in seinen Memoiren *Reisen in Afrika*.

Kabarega trat ganz anders auf als der furchtsame Anfina. Er war ein mächtiger Herrscher, der sein Königreich nach strengen Gesetzen regierte und Angst verbreitete. Junker und Vita wurden genauestens beobachtet, hatten nur wenig Bewegungsfreiheit und mussten tagelang auf eine Audienz beim König warten. Erst bei der zweiten Zusammenkunft konnte Junker den Potentaten fragen, ob er Briefe nach Buganda weiterschicken dürfe. Nach einigem Hin und Her erteilte Kabarega seine Erlaubnis. Außerdem gab er Junker einige der Briefe zurück, die Kamisoa hatte schicken lassen und zu Junkers Entsetzen nicht weitergeleitet worden waren.

Junker fiel auf, dass auch eine Gruppe arabischer Händler aus Sansibar an Kabaregas Hof weilte. Er wollte mit ihnen sprechen, doch der argwöhnische Herrscher verbot jeglichen Kontakt. Erst nach einer weiteren Audienz erhielt Junker die Erlaubnis, die Händler zu sich in die Hütte einzuladen; aber selbst dabei wurden sie von Kabaregas Aufsehern beobachtet und konnten nicht frei sprechen. Später kam dann ein Diener der Sansibaris unter einem Vorwand in Begleitung eines von Kabaregas Männern zu Vitas Hütte und ließ, als der Wächter gerade wegschaute, heimlich zwei Stück Papier unter den Tisch fallen. Das eine war ein kurzer Brief für Vita auf Arabisch, das andere ein Schreiben für Junker in bestem Französisch, unterzeichnet von einem gewissen Mohammed Biri, der erklärte, er sei Dolmetscher für König Leopolds *Association Internationale* gewesen und arbeite nun als Händler. Der Mann war gerade aus Buganda eingetroffen. Er hatte erstaunliche Neuigkeiten: Von der Ostküste sei eine Expedition unter einem gewissen Dr. Fischer aufgebrochen, um Hilfe und Nachschub zu bringen, doch habe man ihr die Erlaubnis verweigert, Buganda zu durchqueren, und sie sei gezwungen gewesen, unverrichteter Dinge umzukehren.

Junker sollte später tief gerührt erfahren, dass Gustav Adolf Fischer, ein Forschungsreisender, der als Arzt auf Sansibar praktizierte, von seinem Bruder, einem Bankier aus

St. Petersburg, beauftragt und finanziert worden war, eine Hilfsexpedition von der Ostküste loszuschicken, um ihm, Emin und Casati zu helfen. Die Expedition endete allerdings in einer Tragödie – als sie nach Sansibar zurückkehrte, waren siebzig Mann an Hunger gestorben oder unterwegs umgekommen, und Dr. Fischer selbst sollte einige Monate später an einem Fieber sterben, das er sich bei der Reise zugezogen hatte.

Ein paar Tage darauf wurden Junker und Vita zum Gegenbesuch bei den Sansibari eingeladen, wobei es Junker und Biri schafften, heimlich ein paar Worte auf Französisch zu wechseln. Biri versprach, ihnen in der Nacht einen heimlichen Besuch abzustatten. Er hielt sein Wort und brachte – Briefe! Darunter befand sich ein Schreiben des obersten protestantischen Missionars in Buganda, Alexander Mackay, der die Geschichte vom Fall Khartums rekapitulierte und von Gordons Tod berichtete sowie der Tatsache – die Junker kaum glauben konnte –, dass die Briten die Ägypter gezwungen hätten, den Sudan aufzugeben. Ein zweiter Brief Mackays informierte ihn darüber, dass er die Erlaubnis für ihn habe, Buganda betreten zu dürfen. Dann gab es noch viele weitere Briefe für Emin, darunter einen vom Premierminister Nubar Pascha in Kairo und mehrere von Sir John Kirk, dem britischen Konsul auf Sansibar. Junker schickte sie an Emin weiter, dazu Abschriften von Mackays Briefen und Kopien von Telegrammen der Nachrichtenagentur Reuters von 1884 und 1885, die Mackay weitergereicht hatte, um Emin auf den neuesten Stand der Weltereignisse zu bringen.

Junker hatte einen besonderen Grund, warum er mit Biri reden wollte. Der Händler führte große Mengen an Stoffen und anderen Waren bei sich, die Emin und seine Leute so dringend benötigten. Und Biri, bekam Junker bald mit, war an dem Geschäft sehr interessiert.

Biri und Mackay warnten ihrerseits Junker nachdrücklich, die Lage in Buganda sei alarmierend. Mtesa, der gerissene und charismatische *Kabaka*, war gestorben, nun saß dessen Sohn Muanga auf dem Thron. Mtesa war, wie Kabarega, ein guter Freund von Emin gewesen, doch Muanga trat ganz anders auf als sein Vater. Anfang zwanzig, war er noch unsicher und unerfahren. Er befürchtete – zu Recht –, dass die Verbreitung des christlichen Glaubens in Buganda die Macht untergrub, die er und seine Vorfahren über die Bewohner hatten. Konvertiten, egal ob Protestanten oder Katholiken, wurden verfolgt, drei waren bereits hingerichtet worden, und erst kürzlich war Bischof James Hannington, der die anglikanischen Missionare besuchen wollte, auf Muangas Befehl hin ermordet worden, als er das Territorium Bugandas betrat. Zudem waren unter Muanga die Feindseligkeiten mit Bunyoro wieder aufgeflammt. Eine bugandische Militäreinheit war bereits auf dem Weg dorthin. Es dauerte nicht lange, da hörte Junker die Kriegstrommeln um Kabaregas Hauptstadt herum. Der Hofstaat und seine Gäste sollten an einen sichereren Ort umziehen. Kabarega überließ Junker eine Eskorte, die ihn aus dem Gebiet der Kampfhandlungen bringen und bis zur Grenze zu Buganda begleiten sollte. Vita Hassan suchte Zuflucht auf einer Insel im Viktoriasee.

Eine Weile sah es ganz so aus, als würde Junkers Karawane es niemals an Muangas Hof schaffen. Er selbst stürzte schwer von seinem Esel und hatte solche Schmerzen, dass er weder laufen noch reiten konnte und bis in ein Dorf an der Grenze zwischen Bunyoro und Buganda getragen werden musste, wo die Eskorte ihn zurückließ. Zwei seiner neun Diener und Gefährten erkrankten schwer. Als sie sich erholt hatten, wurden die anderen sieben krank. Die Nahrungsmittel gingen ihnen aus. Zwei Versuche, auf das Territorium von Buganda zu gelangen, schlugen fehl, weil die Eingeborenen viel zu große Angst hatten, ihnen ohne ausdrückliche Genehmigung des *Kabaka* zu helfen. Schließlich traf eine Eskorte ein, die sie in Muangas abschreckende Hauptstadt brachte.

Dabei handelte es sich nicht, wie Junker schrieb, um ein einfaches Dorf oder eine Stadt, sondern um eine große, einsam gelegene Hügelkette, auf der sich in gut bewehrten Einzäunungen die Wohnstätten der bugandischen Häuptlinge und Adligen befanden. Je näher sie dem Hof des *Kabaka* kamen, umso dichter wurde die Besiedelung; die königliche Unterkunft war nur eine weitere Umzäunung auf der Kuppe eines Hügels, mehrere sehr breite Straßen trafen dort zusammen. In der Nähe davon lagen der Marktplatz, das arabische Viertel und die englischen und französischen Missionen, die noch toleriert wurden, weil sie dem König nützlich waren. Wie um die Besucher vor dem zu warnen, was sie erwartete, säumten verstümmelte Leichen den Weg, offenbar Opfer der Wutausbrüche des jungen Despoten.

In der trostlosen Hauptstadt des *Kabaka* lernte Junker Alexander Mackay kennen, er wohnte bei ihm in der halbwegs komfortablen und gut ausgestatteten britischen Mission. Mackay war ein dynamischer schottischer Ingenieur Mitte dreißig, der eine Weile in Deutschland studiert und gearbeitet hatte. Hier in Buganda hatte er Maschinen erfunden, um Bananenfasern zu spinnen und zu weben, er hatte einen soliden Ochsenkarren konstruiert, er übersetzte Auszüge des Neuen Testaments in Luganda, die Landessprache, betrieb eine kleine Missionsdruckerei, führte meteorologische Beobachtungen durch und kartografierte den Viktoriasee. Zudem musste er ständig Arbeiten für Muanga erledigen.

Mackay begleitete Junker zu dessen Audienz beim *Kabaka*, führte ihn durch einen überfüllten Saal der Residenz nach dem anderen, bis er schließlich zu Seiner Königlichen Hoheit vorgelassen wurde. Das Ganze war laut Junker nicht sehr angenehm.

Muanga, der eine Art Toga aus Rindenstoff ohne jeglichen sonstigen Schmuck trug, wirkte auf Junker so, als ob er Haschisch genommen hätte. Er hatte die unattraktive Angewohnheit, mit weit aufgerissenem Mund zu lachen. Die Geschenke, die Junker brachte, würdigte er kaum eines Blickes und schien sich nicht sonderlich für ihn zu interessieren, abgesehen von den offenbar groben Bemerkungen, die er auf Kosten Junkers seinem Premierminister gegenüber machte. Noch unangenehmer war folgende Beobachtung: Direkt vor der Tür des Audienzzimmers, wie Junker sich später erinnerte, »hielten sich stets ein paar sehr wichtige Funktionäre des Bugandahofs auf, nämlich die Henker und verschiedene, für alle möglichen grausamen Executionen geschulte Subjekte, die jedes königlichen Winks gewärtig waren. Sie hatten eine Anzahl Stricke um Hals und Arm gewunden, um die ihnen Bezeichneten sofort fesseln zu können.«

Junkers Bitte – zur Küste weiterreisen und Emin Nachschub schicken zu dürfen – wurde vom König nur zu dem Zweck stattgegeben, noch weitere Geschenke zu erpressen: Geld und das Versprechen, von Emin Elfenbein und ein Elefantengewehr zu erhalten. Schließlich erhielt Junker die Erlaubnis, und schon bald war er froh zu hören, dass Mohammed Biri sich auf den Weg zu Emin machte, mit Stoffen und anderen Waren im Wert von zweitausend Talern, die Junker bereits bezahlt hatte. Endlich konnten sich Emin und seine Leute neu einkleiden.

Nachdem diese Hürde genommen war, verließ Junker Buganda. Er überquerte den Viktoriasee und schickte in der englischen Missionarsstation bei Msalala am Ostufer des Sees Emins und seine eigenen Briefe nach Sansibar ab, von wo aus sie nach Europa weitergeleitet werden sollten. Er hoffte, somit alles ihm Mögliche zur Unterstützung Emins geleistet zu haben.

Die letzte Etappe seiner Reise an die Küste war für afrikanische Verhältnisse einfach. Unterwegs ereignete sich allerdings noch eine Episode, die entscheidende Bedeutung für die späteren Ereignisse haben sollte. Im Handelsposten Tabora lernte Junker den mächtigsten und einflussreichsten Händler in ganz Ost- und Zentralafrika kennen, einen distinguiert wirkenden Afroaraber aus Sansibar namens Hamed bin Muhammed, besser bekannt als Tippu Tib. Wie Zebehr im Sudan handelte auch er mit Sklaven, vor allem aber mit Elfenbein. Die beiden Männer sollen sich gut verstanden haben, und Tippu erwärmte sich für die Vorstellung, eine Expedition zu leiten, um Emin zu helfen, unter der Bedingung – schließlich war er Geschäftsmann –, einen Teil von Emins Elfenbein dafür zu bekommen. Er bat Junker, hundert gute Gewehre für die Expedition zu beschaffen.

Gut möglich, dass er diesen Plan auch ausgeführt hätte, wenn ihn nicht plötzlich alarmierende Nachrichten erreicht hätten, die all seine Aufmerksamkeit verlangten. Arabische Sklaven- und Elfenbeinhändler, deren Territorien in unmittelbarer Nachbarschaft zu Leopolds Kongo-Freistaat lagen, hatten dessen strategisch wichtige Station bei Stanley Falls angegriffen und verwüstet, bei jener Reihe von Stromschnellen und Wasserfällen, an denen der tausendsechshundert Kilometer lange, mittlere Abschnitt des Kongo endete. Tippu wusste, wenn der weiße Mann sich zur Vergeltung entschloss, dann würde es Krieg geben.

Während sie darüber sprachen, drängte Junker Tippu laut seinen Memoiren geradezu, die Veränderungen zu akzeptieren, die der weiße Mann nach Zentralafrika bringen würde, und sie zum eigenen Vorteil zu nutzen. Er riet ihm, falls möglich, in den Dienst von Leopolds Kongo zu treten, denn nach Junkers Ansicht sei eine Zusammenarbeit mit den Arabern besser für den jungen Staat als die Art von Sabotage, von der sie gerade erfahren hatten. Tippu, einem hochintelligenten und äußerst gerissenen Mann, war es nicht entgangen, dass die Macht des

Sultans von Sansibar auf dem Festland bröckelte und dass es keinerlei Möglichkeit gab, den weißen Mann daran zu hindern, sich Afrika anzueignen. Junkers Idee gefiel ihm, und er sprach sogar davon, nach Brüssel zu fahren und Leopold persönlich zu sprechen. Das tat er dann zwar nie, doch die Unterhaltung der beiden Männer sollte Folgen haben.

Junker schloss sich Tippus Karawane an, die zur Küste wollte, ebenso ein anderer Deutscher, Hermann Gieseke, der örtliche Agent der Hamburger Handelsfirma A. Meyer, die versuchte, in Zentralafrika selbst mit Elfenbein zu handeln und somit in direkte Konkurrenz zu den Arabern zu treten – ein höchst gefährliches Unterfangen. Giesecke hatte bereits zwei Attentate überlebt. Als sie unterwegs waren, dröhnten eines Abends Schüsse aus Gieseckes Zelt, keine dreißig Schritte von Junkers Unterkunft entfernt. Junker eilte herbei, entdeckte einen großen Schlitz in der Zeltplane, sah bewaffnete Gestalten in der Dunkelheit verschwinden und Giesecke, der aus mehreren Wunden blutend im Zelteingang auf dem Rücken lag. Er verstarb ein paar Tage später.

Als sie sich der Küste näherten, entdeckte Junker Anzeichen deutscher Präsenz. Die Karawane kam an einer Reihe von deutschen Ansiedlungen vorbei, über einer davon wehte gar die Reichsfahne, doch die Häuser waren verriegelt und verlassen. Am Kingani trafen sie auf Walter von Saint Paul-Illaire, den Hauptmann einer nahe gelegenen deutschen Station*, der sie bis zum Hafen Bagamoyo begleitete, früher Sammelpunkt der Sklavenkarawanen, die für Sansibar bestimmt waren; der Name Bagamoyo bedeutet bezeichnenderweise »Wirf dein Herz von dir«. Dort wurde Junker von Gustav Denhardt Willkommen geheißen. Dieser hatte im Jahr zuvor mit seinem Bru-

---

* Walter von Saint Paul-Illaire war später der Entdecker des Usambara-veilchens.

der Clemens ein kleines deutsches Protektorat um Witu herum angelegt, ein Stück nördlich die Küste hinauf. Junker setzte mit zwei Nonnen in einer Dau der Katholischen Mission nach Sansibar über. Am 21. Dezember 1886 schließlich bestieg er einen Dampfer und fuhr nach sieben langen Jahren in Afrika nach Hause. Er legte an mehreren Stellen unterwegs Rast ein, auch in Suez, wo er seinen Bruder, seinen Schwager und Georg Schweinfurth traf, und in Kairo, wo Schweinfurth und er dem Forscher Henry Morton Stanley begegneten. Im darauffolgenden April traf Junker daheim in St. Petersburg ein.

Kapitel 13
Emin muss gerettet werden!

Wollen wir die zwischenzeitliche Entwicklung in Äquatoria nach-
vollziehen, müssen wir ein Jahr zurückspringen, und zwar genau
zum Nachmittag des 26. Februar 1886, als der Feldwebel, der
Junker zu Anfina und dann auch nach Bunyoro begleitet hatte,
unerwartet in Emins Büro in Wadelai erschien und ein großes
Paket vor ihm abstellte. Es waren die Briefe, die Mohammed
Biri mitgebracht und Junker weitergeschickt hatte: die ersten
Nachrichten von der Außenwelt seit drei Jahren.

Emin dürfte wohl nicht gezögert haben, welchen Brief er
als Erstes öffnen sollte – das Anschreiben des Nubar Pascha
in Kairo:

«Die aufrührerische Bewegung im Sudan zwingt die Regierung Seiner Hoheit, diese Gegenden aufzugeben. Infolgedessen können wir Ihnen keine Hilfe senden. Andererseits wissen wir nicht genau, in welcher Verfassung Sie sich befinden,
sowohl Sie, als Ihre Garnisonen. Wir können Ihnen auch
nicht Instruktionen darüber geben, was Sie zu tun haben,
und wenn wir Sie auffordern wollten, uns über Ihre Lage und
die Ihrer Garnisonen zu unterrichten, um Ihnen darauf einen
Befehl zukommen zu lassen, würde dies zu viel Zeit wegneh-
men und der Zeitverlust könnte Ihre Lage verschlimmern.»
Nubar ließ Emin »vollkommene Aktionsfreiheit«. Falls dieser entschied, dass es sicherer sei, seine Garnisonen aufzugeben
und nach Ägypten zurückzukehren, so sei die einzig mögliche
Route die über Sansibar, schrieb er. Sir John Kirk und der
Sultan von Sansibar würden den Oberhäuptern der verschiedenen Stämme auf dem Weg schreiben und alles unternehmen,
um den Treck zu erleichtern. Nubar erteilte Emin außerdem

die Erlaubnis, sich über Sir John Geld zu leihen. »Ich wiederhole Ihnen, dass Sie *carte blanche* haben, um am besten für Ihr eigenes Wohl und das Ihrer Garnisonen zu handeln«, schloss Nubar Pascha und bat nur darum, informiert zu werden, wozu sich Emin letztlich entschloss.

Das war alles. Ein nüchterner Geschäftsbrief. Kein Wort der Sorge darum, was Emin und seine Leute in der Zwischenzeit wohl durchgemacht haben mochten. Kein Wort des Dankes und der Anerkennung für alles, was er in Äquatoria geleistet hatte, oder für die Tatsache, dass er der einzige Gouverneur war, dessen Provinz die Aufstände der Mahdisten überstanden hatte. Kein Wort der Ermutigung für die vor ihm stehenden Aufgaben. Völlige Unkenntnis oder gar Gleichgültigkeit gegenüber den Schwierigkeiten, mit denen Emin sich konfrontiert sah. Wie sollte er denn zehntausend Menschen quer durch Afrika vom Nil bis zur Ostküste schaffen? Nubar Pascha, so fand Emin, schrieb, als würde es sich um einen Nachmittagsspaziergang handeln.

Eigentlich hätte Emin aus langer Erfahrung wissen müssen, dass er von der ägyptischen Bürokratie nichts anderes zu erwarten hatte. Er war beinahe die ganzen neun Jahre, die er in Äquatoria gearbeitet hatte, links liegengelassen worden. Als die Schifffahrt auf dem Nil zwischen 1878 und 1880 unterbunden und die Provinz abgeschnitten war, hatte er sich allein durchschlagen müssen und dennoch einen Gewinn erzielt, und niemand hatte auch nur ein gutes Wort für ihn übrig gehabt. Doch nach all den Gefahren, den Härten, Entbehrungen und Verantwortungen der letzten drei Jahre war der durchaus sensible Emin jetzt bitter enttäuscht und wütend.

Zumindest war ihm seine Lage nun klar, brutal klar. Der Sudan war aufgegeben worden, und Hilfe war von der Regierung, für die er arbeitete, nicht zu erwarten. Es lag allein an ihm. Er musste entscheiden, was zu tun war.

Emin residiert in einer afrikanischen Hütte.

Zu keinem Zeitpunkt schien ihm dabei der Gedanke gekommen zu sein, er könnte einem höheren Offizier die Verantwortung übertragen und sich allein auf den Heimweg machen. Er hatte die Verantwortung für »seine Leute«, er wollte sie rausschaffen, wenn möglich und wenn sie wollten, doch was ihn persönlich anging, so würde er bleiben.

Doch auf welcher Grundlage? Verschiedene Möglichkeiten gingen ihm durch den Kopf. Eine davon entsprach in ungefähr der Lösung Sarawak. Das war ein Staat auf Borneo, wo ein britischer Kaufmann namens James Brooke einem örtlichen Sultan geholfen hatte, einen Aufstand zu unterdrücken, sich dann zum Herrscher aufgeschwungen und eine Dynastie weißer Radschahs begründet hatte, die dort hundert Jahre lang paternalistisch regierte und gegen Sklaverei und Piratentum vorging.* Emin war zu diesem Zeitpunkt offenbar nicht bewusst, dass seine Provinz – arg geschrumpft, aber immer noch riesig – einen leckeren Appetithappen für die landhungrigen europäischen Imperialisten bei ihrem Wettlauf um Afrika darstellen könnte. Eine begehrte, mutmaßlich reiche und fruchtbare Gegend an einem strategisch wichtigen Punkt im Herzen des Kontinents, an den Quellen des Nil gelegen, nahe den Zuflüssen des Kongo, von der Kolonialmacht aufgegeben ... Äquatoria wartete nur auf Interessenten. Wer hätte da widerstehen können?

Einer, der dies sogleich erkannt hatte, war Alexander Mackay, dessen Rolle als Missionar ihn nicht davon abhielt, einer der aktivsten britischen Imperialisten in Afrika zu jener Zeit zu sein. In einem Brief, der am 2. Juli 1886 in Wadelai eintraf, schrieb er Emin, dass es in Europa im Augenblick großes Interesse an Ostafrika gebe. Das Deutsche Reich wolle ebenfalls Kolonien und habe bereits zwei oder drei Bezirke annektiert. (Mackay war äußerst alarmiert gewesen, dass Dr. Fischer sich mit einer Expedition aufgemacht hatte, um Emin Hilfe zu bringen.»Wer weiß, welche Pläne Fischer und Emin aushecken, wenn sie an Berlin denken«, schrieb er dem Konsul Sir John Kirk.) England, so versicherte Mackay Emin,»wird ebenfalls etwas in Ostafrika unternehmen und wartet nur auf eine passende Gelegenheit«.

Und, so fand Mackay, jetzt war die Gelegenheit da:»Die alte Regierung in Khartum gibt es nicht länger, doch Sie können ein großes Gebiet in englische Hände geben, wenn Sie es wünschen. Bleiben Sie dort, werter Herr ... Ein guter Gouverneur, wie Sie es sind, sollte das gesamte Gebiet der Nilquellen übernehmen. Ich weiß sehr gut, dass Sie all dies vermögen,

* Radschah Brooke war Vorbild für Joseph Conrads Erzählung *Lord Jim* und taucht als Figur auch in Emilio Salgaris *Die Piraten von Malaysia* und anderen Romanen auf.

wenn Sie es nur in die Hand nehmen. Dazu brauchen Sie allerdings Unterstützung, und England wird Ihnen zweifellos helfen, wenn Sie es sagen.‹

Worauf Emin nur vier Tage später antwortete: »Zu Ihrer Frage, ob ich willens sei, die Annektion dieses Landes durch England zu unterstützen, so antworte ich darauf offen ›Ja‹. Wenn England beabsichtigt, diese Ländereien zu besetzen und zu zivilisieren, dann bin ich bereit, die Regierung in die Hände Englands zu legen: ich glaube, ich würde damit der Menschheit einen Dienst erweisen und der Zivilisation zum Fortschreiten verhelfen …«

Es gab aber auch noch andere Vorschläge. Junker meinte in Briefen nach Europa, Äquatoria könne gut König Leopolds Kongo zugeschlagen werden. Gordon hatte bereits dasselbe vorgeschlagen, und König Leopold musste sicherlich nicht überredet werden. Emin gefiel dieser Vorschlag nicht. Er fand, dass der junge Freistaat eine fadenscheinige Konstruktion war, die nicht lange halten konnte. Er hatte auch durchaus Sorge, dass Stanley sich diese Idee zu eigen machen und Äquatoria für Leopold schnappen könnte, bevor die Engländer Zeit hatten zu reagieren.

Das Deutsche Reich spielte zu jenem Zeitpunkt in Emins Überlegungen keine Rolle. Aus den Briefen hatte er zwar erfahren, dass auch das Reich zu einer Kolonialmacht herangewachsen war, doch schon seit langem war er der Ansicht, dass die Deutschen nicht genug Erfahrung hätten, um Kolonien zu erwerben und zu verwalten.

Zu diesem Zeitpunkt war die Notlage Emins und Äquatorias nur wenigen Regierungsbeamten und Diplomaten in Europa bekannt. In wissenschaftlichen Kreisen machte man sich erheblich mehr Sorgen um den Verbleib von Wilhelm Junker – der damals wesentlich berühmter als Emin war. Die Welt im Allgemeinen aber wusste nichts von ihrer beider Existenz.

Selbst Baring in Kairo interessierte sich nicht für ihr Schicksal. Er nahm an, dass sie schon früher oder später einen Weg nach Süden finden würden, wenn sie denn überlebt hatten.

Erst als die von Junker auf den Weg gebrachten Briefe Emins schließlich in Europa eintrafen, wurde die Öffentlichkeit auf das Drama aufmerksam, das sich an jenem fernen Außenposten im Sudan abspielte. Die Texte wurden in der Presse veröffentlicht, versehen mit Appellen von Freunden und Unterstützern Emins, und lösten einen Sturm öffentlicher Emotionen aus, der den unbekannten deutschen Arzt aus seinem Schattendasein herausholte und zu einer der berühmtesten Personen seiner Zeit werden ließ.

Unglücklicherweise war diese Berühmtheit in Wadelai immer noch faktisch unerreichbar. Emin musste Casati nach Kibiro am Albertsee entsenden, nominell als seinen Repräsentanten bei Kabarega, tatsächlich aber, um mit Mohammed Biris Hilfe dafür zu sorgen, dass die Post zwischen ihm und Europa auch tatsächlich durch Bunyoro und Buganda kam. Schon unter günstigsten Bedingungen konnte das Monate dauern.

Vor allem die Briten drängten derweil auf Taten. Emin musste, wenn nötig mit militärischer Gewalt, gerettet werden. Eine Passage aus einem Brief Emins, der in der *Times* abgedruckt wurde, hatte einen empfindlichen Nerv getroffen: »Ich bleibe hier als letzter und einziger Repräsentant aus Gordons Stab. Es obliegt daher mir, ist meine Pflicht und Schuldigkeit, dem Weg zu folgen, den er uns aufgezeigt hat. Früher oder später muss diesen Ländern eine strahlende Zukunft blühen; früher oder später werden diese Menschen in den Kreis der immer weiter fortschreitenden Zivilisation aufgenommen.«

Gordon – in den Augen der Öffentlichkeit der mutige Held und große Märtyrer des Empire – war ein Jahr zuvor abgeschlachtet worden, weil die Nation zu langsam auf die Gefahr reagiert hatte und seine Retter zu spät eingetroffen waren. »Zu spät! Zu spät!« – noch immer hallte dieser Refrain durchs Land. Die Mahdisten hatten Khartum erobert und Gordons Werk zerstört. Hier war nun Gordons letzter Mann, der gewillt war, dessen noble Arbeit fortzusetzen. Hier war auch die Chance, den Fehler wieder gutzumachen und die Ehre der Nation zu retten. »Nachdem wir schon den Meister verraten haben«, schrieb ein Leser an die *Times*, »könnten wir uns ja ein wenig anstrengen und seinen Mann rausholen.«

Auch in Deutschland erschien ein überaus emotionaler Appell. Am 17. November 1886 druckte die *Kölnische Zeitung* einen Brief von Emins Freund Wilhelm Junker ab, den dieser von Msalala aus an Georg Schweinfurth geschickt hatte:

»Sehr geehrter Freund! Aus den Klauen Muangas in Uganda entronnen, befinde ich mich seit heute Morgen hier und füge der letzten Post, die ich hier noch vorfand, diese Zeilen für Sie bei …

Soll denn wirklich nichts für diese unglücklichen Provinzen geschehen? Schreiben Sie, schreiben Sie wieder und wieder fulminante Artikel in der Presse und öffnen Sie den Leuten die Augen! Ich eile, um mein Bestes tun zu können. Emin Bey muss Unterstützung haben … Das Prestige der Europäer geht hier verloren. Es wäre eine ewige Schande, wenn Europa keine Schritte thun würde! Wirken Sie doch im besseren Sinne! Der Strang, den Strang für Muanga und seine Bande! Befreiung Ugandas! Unterstützung Emin Beys und Neubesetzung jener Provinzen!!! Ich kehre nur mit jenem Gedanken nach Europa zurück! Schreiben Sie mir, bitte, ausführlich nach Sansibar.

In Eile schliesse ich diese Zeilen mit alter Freundschaft Ihr verschollener, doch wieder gefundener und ergebener Wilh. Junker«

Diesen Zeilen folgte noch ein Brief von Schweinfurth, dass Emin »sich während einer nahezu zehnjährigen musterhaften Verwaltung der einst ägyptischen Aequator-Provinz am obersten Nile bleibende Verdienste um unser gesammt europäisches Kulturwerk in den Wildnissen von Afrika erworben« habe. Er habe »unstreitig ein besonderes Anrecht auf die hülfreiche Fürsorge der ägyptischen Regierung... um einer Pflicht der Dankbarkeit und des öffentlichen Anstandes Genüge zu leisten«, fügte Schweinfurth hinzu, offenbar ohne zu ahnen, dass diese Regierung tatsächlich keinerlei Absicht hatte, Emin zu helfen. Schweinfurth schlug vor, eine bewaffnete Expedition an die Ostküste zu entsenden, um erst in Buganda Muanga zu stürzen und ihn durch jemanden zu ersetzen, der den Europäern aufgeschlossener gegenüberstand, und dann mit Unterstützung der Bugander Emin Rettung zu bringen.

Während die Debatte tobte, ob die Expedition nun bewaffnet oder friedlich sein solle und welche Route sie nehmen müsse, blieb die britische Regierung bemerkenswert ungerührt. Premierminister Lord Salisbury, der in der Frage der Kolonien ebenso skeptisch war wie früher Bismarck, hatte nicht die Absicht, irgendwelche britischen Soldaten oder offizielle Vertreter zu entsenden, und schon gar nicht durch das unruhige Buganda: Lief etwas schief, so dachte er wohl mit Schaudern, würde man sie retten oder rächen müssen. »Ich finde, die Deutschen sollten in den Besitz unserer Informationen gelangen«, schlug er vor. »Wenn Emin Deutscher ist, ist das wirklich deren Angelegenheit.«

So blieb Emins Rettung Privatinitiativen überlassen. Mehrere Gruppen und Organisationen dachten darüber nach, Expeditionen zusammenzustellen. Allen zuvor kam ein kleiner Schotte mit weißen Haaren, Backenbart und Adlernase.

KAPITEL 14

Hintergedanken

William Mackinnon, schottischer Kaufmann und Reeder, hatte schon seit einigen Jahren sein Augenmerk auf Ostafrika gerichtet. Er war ein guter Freund und Verbündeter König Leopolds und auch bei dessen prächtiger Afrikakonferenz in Brüssel 1876 zugegen gewesen. Zusammen mit dem König, Gordon und Sir John Kirk hatte er an Leopolds Plan gearbeitet – der nie umgesetzt wurde –, eine Route von Land- und Wasserwegen zu schaffen, gesäumt von Raststationen, die die Ost- mit der Westküste Afrikas verbinden sollte. Er war ebenfalls an einem Plan beteiligt gewesen, eine britische Gesellschaft zu gründen, die eine Eisenbahn von der Küste in das fruchtbare, vielversprechende Gebiet rund um den Kilimandscharo bauen sollte. Doch die britische Regierung gab die dazu notwendigen Garantien nicht, also ließ Mackinnon das Vorhaben fallen. Er war davon überzeugt, dass das Desinteresse der Regierung an jener Gegend dazu führen würde, dass die Deutschen sich diese süße Frucht greifen würden – und so sollte es im Endeffekt ja auch kommen.

Nun war aber zunächst seine große Chance da – und er hatte das Geld und die Kontakte, um sie auch zu ergreifen. Dieser sturköpfige, gottesfürchtige Schotte, an sich eine recht farblose Erscheinung, wurde von einem ungeheuren Geltungsdrang getrieben. Er verfügte über Fähigkeiten, die ihn trotz minimaler Bildung von einer Anstellung als Provinzangestellter im Norden Schottlands bis an die Spitze eines erfolgreichen Handelsunternehmens in Indien geführt hatten, wo er mit einem Freund die *British Indian Steamship Navigation Company* gegründet und zu einer der größten Schifffahrtslinien jener Zeit ausgebaut hatte. Seine Zähigkeit und sein Geschäftssinn, die ihm in Indien so gute Dienste geleistet hatten, vermischten sich mit anderen typischen Eigenschaften des 19. Jahrhunderts, als es um Afrika ging: Philanthropie und imperialistischem Eifer. Diese Kombination sollte sich letztlich zwar als wenig erfolgreich erweisen, für den Augenblick jedoch war Mackinnon mit großem Enthusiasmus damit beschäftigt, eine Expedition zur Rettung Emins zusammenzustellen. Binnen kurzem gründete er ein Emin-Pascha-Hilfskomitee, in dem Freunde und Geschäftskollegen saßen und er selbst den Vorsitz übernahm.

Mackinnon war wie so viele andere berührt von Emins Notlage und wollte alles daransetzen, ihm zu helfen. Allerdings hätte er wohl bestimmt nicht so viel Mühen und Geld in das Projekt gesteckt, wenn es darüber hinaus nicht noch einen anderen Grund gegeben hätte. Die Überschrift des Memorandums, das er im November 1886 verfasste, kurz nachdem die Nachricht von Emins Notlage in Großbritannien eintraf, spricht Bände: »Syndikat zur Begründung britischen Handels & Einflusses in Ostafrika & zur Befreiung von Emin Bey«. Mackinnon wollte die Gelegenheit nutzen, um Reiseverbindungen zwischen der Küste, dem Viktoriasee und Äquatoria einzurichten, und er wollte eine Beteiligungsgesellschaft gründen, um die Gegend auszubeuten.

Seiner Meinung nach gab es nur einen Mann, der für die Leitung einer derart wichtigen Expedition in Frage kam – Henry Morton Stanley. Dieser erklärte sich prinzipiell sofort bereit, dem Unternehmen vorzustehen, »ohne Hoffnung auf Lohn oder Anerkennung«. Er wollte zwar gerade zu einer Vortragsreise durch die Vereinigten Staaten aufbrechen, war aber gewillt, diese aufzugeben, falls Mackinnon ihm telegrafierte, dass die Expedition tatsächlich zustande komme.

So sehr alle begeistert schienen von der Vorstellung, eine Expedition zu entsenden, so vielfältig waren die Meinungen darüber, was genau diese erreichen sollte, ganz abgesehen von den geheimen Plänen Mackinnons. Leserbriefe drängten auf »Rettung« Emins. Andere wollten Nachschub und Unterstützung bringen. Emin selbst stellte klar – in Briefen, die er an den schottischen Missionar Robert Felkin schrieb und die später veröffentlicht wurden –, dass er entschlossen war zu bleiben: »weggehen – niemals!« Alles, was er forderte, war Munition und Nachschub. Die Ägypter und Sir Evelyn Baring hingegen wollten den Abzug, um so ihrer Pflicht gegenüber ihren Bediensteten nachgekommen zu sein und mit allem anderen, was noch im Sudan geschah, nichts mehr zu tun haben zu müssen.

Jetzt war nur noch die Frage offen, wie man zu Emin durchdringen sollte. Dem ersten Augenschein nach war die kürzeste und leichteste Route die von der Ostküste aus. Es wurden aber auch alle möglichen anderen Reisewege vorgeschlagen, vom Sambesi im Süden bis zu Äthiopien im Norden, meist aber die üblichen Karawanenrouten, die in Sansibar begannen. Mackinnon selbst stellte sich eine Route vor, auf der Stanley unterwegs Verträge mit den Stammeshäuptlingen für seine gerade in Gründung befindliche *Imperial British East Africa Company* abschließen konnte. Die Hardliner unter den britischen Imperialisten hatten größte Sorge, die Deutschen könnten eine eigene Expedition entsenden. »Ich werde es Ihnen niemals verzeihen, wenn Sie die Deutschen als erste bei Emin Pascha eintreffen lassen«, schrieb der Forschungsreisende Harry Johnston an Mackinnon. Anfangs schien auch Stanley noch für den Weg von der Ostküste aus zu plädieren, doch insgeheim hatte er andere Pläne.

Denn für ihn gab es noch ein Problem zu lösen. An dieser Stelle kommt der Ränkeschmied König Leopold wieder ins Bild: Stanley hatte immer noch einen Vertrag mit ihm. Trotz allen Drängens hatte Leopold ihm schon eine ganze Weile keine Arbeiten mehr übertragen, was Stanley zutiefst enttäuschte und verärgerte. Dennoch musste er mit Seiner Königlichen Hoheit irgendwie ins Reine kommen. Also machte er sich auf nach Brüssel und sprach im Palast vor. Dem überaus charmanten König gelang es, Stanleys Verärgerung zu lindern. Er versicherte ihm, dass es die »*haute politique* sei, der sie sich alle zu beugen hätten« – womit er womöglich auf französische Verletztheiten in Bezug auf den Kongo anspielte –, und die ihn bisher davon abgehalten hätte, Stanley weiter einzusetzen.

Stanley skizzierte seine Pläne für die Expedition, sprach Mackinnons Absicht an, von der Ostküste aus zu Emin vorzustoßen, und bat darum, aus seinem Vertrag entlassen zu werden, um die Expedition leiten zu können. Leopold erwiderte, dass er dies nicht zulassen könne, da er ihn in ein paar Wochen für »erheblich wichtigere Arbeit« bräuchte. Falls aber, so der gewiefte König, Mackinnons Komitee ihn über den Kongo ziehen ließe, dann könne er diese anstehende Mission noch verschieben.

Stanley wies darauf hin, dass die Kongoroute, inklusive der dazu zunächst notwendigen Schiffsreise der ganzen Expedition von Sansibar aus um das Kap der Guten Hoffnung an die Westküste Afrikas, erheblich kostspieliger würde, sodass das Komitee diesen Vorschlag wohl ablehnen würde. Leopold erwiderte barsch, entweder nehme Stanley die Kongoroute oder das Komitee müsse sich einen anderen Mann suchen. Später versüßte er diese bittere Pille ein wenig, indem er anbot, eine Flotte von Dampfschiffen bereitzustellen, die die Expedition den Kongo hinaufbringen sollte. Er wolle zudem Anweisung erteilen, so sagte er, dass unterwegs Camps für die Männer aufgeschlagen würden und genügend Brennholz für die Dampfboote bereitliege.

Es gab noch eine weitere Frage, die mit Leopold zu klären war. Arabische Elfenbein- und Sklavenhändler, vor allem Tippu Tib, kontrollierten ein riesiges Gebiet des Kongo und wurden zunehmend wütender über Leopolds Beamte, die sich in ihre Aktivitäten mischten und mit ihnen um das Land konkurrierten. Ein Ergebnis davon war die Zerstörung der Station an den Stanley Falls gewesen. Leopold fehlten die Mittel und Möglichkeiten, die Station zurückzuerobern, und selbst wenn er es versuchte, würde das den Konflikt nur noch weiter schüren. Stanley brauchte aber die Einwilligung der Araber, um ein Basislager bei den Wasserfällen einzurichten, so sein Plan, und um ihr Gebiet ungehindert durchqueren zu können. Die endgültige Entscheidung, ob man die Kongoroute nehmen oder von der Ostküste aus losziehen würde, hing also ganz ab vom Ergebnis der Verhandlungen zwischen Stanley und Tippu Tib, der in Sansibar sein wollte, wenn die Expedition zusammengestellt wurde. Stanley war durchaus für die Kongoroute zu erwärmen, doch gefiel ihm die Idee keineswegs, dass Emins Nachschub an Gewehren und Munition von den Arabern gestohlen und dazu verwendet werden könnte, den jungen Kongostaat zu zerstören, zu dessen Schöpfung er so viel beigetragen hatte.

Ging aber alles gut, so hatte Leopold eine Expedition, für die er selbst nicht zahlen musste und doch für ihn durch den oberen Kongo und den dichten, unwegsamen Ituri-Regenwald ziehen würde, ihn kartografieren und neues Land beanspruchen konnte. Um das Ganze noch zu krönen, würde die Expedition Emin einen Vorschlag unterbreiten, der, so hoffte Leopold, ihn ungemein locken könnte – dort zu bleiben, wo er war, und Äquatoria dem Kongo-Freistaat zuzuschlagen. Dann würden Emin und seine Leute eben für die Verwaltung im Kongo arbeiten, Emin wollte er ein fürstliches Salär von tausendfünfhundert Pfund Sterling im Jahr anbieten. So würde Leopold sich den Traum erfüllen können, die Grenzen seines Territoriums bis an den Nil zu erweitern und eine Route zwischen den beiden großen Flüssen zu eröffnen. Ein wirklich gutes Geschäft für die Königliche Hoheit.

Stanley brachte Mackinnon gegenüber alle möglichen Gründe vor, warum dieser kompliziertere und kostspieligere Plan so erheblich besser sei als die offenkundigeren Routen von der Ostküste aus. Die Furcht erregenden Massai würden ihnen dort den Weg versperren wollen zum Beispiel, also würden sie eine schwer bewaffnete Eskorte brauchen, um sich durchzukämpfen. Ein Treck nach Westen würde durch Deserteure leiden, so warnte der erfahrene Forscher, denn je weiter sie ins Landesinnere vordrangen, umso mehr würden die Träger aus Sansibar ihre Lasten abwerfen und umdrehen wollen. Um ehrlich zu sein, gab es neben Stanley auch noch andere, die mit einer Ostroute nicht sehr glücklich waren. Die angenehmste Strecke von Osten aus führte durch deutsches Gebiet und würde, so fürchtete das Außenministerium in London, Argwohn in Berlin wecken, die Expedition könne es darauf abgesehen haben, jenseits davon Land zu annektieren. Die Missionsorganisationen wiederum waren höchst alarmiert bei dem Gedanken, eine große weiße Expedition könne auch nur in die Nähe von Buganda geraten: Das würde Muanga nur noch weiter verärgern und das Leben der Missionare und der bekehrten Einheimischen zutiefst in Gefahr bringen. Zwar war die Strecke durch den Kongo länger, aber sie würden sie schneller und leichter bewältigen können, da sie den Dampfer flussaufwärts, auch durch den riesigen Zufluss des Aruwimi, nehmen konnten. Von dort aus, wo der Fluss nicht mehr schiffbar war, waren es nach Stanleys Schätzung nur noch fünfhundert Kilometer zu Fuß bis zum Albertsee, von wo aus sie Kontakt mit Emin aufnehmen konnten. Mackinnon schien so oder so keine große Wahl zu haben, als seinem Freund, dem König, nachzugeben, auch wenn ihn die Aussicht beruhigt haben mochte, Stanley würde nach der Expedition für ihn, Mackinnon, in Ostafrika arbeiten.

Dann war da noch die Frage der Finanzierung. Ursprünglich hatte Stanley geschätzt, dass die Expedition etwa zwanzigtausend Pfund kosten würde. Auch diesmal konnte Lord Salisbury nicht dazu überredet werden, Regierungsgeld zu investieren oder irgendeine offizielle Verantwortung zu übernehmen. Allerdings hatte ihn Bismarcks Schutzbrief für Carl Peters' Erwerbungen ein wenig irritiert. Ausländer drangen auf ein Territorium vor, das er insgeheim für einen Bestandteil der britischen Geografie erachtet hatte. Diesmal war er zumindest gewillt, Privatinitiativen zu ermutigen, um so die Deutschen fernzuhalten.

Mackinnon verpflichtete sich, zehntausend Pfund aufzutreiben, dreitausend Pfund steuerte er aus der eigenen Tasche bei. Aber wer würde für den Rest sorgen? Salisbury rührte sich keinen Millimeter. Schließlich kam Sir Evelyn Baring in Kairo zu Hilfe, der erklärte, dass die ägyptische Regierung weitere zehntausend Pfund plus Waffen und Munition zu geben bereit wäre; ihr ging es dabei darum, die Garnisonen zu räumen und zumindest denjenigen Personen, die nicht in Ostafrika bleiben wollten, den Abzug zu ermöglichen. Ob die Ägypter tatsächlich eine Wahl in dieser Angelegenheit hatten, ist nicht bekannt. Gerüchte machten die Runde, dass Emin ein riesiges Lager an Elfenbein gehortet hatte, das auf sechzigtausend Pfund geschätzt wurde, ein Happen, bei dem allen der Mund wässrig wurde. Die Protegés der Expedition machten sich Hoffnungen, für ihre Mühen, zumindest teilweise, in Elfenbein entlohnt zu werden.

Nachdem die Vorbereitungen so weit abgeschlossen waren, wurde Stanley aus den Vereinigten Staaten abberufen, in die er schließlich doch zu seiner Vortragsreise aufgebrochen war, was sein ihn bewunderndes Publikum schwer enttäuschte und ihn – so behauptete er zumindest – um vierzigtausend Dollar ärmer machte. Er begann umgehend mit den Vorbereitungen zu der größten und katastrophalsten Expedition in seinem ohnehin schon bemerkenswerten Leben.

KAPITEL 15

Auf in den Dschungel

Stanley war eine begnadete Führungspersönlichkeit. Für ihn zu arbeiten, war aber, vor allem für Europäer, nicht einfach. Der Mann, der ansonsten eher nachgiebig und höchst sensibel erschien, wurde bei Expeditionen zu einem kalten, auf strenge Disziplin achtenden Vorgesetzten, der zu ungeheuren Wutausbrüchen neigte und keine Skrupel hatte, Eingeborene zu töten oder seine Leute brutal auspeitschen oder anders abstrafen zu lassen. Seine Offiziere betonten allerdings, dass er dies nur täte, wenn es wirklich notwendig sei. Körperliche Strafen und Hinrichtungen gehörten im damaligen Europa zur Tagesordnung, in noch stärkerem Maß galt das für Afrika. Forscher und sogar Missionare erklärten, dass es ohne körperliche Züchtigung häufig nicht möglich sei, Diebstahl, Fahnenflucht oder allgemeines Chaos zu unterbinden, geschweige denn ihr eigenes Leben oder das anderer zu retten. Stanley würde wohl völlig zu Recht behauptet haben, dass er seine Ziele auf andere Weise niemals erreicht hätte.

Die meisten verloren darüber kein Wort. Nur Stanley schrieb in seinen Büchern, manchmal stark übertrieben, von der notwendigen Gewalt, wohl mit der Absicht, seiner viktorianischen Leserschaft den Nervenkitzel zu geben, den sie so liebte. Es gab aber auch viele Zeitgenossen, die zutiefst schockiert darüber waren und Stanley heftig kritisierten. Das war einer der Gründe, warum er so gerne für den erheblich zynischeren König Leopold arbeitete. Für Stanley, wie er einmal in einem Gespräch mit einem seiner Offiziere verriet, war Niederlage gleichbedeutend mit Verachtung. In seinem Leben zählte nur der Erfolg.

Während die europäischen Offiziere schnell untereinander Freundschaft schlossen, blieb Stanley für sich, aß allein in seinem Zelt und vertraute sich ihnen nur selten an. Er kritisierte und beschimpfte sie, lobte sie dagegen nur selten, wenn überhaupt. In einem Fall, während eines Streits zwischen sansibarischen Trägern und zwei seiner europäischen Offiziere wegen Essen, dass Erstere gestohlen hatten, nahm er Partei für die Sansibaris. Vor der gesamten Expedition, Tippu Tib und einige Missionare eingeschlossen, wies er diese an, den beiden Offizieren nicht mehr zu gehorchen, und gab die Order, falls jene ihnen doch zu befehlen versuchten, sie an Bäume zu binden. Das fügte der Autorität seiner eigenen Leute unter den Afrikanern natürlich großen Schaden zu. Stanley war, wie einer seiner Offiziere voller Verzweiflung schrieb und Emin später mehrmals wiederholte, »kein Gentleman«. Und dennoch: So sehr er auch an ihnen herumzukritteln hatte und so sehr seine Entscheidungen sie verzweifeln ließen, sie bewunderten ihn und blieben ihm bis zum Ende treu ergeben.

Stanleys vielschichtige Persönlichkeit war vorgeformt durch eine besonders bittere Kindheit. Geboren wurde er als John Rowlands, unehelicher Sohn eines walisischen Hausmädchens und eines Dorfsäufers (es gab auch das Gerücht, sein Vater sei ein angesehener Würdenträger gewesen, der den einfachen Mann dafür bezahlt habe, seinen Namen herzugeben). Als seine Mutter ihn nach der Geburt nicht zu sich nehmen wollte, verbrachte er die ersten Lebensjahre als ungelittenes Kind bei wechselnden Angehörigen, bis er ins örtliche Arbeitshaus abgeschoben werden konnte, einer schrecklichen englischen Einrichtung des 19. Jahrhunderts, die Charles Dickens in seinem Roman *Oliver Twist* verewigt hat. Deren Insassen bekamen eine Schlafstätte und Verpflegung – oder was man dafür hielt – und wurden im Gegenzug zu Arbeiten verpflichtet. Häufig litten sie unter schwerster Züchtigung und Missbrauch, auch

sexueller Art. Zumindest erhielt der Junge dort eine rudimentäre Erziehung. In seinen späteren Jugenderinnerungen über
das Arbeitshaus mag Stanley diese Schrecken noch zusätzlich
ausgeschmückt haben, zumindest fiktionalisierte er seine eigene
Rolle dabei – so behauptete er, rebelliert zu haben und von
dort geflohen zu sein, was nicht den Tatsachen entspricht.
Nachdem er mit fünfzehn Jahren aus dem Arbeitshaus entlassen worden war, verstieß ihn die Familie erneut. So heuerte
er als Schiffsjunge auf einem Frachtschiff an, das in die Vereinigten Staaten fuhr und kam dabei unter die Fittiche eines
kinderlosen Paares namens Stanley, dessen Namen er annahm.
Aus ungeklärten Gründen überwarfen sie sich jedoch – Stanley
behauptete fälschlich, das Paar sei unter dramatischen Umständen uns Leben gekommen –, und der junge Mann setzte sein
Wanderleben fort. Er kämpfte auf beiden Seiten des amerikani-
schen Bürgerkriegs und kam als Matrose auf der ganzen Welt
herum, bis er schließlich Zeitungsreporter wurde. Den Verleger
des New Yorker *Herald*, James Gordon Bennett, beeindruckte
er mit seinen Berichten aus dem britischen Abessinienfeldzug
so sehr, dass er von ihm den Auftrag erhielt, den verschollenen
Livingstone in Afrika zu suchen und womöglich zu finden.
    Es war dieses Unternehmen, das Stanley weltberühmt
machte. Doch es sollte auch tiefe Spuren bei ihm hinterlassen,
Spuren, die sein späteres Verhalten bei der Emin-Expedition
erklären können: Als er bei Livingstone eintraf, musste er
feststellen, dass der alte Missionar überhaupt nicht »gerettet«
werden wollte. Livingstone widersetzte sich allen Bemühungen
Stanleys hartnäckig, mit diesem nach Großbritannien zurückzukehren. Stanley freundete sich mit dem sanften Livingstone
an, am Ende seines Aufenthalts sah er zu ihm als Mentor und
Vaterfigur auf. Bei seiner Rückkehr in Großbritannien musste
er zu seinem Entsetzen feststellen, dass ihm niemand glaubte,
den Mann überhaupt gefunden zu haben. Als er Livingstones

Tagebücher vorlegte, um seine Geschichte zu untermauern, wurde ihm vorgeworfen, diese gefälscht zu haben. Nachdem sie sich als echt herausstellen, lauteten die Gerüchte, er habe sie gestohlen. Erst als Livingstones Sohn und Queen Victoria höchstpersönlich seine Geschichte bestätigten, verstummten die Beschuldigungen. Trost fand Stanley in der Tatsache, dass sein Buch über die Expedition zu einem ungeheuren Bestseller wurde. Allerdings hinterließ die ganze Episode tiefe Wunden bei ihm.

Anders als der bescheidene und genügsame Livingstone führte Stanley seine Expeditionen mit großem Aufwand und die nun anstehende zur Rettung Emins vor allem in großem militärischen Stil. In seiner Wohnung in der Bond Street war er zahllose Bewerbungsschreiben williger Kandidaten durchgegangen und hatte eine Mannschaft zusammengestellt, die fast ausschließlich aus Armeeoffizieren bestand. Eine Handvoll Zivilisten gehörte noch dazu: darunter James Jameson, Erbe der irischen Whiskeybrennerdynastie, und Arthur Mounteney Jephson, ein völlig unerfahrener junger Gentleman, dessen Teilnahme wohl ganz der Tatsache zuzuschreiben war, dass seine Cousine und Gönnerin, die Countess de Noailles, tausend Pfund zu der Expedition beigesteuert hatte.

Auch führende Firmen beteiligten sich generös an den Bemühungen. Fortnum & Mason, damals wie heute das angesehenste Feinkostgeschäft Londons, spendierte vierzig Kisten, die mit allem gefüllt waren, was ein englischer Gentleman unterwegs so brauchte: Tee, Kaffee, Marmelade, Brandy, Champagner und Liebigs Fleischextrakt. Medikamente und wasserdichte Zelte wurden gespendet, und der Erfinder Hiram Maxim überließ ihnen einen sperrigen Prototyp seines Maxim-Gewehrs, des ersten vollautomatischen Maschinengewehrs, das mehrere hundert Schuss pro Minute abfeuern konnte – wenn es nicht gerade eine Ladehemmung hatte.

Die Expedition sollte in Sansibar zusammengestellt werden. Unterwegs machte Stanley in Kairo Halt und traf sich unter anderem mit Georg Schweinfurth und Wilhelm Junker, der gerade auf seinem Heimweg von Wadelai nach St. Petersburg war. Die beiden Deutschen waren äußerst skeptisch, was die Kongoroute anbelangte, doch Stanley konnte sie davon überzeugen, dass es sich um die beste Lösung handelte. Junker überließ Stanley Landkarten, die er selbst von dem Gebiet angefertigt hatte, das Stanley zum Teil durchqueren würde, und er erzählte ihm viel über Emin, den sich Stanley, wie die Öffentlichkeit überhaupt, bislang als einen gut aussehenden Helden im Stile Gordons ausgemalt hatte. Junker trug ihm auch seinen Vorschlag vor, Tippu Tib zum Gouverneur der Region um die Stanley Falls zu machen. Diese Idee, einem Sklavenhändler eine solche Machtposition zu überlassen, wischte Stanley aber sogleich wieder vom Tisch. Junker sollte ziemlich überrascht sein, als er später erfuhr, was als Nächstes dann doch geschah.

Stanley traf sich nämlich in Sansibar mit Tippu Tib, den er schon von früheren Expeditionen im Kongo her kannte. Tippu war durchaus offen hinsichtlich einer Übereinkunft, die Leopold und den Arabern verschiedene Einflussbereiche im Kongobecken zusprechen sollte. Doch Stanley bestand im Namen Leopolds darauf, die Stanley Falls und die Station zurückzuerhalten. Das lehnte Tippu ab. So brachte Stanley, nach einem Telegrammaustausch mit Brüssel, den Vorschlag auf den Tisch, den Junker ihm unterbreitet hatte, und bot Tippu den Posten des Gouverneurs in diesem Gebiet an. Tippu hielt nicht sonderlich viel von dem damit verbundenen Gehalt von dreißig Pfund pro Monat, doch gefiel ihm die Idee, Gouverneur zu sein und gleichzeitig die garantierte Freiheit zu genießen, seinen »legitimen« Privatgeschäften nachzugehen, vorgeblich in Elfenbein. Die Einsetzung eines berühmten Sklavenhändlers als Gouverneur eines Staates, der sich angeblich für die Ausrottung der Sklaverei einsetzte, war, gelinde gesagt, eine Provokation. Um die öffentliche Meinung ein wenig zu beruhigen, musste Tippu einwilligen, der Sklaverei in seinem Gebiet ein Ende zu machen. Die Öffentlichkeit, vor allem in Belgien und Großbritannien, war dennoch aufgebracht, doch Leopold hatte ein dickereres Fell als die britische Regierung im Falle Zebehr Pascha: Er hielt seine Entscheidung aufrecht.

Weiter wurde vereinbart, dass Tippu Tib und sein großer Hofstaat Stanleys Expedition bis zum Kongo begleiten würden und dass Tippu für die Summe von tausend Pfund mehrere hundert zusätzliche bewaffnete Träger stellen sollte, die Emins Nachschub von der Landestelle am Aruwimi zum Albertsee – und Emins sagenumwobenes Elfenbein denselben Weg zurück – bringen sollten. Wie viele Träger genau, diese Frage würde später noch zu einem erbitterten Streit zwischen Tippu und Stanley führen. Zu diesem Zeitpunkt ging Letzterer davon aus, dass nicht nur das Elfenbein, sondern auch Emins Leute über die Kongoroute außer Landes geschafft werden sollten, während er und – hoffentlich auch – Emin über die Ostküste reisen würden.

In Sansibar ließ Stanley Ballen von Kattun, Perlen, Kupfer- und Messingdraht besorgen, die bei den Stämmen im Landesinneren hoch im Kurs standen und mit denen unterwegs Nahrungsmittel und Hilfsdienste beglichen werden sollten. Zudem wurden jeweils hundert Schaufeln, Hacken, Äxte und Hippen gekauft, die die Männer unter anderem dazu verwenden wollten, sich einen Weg durch den Dschungel zu bahnen. Außerdem nahmen sie ein Stahlschiff mit, die *Advance*, das Stanley selbst entworfen hatte und das auseinandergenommen und in Einzelteilen transportiert werden konnte. Der jugendliche Jephson erhielt die Oberaufsicht über die *Advance*, da er einmal für kurze Zeit bei der Handelsmarine gedient hatte.

Als die Expedition sich gegen Ende Februar 1887 auf Mackinnons Schiff *Madura* auf den Weg südwärts um das Kap der Guten Hoffnung herum und dann wieder nordwärts zum Kongo machte, bestand sie aus sechshundertzwanzig sansibarischen Trägern, zweiundsechzig sudanesischen Soldaten, die in Ägypten angeheuert worden waren, dreizehn somalischen Soldaten aus Aden, die Stanleys Leibwache bildeten, neun Europäern, zwei Dolmetschern, Stanleys deutschem Butler William Hoffmann und Tippu Tib mit siebenundneunzig Gefolgsleuten, darunter seinen fünfunddreißig Frauen. Dazu kamen fünfzig Esel und später noch mehrere Hunde.

Der Nachschub für Emin bestand aus zwei Tonnen Schießpulver, das in Sansibar auf Zwanzig-Kilo-Frachten aufgeteilt worden war, hunderttausend Schuss Munition, dreihundertfünfzigtausend Zündhütchen, fünfhundertzehn Remington-Gewehren mit fünfunddreißigtausend Hülsen und fünfzig Winchester-Repetiergewehren mit fünfzigtausend Schuss Munition. Vor seiner Abfahrt schickte Stanley Briefe zu Emin, dass die Expedition unterwegs sei und ihn im August am Albertsee in der Nähe von Kavallis erwarte, einem Dorf, das, wie Anfinas, nach seinem Häuptling benannt worden war.

Die Emin-Pascha-Rettungsexpedition ist vermutlich die am besten dokumentierte Expedition, die im 19. Jahrhundert unternommen wurde. Stanley selbst, der entschlossen war, damit Geld zu verdienen, ließ seine europäischen Mitarbeiter eine Erklärung unterschreiben, dass sie erst sechs Monate nach Erscheinen seines Berichts eigene Darstellungen veröffentlichen dürften. Es ging ihm sicher auch darum, seine Sicht der Ereignisse als erste dokumentiert zu sehen. Die Expedition verlief dann so katastrophal, und Stanleys Bericht wurde derart kontrovers diskutiert, dass tatsächlich die meisten seiner Mitarbeiter nach Ablauf dieser sechs Monate ihre eigenen Bücher oder Tagebuchnotizen veröffentlichten, ebenso die Familien derer, die unterwegs verstorben waren.

Das Expeditionsschiff hatte kaum den Hafen von Sansibar verlassen, da tauchten auch schon die ersten Schwierigkeiten auf. An Bord war die Hölle los. Die Sansibaris und Sudanesen gingen sich gegenseitig an die Kehlen, Blut floss. Sie mussten in festen Einheiten getrennt voneinander gehalten und unter Aufsicht der europäischen Offiziere gestellt werden. Das Schiff war übervoll, die Hitze unerträglich. Weiter südlich wurde es kühler, doch die See war rau, und die meisten an Bord wurden seekrank. Da alle Luken geschlossen bleiben mussten, war der Gestank im Rumpf des Schiffes unbeschreiblich. Nachdem sie schließlich das Kap der Guten Hoffnung umrundet hatten, glitten sie an der Westseite des afrikanischen Kontinents entlang. Alle an Bord waren höchst erleichtert, als sie endlich, am 18. März 1887, Banana Point passierten, eine sandige Landzunge an der Mündung des Kongo, und dann in den breiten Strom hineinfuhren. Doch Leopolds versprochene Dampferflotte, die sie dort erwarten sollte, war nirgendwo zu sehen. Der örtliche Telegraf funktionierte nicht, die Anweisungen von Stanley und Leopold waren niemals eingetroffen. Außerdem mussten sie bald feststellen, dass im Kongo Hungersnot herrschte.

Stanley gelang es, ein paar Schiffe von verschiedenen europäischen Handelsgesellschaften auszuleihen, die am Banana Point Stützpunkte hatten. Mit diesen dampfte die Expedition die relativ kurze Strecke den Fluss hinauf bis zu den Stromschnellen, wo der Kongo über Felswände und durch Furcht erregende Schluchten zum Meer hinabstürzt. Leopold und Mackinnon hatten geplant, eine Eisenbahn zur Umgehung dieses Abschnitts zu errichten. Später ist auch tatsächlich einmal eine Bahn gebaut worden, doch damals hatte sich Stanleys Expedition in größter Hitze mehr als zweihundert Meilen stromaufwärts über felsige Pfade zu kämpfen, um zum Stanley Pool zu gelangen (Stanley schien es darauf angelegt zu haben, seinen Namen im ganzen Kongo verewigt zu sehen), einem großen See, an dem der lange, schiffbare Abschnitt des Flusses begann. Stanley hatte dort die Stadt Leopoldville (heute Kinshasa) gegründet.

An einem vorgeschobenen Stützpunkt unterhalb der Stromschnellen warteten zusätzliche, von Stanley dorthin beorderte Träger auf sie. Kurz nachdem sie von Banana Point aufgebrochen waren, stießen sie auf einen wagemutigen jungen Engländer namens Herbert Ward. Ward, der im Kongo lebte, wollte sich unbedingt der Expedition anschließen und hatte zum Zeichen seines guten Willens dreihundert Träger mitgebracht. Er durfte sich mit ihnen dem Zug eingliedern.

Ward gab in seinem Tagebuch eine lebhafte Beschreibung von Stanleys Expedition, wie sie ostwärts zog. Vorn ging ein großer sudanesischer Soldat, der die Flagge des *New York Yacht Club* trug. Diese hatte Stanley von seinem ersten Gönner, dem Verleger James Bennett, erhalten, sie wurde all seinen Expeditionen vorangetragen.

»Hinter ihm folgte auf einem feinen, hennagefärbten Maultier, dessen silberbeschlagenes Zaumzeug in der Morgensonne glitzerte, Mr. Henry M. Stanley, gekleidet in sein berühmtes afrikanisches Gewand. Direkt dahinter folgten seine persönlichen Diener, Somalis mit ihren auffallenden, mit Zöpfen verzierten Westen und weißen Roben. Dann kamen Sansibaris mit ihren Decken, Wasserflaschen, Patronengurten und Gewehren; unerschütterliche sudanesische Soldaten in Umhängen mit dunklen Kapuzen, Gewehre auf dem Rücken und zahllose Gurte und Ledergürtel um die Körper; und sansibarische Träger, die eisenbeschlagene Kisten mit Munition schleppten, an denen Äxte hingen, Schaufeln, dazu kleine Kleiderbündel, die in grobe, sandfarbene Decken gewickelt waren ... Ein stählernes Walfangboot wurde in Einzelteilen transportiert, die an Stangen hingen, welche von jeweils vier Männern getragen wurden; Esel, die schwer mit Reissäcken beladen waren, folgten, dann kamen die Frauen aus Tippu Tibs Harem, die ihre Gesichter teilweise verdeckt hielten und sich in knallbunte Gewänder gewickelt hatten; dann folgte in Abschnitten entlang der Marschreihe ein englischer Offizier, dem ich natürlich freundlich salutierte; dann mehrere langhörnige afrikanische Ziegen, die von frechen kleinen sansibarischen Jungen getrieben wurden. In kurzer Entfernung bog die würdige Gestalt des berühmten Tippu Tib um die scharfe Ecke des Fußpfades, ganz majestätisch in seinen fließenden arabischen Gewändern in strahlendem Weiß, ein reich dekorierter Säbel über der linken Schulter. In respektvollem Abstand folgten mehrere Scheichs, deren Haltung still und würdevoll war.« Die ganze Prozession, so schätzte Ward, dürfte wohl vier Meilen lang gewesen sein.

Von der von Leopold versprochenen kleinen Flotte war in Stanley Pool nicht die geringste Spur zu sehen. Das einzig erreichbare Schiff war die *Stanley* (!), die nur einen Bruchteil der Expedition aufnehmen konnte. Stanley ließ sich dadurch nicht einschüchtern und erbettelte, lieh, mietete und requirierte jedes verfügbare Boot der Missionare, Händler und Verwaltungsbeamten, das auch nur schwimmen konnte. Manche davon konnten tatsächlich nichts anderes, da ihnen ein Motor fehlte und sie wie Barkassen gezogen oder längsseits an andere Fahrzeuge gebunden werden mussten. Mühsam schnaufte die seltsame Flotte den Fluss durch den Dschungel hinauf, vorbei an Stationen, die Stanley angelegt hatte und die schon längst wieder dem Vergessen anheimfielen. Bei dem Dorf Basoko bogen sie nordwärts in den anderthalb Kilometer breiten Aruwimi, einen riesigen Zufluss des Kongo. Bei einem Dorf namens Yambuya gingen sie an Land, denn von dort an machten Katarakte die weitere Fahrt auf dem Fluss unmöglich. Hier sollte Stanley seinen ersten großen Fehler begehen.

Es schien nämlich ganz so, als gäbe es einen unsichtbaren Expeditionsteilnehmer: den Geist von General Gordon. Und der Ruf »Zu spät! Zu spät!« klang Stanley offenbar in den Ohren. Er wusste nur zu gut, was das für ihn und für die Bücher bedeutete, mit deren Verkauf er seinen Lebensunterhalt zu verdienen hoffte, wenn er bei Emin eintreffen würde, nur um festzustellen, dass dieser tot oder von den Mahdisten gefangen genommen worden war.

So teilte er das Expeditionsheer auf. Der eine Teil sollte eine schnelle Vorabtruppe bilden, die ohne allzu viel Ballast vorauseilen und sich mit Emin treffen sollte. Der Rest sollte die Nachhut bilden, wie er es nannte, für den Augenblick hier in einer sicheren Befestigung bleiben und Waffen, Munition und den Nachschub bewachen, bis Tippu Tib genügend Träger aufgetrieben hatte, um alles weiterzubefördern.

Stanley wollte die schnelle Truppe mithilfe von Jephson, zwei weiteren Offizieren und Dr. Thomas Parke sowie mit den besten sansibarischen Trägern und somalischen Soldaten anführen. Die Nachhut wurde dem Befehl von Major Edmund Musgrave Barttelot unterstellt, angeblich weil der rothaarige Major der dienstälteste und erfahrenste Offizier war. Barttelot und die anderen wussten allerdings den wahren Grund: Stanley verachtete ihn und wollte ihn loswerden. Der aristokratische, übernervöse Barttelot war von Anfang an eine schlechte Wahl gewesen; er war fast so übellaunig wie Stanley, und er hegte, wie einer der Teilnehmer schreibt, »einen ausgeprägten Hass auf alles, was die Form eines schwarzen Mannes hat«, was er keineswegs zu verbergen suchte. Barttelot hatte schon vorausgeahnt, wie sein Tagebuch dokumentiert, dass Stanley ihn mit dem Bodensatz der Expedition zurücklassen würde; er sollte recht behalten.

Stanley ließ schriftliche Anweisungen zurück, in denen ausdrücklich festgehalten wurde, dass die Bewachung des Nachschubs für die Expedition lebenswichtig war. Wenn Tippu Tib die Träger herbeigeschafft hatte – Stanley behauptete später, es seien ihm sechshundert Mann versprochen worden –, dann sollte Barttelot ihm folgen. Kamen weniger Männer zusammen, musste der Major sein eigenes Urteilsvermögen einsetzen, was er an nicht so Wichtigem zurücklassen konnte. So oder so hatte er auch die Möglichkeit, an Ort und Stelle zu bleiben; Stanley würde in fünf Monaten zurück sein und sie holen.

Am 7. Juni 1887 machte sich die Vorabtruppe auf den Weg in die Dunkelheit des Ituri-Waldes. Die Bäume, die bis zu siebzig Meter hoch waren, bildeten ein dichtes Blätterdach, durch das nur wenig bis gar kein Licht nach unten drang. Kleinere Bäume und Felsen waren mit Kletterpflanzen und Moosen überwuchert. Die Männer mussten sich die meiste Zeit einen Weg durch das fast undurchdringliche Gestrüpp der ungeheuren Vegetation hacken, während ihre Füße in übel riechender Fäulnis versanken. Wunden an den Beinen wurden zu offenen Geschwüren, das Fleisch faulte ihnen von den Knochen. Der Gestank in ihren Nachtlagern war so unerträglich, dass es Thomas Parke, der die anderen behandelte und verband, ständig schlecht war. Immer wieder brachen fürchterliche Fieberanfälle aus, sie mussten oft hungern. Dann starben die Männer wie die Fliegen.

Andernorts waren menschliche Ansiedlungen in Afrika häufig freundlich gegenüber den Reisenden und boten Nahrungsmittel, Informationen und Hilfe an. Hier war das nicht so, ganz im Gegenteil. Spitze, vergiftete Stacheln, im Boden verborgen, waren feindliche Vorboten, dass sie sich einem Dorf näherten. Kleine Gestalten huschten von Baum zu Baum, ein kurzer Pfeil mit vergifteter Spitze pfiff vorbei und bohrte sich in einen Rücken. Denn hier in der dampfigen Dunkelheit lebten die Akka, jene scheuen Pygmäen, deren sagenumwobene Existenz erst wenige Jahre zuvor von Georg Schweinfurth bestätigt worden war. Sie waren feindlich gesinnte, äußerst primitiv lebende Jäger und Sammler, die fast nichts besaßen, schon gar keine Vorräte.

Und angeblich waren sie Kannibalen, die ihre Zähne anspitzten und die beunruhigende Angewohnheit hatten, die Eindringlinge zu taxieren, so als wollten sie abschätzen, ob sie für die nächste Mahlzeit reichten. Vor allem den jungen, leicht rundlichen Jephson schienen sie besonders gierig anzublicken.

Stanley und seine Männer waren die ersten Europäer, die den Ituri-Wald durchquerten. Stanley wusste nichts über diese Gegend, abgesehen von dem wenigen, das er den Arabern und Afrikanern abgelauscht hatte, die sich aber immer nur am Rande des Gebiets aufzuhalten pflegten. Er hatte die Mengen an hier zur Verfügung stehenden Nahrungsmitteln bei weitem über- und sowohl die zu überwindende Entfernung als auch die dafür benötigte Zeit weit unterschätzt. Emin hatte er mitgeteilt, er solle im August am Albertsee auf ihn warten. Doch zu diesem Zeitpunkt schleppten sie sich noch immer durch den fürchterlichen Dschungel, und ein Ende war nicht in Sicht.

Weder die Nachhut noch irgendjemand in Europa wusste, was aus dem Voraustrupp geworden war. Ab und an tauchten kleine Schnipsel »Neuigkeiten« in der britischen Presse auf, die entweder an den Haaren herbeigezogen oder hochspekulativ waren. So wurde unter anderem auch Stanleys Tod gemeldet. Daheim sah es ganz so aus, als habe die Expedition ein schlimmes Schicksal ereilt.

KAPITEL 16

Die Deutschen zu Hilfe!

Während Stanley sich im Februar 1888 noch durch den Dschungel mühte, saßen in einer Villa bei Nervi an der italienischen Riviera zwei Männer beisammen und unterhielten sich über ihn. Sie wussten auch nicht mehr als alle anderen über die augenblickliche Lage, in der sich die Expedition befand, doch Stanleys offenkundiges Verschwinden war den beiden plötzlich ungeheuer wichtig geworden.

Einer der beiden war Carl Peters, der sich nach einem siebenmonatigen Aufenthalt in Ostafrika auf dem Heimweg befand. Der andere war Karl von der Heydt, ein Bankier aus Elberfeld, in dessen Ferienvilla sie beide saßen. Von der Heydt war Vorsitzender der Deutsch-Ost-Afrikanischen Gesellschaft (DOAG), wie die GfdK nun seit September 1885 hieß; sie hatte sich in eine Handelsgesellschaft umgewandelt, die Deutsch-Ostafrika ausbeuten und verwalten sollte. Die Lage der Dinge war weder für Peters noch für die DOAG sonderlich günstig, und von der Heydt hatte Peters auf dessen Rückreise abgefangen, um die Probleme aus dem Weg zu räumen, bevor Peters nach Berlin zurückkehrte.

Die Bemühungen, in Ostafrika eine lebensfähige Kolonie zu etablieren, waren ins Stocken geraten; Peters wurde ein Großteil der Schuld daran zugeschoben. Von der Heydt schlug nun einen mutigen Schritt vor, der, wie er fand, der Sache eine dramatische Wendung geben könnte. Der britische Versuch, Emin zu retten, schien fehlgeschlagen zu sein. Warum stellte dann Peters nicht eine eigene Expedition zusammen, um Emin zu retten? Das Ganze würde der deutschen Öffentlichkeit wie ein humanitärer Akt erscheinen, der zweifellos das Bild von

Peters und der DOAG für immer prägen würde. Das eigentliche Ziel sollte allerdings die Übernahme Äquatorias durch Deutschland sein. Peters, der erkannte, dass seine ganze Karriere auf dem Spiel stand, willigte ein. Die letzten zwei Jahre waren nicht wie geplant verlaufen. Dabei hatte, als Bismarck ihm 1885 den Schutzbrief ausstellte, alles so gut ausgesehen. Der Brief machte ihn auf einen Schlag berühmt – und ließ ihn noch selbstsicherer und ambitionierter werden. Der ältere, größere Kolonialverein gab bald seine Opposition auf und arbeitete auf einen Zusammenschluss mit der DOAG hin. Peters veröffentlichte in der folgenden Zeit zahllose Artikel und reiste durchs Land, um sich immer wieder demagogisch darüber auszulassen, dass die Nation Überseebesitzungen bräuchte, um zu gedeihen, und dass der deutsche Nationalismus zum Wohl des Landes, seiner Kultur und des Deutschtums überhaupt erstarken müsse, damit Deutschland überlebe und die Welt daran gehindert würde, völlig englisch zu werden. Erst Kolonien würden Deutschland zu einer wirklichen Großmacht machen, und damit käme das Ende der »Demütigungen«. Peters malte ein Bild voller lukrativer Exportgeschäfte für deutsche Siedler, die wiederum riesige Absatzmärkte für deutsche Waren in Afrika erschließen könnten. Er träumte von einem »Deutsch-Indien« in Afrika, vom Sambesi bis zum Nil, von der Ostküste bis zur Westküste.

Heute scheinen uns Peters' Vorstellungen absurd und angesichts der Ideen, die etwas über ein halbes Jahrhundert später ganz Europa verwüsteten, geradezu unheilvoll. Schon ein Zeitgenosse meinte, Peters' Auftreten grenze an Größenwahn. Doch ähnliche Vorstellungen blühten auch in anderen europäischen Staaten in jener aufregenden Zeit nach 1880. Peters war nicht der einzige Kolonialist, dessen Kopf nur so schwirrte von den scheinbar unendlichen Möglichkeiten, die sich in Afrika boten. Cecil Rhodes, der sagenhaft reiche britisch-südafrikanische Geschäftsmann und Imperialist*, propagierte wie Peters die Ausbeutung afrikanischer Arbeitskraft. Er erklärte öffentlich, dass die Briten die beste Rasse der Welt seien, und je mehr sie von der Welt beherrschten, umso besser sei es für den Rest der Menschheit. Rhodes' Träume kannten keine Grenzen. »Ich würde die Planeten annektieren, wenn ich könnte«, so lautet eines seiner berühmten Zitate. In einem frühen Testament wollte Rhodes eine Summe zur Gründung einer Geheimgesellschaft hinterlassen, die die britische Herrschaft auf den ganzen Erdball ausdehnen und die Vereinigten Staaten wieder ins Empire zurückholen sollte. Ein Glück für die Welt, dass Rhodes dieses Testament durch ein vernünftigeres ersetzte, bevor er fünfundzwanzig Jahre später starb. Zu Rhodes' großen Plänen gehörte auch der Bau einer Eisenbahn, die Afrika vom Kap bis Kairo durch britisches Gebiet durchqueren sollte. Seine Traumeisenbahn wäre mit Peters' mittelafrikanischem Traumreich irgendwo bei Äquatoria kollidiert: Emins Provinz lag genau an der Kreuzungsstelle zwischen britischen und deutschen Großmachtfantasien.

Viele Deutsche standen Peters' Kolonialpropaganda allerdings eher zurückhaltend gegenüber, darunter auch diejenigen, die neben der Regierung am wichtigsten waren: die möglichen Investoren. Von Anfang an krankte die DOAG darunter, nicht die angemessenen Summen für ihre Aktivitäten aufbringen zu können. In den ersten drei Monaten verkaufte sie gerade einmal dreihundertzehn Anteile, was insgesamt zweihundertsiebzigtausend Mark einbrachte; das meiste davon wurde schon bald für weitere Landnahmeexpeditionen ausgegeben,

---

* Rhodes ist auch der Gründer der De-Beers-Diamantenminen-Gesellschaft und des Staates Rhodesien, dessen Territorium die heutigen Staaten Sambia und Simbabwe umfasst.

sodass am Ende nur noch dreiundsechzigtausend Mark für alles andere blieben.* Die Struktur der DOAG, die Peters geradezu diktatorische Macht verlieh und den Investoren so gut wie keinen Einfluss einräumte, lockte kaum Geschäftsleute und Finanziers an, und Peters konnte die notwendigen Fakten und Zahlen nicht vorlegen, die seine Propaganda von dem El Dorado untermauert hätten, welches die Deutschen in Afrika erwarten sollte. Er fuhr sogar nach London und versuchte, William Mackinnon und dessen Kollegen zu überzeugen, sich der DOAG anzuschließen. Angeblich soll er ihnen vorgeschwindelt haben, dass Bismarck höchstpersönlich hunderttausend Mark investiert hätte. Doch die Briten blieben unbeeindruckt, und als Berichte über diese Behauptung Bismarck zu Gehör kamen, führte das zu einem peinlichen Streit, bei dem der Reichskanzler sicherlich keinen besseren Eindruck von dem jungen imperialistischen Haudegen Peters gewann. Im Sommer 1885 wurde die DOAG schließlich durch eine Spende von hunderttausend Mark gerettet, die von der Heydt leistete. Viel half es nicht; in den ersten beiden Jahren stand die Gesellschaft stets gefährlich nah vor dem Bankrott.

1887 musste die DOAG erneut gestützt werden, dieses Mal mit Bismarcks Hilfe, der, nachdem er Deutschland in den Kolonialismus geführt hatte, keine Pleite zulassen wollte, die seinem Image und dem des Reichs hätte Schaden zufügen können. Auf eine Bitte Peters' hin schaltete der Reichskanzler die staatliche Preußische Seehandlungsbank ein, die sich um die Aufgabe kümmern sollte, Gelder zu beschaffen. Die Bank wiederum hatte große Geldgeber, die nicht wegen der Aussichten auf fette Gewinne in Afrika investierten, es gab

---

* Diese Zahlen stammen aus Arne Perras' ausgezeichnetem Buch *Carl Peters and German Imperialism. A Political Biography,* dem ich einen Großteil der Informationen in diesem Kapitel, in Kapitel 5 und im Epilog verdanke.

nämlich keine, sondern weil sie ihre Loyalität dem Reich gegenüber demonstrieren wollten und weil sie darauf spekulierten, dass die Bank sie bei zukünftigen Geschäften, die nichts mit der DOAG zu tun hatten, unterstützen würde. Am Ende kamen etwas mehr als zwei Millionen Mark zusammen. Dafür gab es einen Preis zu zahlen: Peters verlor die alleinige Kontrolle über die DOAG, wurde aber Direktor mit Sitz im Aufsichtsrat. Ihm scheint bei alldem nie zu Bewusstsein gekommen zu sein, dass ihm die wahren Mittel fehlten, um seine Ziele zu erreichen: nämlich Geschäftssinn und Verwaltungserfahrung.

Peters' flammende Propaganda daheim übertünchte die Tatsache, dass in Deutsch-Ostafrika selbst ein heilloses Durcheinander herrschte. Seit Peters' Erstlingstour waren siebzehn Verträge sammelnde Expeditionen ausgesandt worden, die immer noch mehr Gebiete für die DOAG horteten. Man hatte Stationen errichtet, ohne groß über deren Anschluss an etwaige Handelsrouten nachzudenken oder darüber, wie sie durch Soldaten oder Polizisten geschützt werden könnten. Nur wenige waren in der Lage, sich selbst zu versorgen, geschweige denn an Handel und Export teilzunehmen, die meisten mussten weiterhin von der DOAG gestützt werden. Manche waren auch schon aufgegeben und von der Gesellschaft zum Verkauf angeboten worden. Je mehr die Autorität des Sultans auf Sansibar abnahm, desto stärker ging die Ordnung unter den Afrikanern verloren. Räuberbanden suchten die Karawanenrouten heim, die zu schützen der DOAG die Mittel fehlten. Immer weniger Händler trauten sich in die Gebiete vor. Viele Agenten der DOAG steckten sich mit den fürchterlichen afrikanischen Fiebern an und waren über längere Zeit nicht arbeitsfähig. Einige starben daran.

Sultan Barghash wiederum beunruhigten die Nachrichten von jungen Deutschen, die Gebiete besetzten, die er stets für Bestandteile seines Herrschaftsgebiets erachtet hatte. Als er zu seinem Schrecken auch noch von dem Schutzbrief erfuhr, schrieb er einen geharnischten Protestbrief an den deutschen Kaiser. Sir John Kirk, der britische Konsul, behauptete später, er habe den Sultan gerade noch davon abhalten können, nach Berlin zu reisen und persönlich beim Kaiser zu protestieren. Barghash weigerte sich rundheraus, einen Vertrag zu unterzeichnen, in dem er das deutsche Protektorat anerkennen sollte.

So dampften am 7. August 1885 fünf deutsche Kriegsschiffe in die Bucht von Sansibar, ankerten dort und richteten ihre Kanonen auf den Sultanspalast und die schutzlose Ortschaft. Der Kommandant stellte Barghash ein Ultimatum von vierundzwanzig Stunden, das zwar verlängert wurde, dem Sultan aber letztlich keine andere Möglichkeit ließ, als einen Großteil seiner ererbten Macht abzutreten. Gleichzeitig verpflichtete er sich zu Verhandlungen, wem nun ganz genau welches Land gehören sollte.

Für die Briten waren schwierige Zeiten angebrochen. Sie mussten fürchten, an Einfluss in Ostafrika zu verlieren, konnten aber kaum mehr tun, als Barghash hinter den Kulissen beizustehen, da London Bismarcks Unterstützung bei internationalen Streitigkeiten andernorts brauchte. Man schlug daher eine gemeinsame Grenzkommission vor, die den Einflussbereich des Sultans bestimmen und das Festland in verschiedene nationale Zonen aufteilen sollte. Der Sultan gehörte natürlich nicht zu der Kommission; seine Rolle scheint sich auf Operettenniveau bewegt zu haben. Immerhin hatte Barghash bereits General Mathews aufs Festland entsandt, der ebenfalls Verträge sammeln und an mehreren Orten Garnisonen errichten sollte, um den Deutschen zuvorzukommen. Nun schickte er noch ein Schiff mit seinen Soldaten hinterher, die vor der Kommission von einem Dorf zum nächsten marschierten und dort potemkinsche Schauspiele seiner Machtpräsenz darboten. Die deutschen und britischen Vertreter waren allerdings entschlossen, nur das zu sehen, was sie sehen wollten, kamen aber dabei zu keinerlei Einigung, und am Ende handelten Diplomaten am grünen Tisch in London eine Übereinkunft aus.

Die Briten hatten ihr Augenmerk eigentlich auf den schneebedeckten Kilimandscharo gerichtet, dessen kühle und fruchtbare Hänge als ideale Siedlungsstätte für Europäer galten, mussten den Berg aber der DOAG überlassen. Im Gegenzug erhielten sie den Hafen von Mombasa. Eine Grenze wurde durch die Mitte des Viktoriasees, südostwärts in Richtung des heutigen Vanga an der Küste, nördlich von Sansibar, gezogen; der deutsche Einflussbereich lag südlich, der britische nördlich davon. Zum Inneren des Kontinents hin blieben diese »Einflussbereiche« offen, mit anderen Worten: Buganda, Bunyoro und Äquatoria gehörten nicht dazu, was Raum ließ für weitere Expansion. Man kam allerdings überein, dass keine europäische Macht Gebietsansprüche im Einflussbereich der anderen stellen dürfte. Und dann war da noch Witu. Diese Ansiedlung und ihr Umland lagen nördlich von Sansibar an der Küste, innerhalb des britischen Einflussbereichs, an der Grenze zu Somalia. Witu war schon seit langem Zufluchtsort für entflohene Sklaven aus Sansibar gewesen und war dem Sultan feindlich gesinnt. Nun sollte es deutsches Protektorat werden, eine Enklave also.

Barghash selbst blieben nur Sansibar und die Nachbarinseln, dazu ein mehrere hundert Kilometer langer, aber nur fünfzehn Kilometer breiter Küstenstreifen.

Peters und die DOAG waren bei diesem Handel recht gut weggekommen, doch noch immer fehlte ihnen der freie Zugang zur Küste, der für die zukünftigen Kolonien so wichtig war, wenn sie kommerziell erfolgreich werden wollten; und damit begann das eigentliche Dilemma.

Während der Verhandlungen willigte der Sultan ein, dass die Deutschen die Zollpacht in den Häfen von Daressalam übernahmen. Das stellte Peters keineswegs zufrieden. Ausgesandt von der DOAG, in ihrem Namen vor Ort zu verhandeln, traf er im April 1887 in Sansibar ein. Barghash war misstrauisch, empfing ihn aber und ließ ihm sicherlich den üblichen gewürzten Kaffee und süßes Sorbet vorsetzen, während sie es sich auf den goldfarbenen, samtbezogenen Stühlen im Palast bequem machten und höflich über ihre Ansichten sprachen. Kurze Zeit später erfuhr der Sultan, dass Peters heimlich aufs Festland übergesetzt, mit einer Horde angeheuerter arabischer Söldner in Daressalam eingedrungen war und den Palast des Wali umstellt hatte, des örtlichen Vertreters von Barghash. Erst versuchte er, in aller Öffentlichkeit den Mann zu bestechen und dazu zu bringen, ein Dokument zu unterschreiben, mit dem das gesamte Gebiet der DOAG unterstellt werden sollte. Dann, als der Wali sich weigerte, hielt Peters ihm eine Pistole an den Kopf und zwang ihn zur Unterschrift. Zwei weitere DOAG-Agenten gingen auf dieselbe Weise vor, um zwei Ortsansässige dazu zu zwingen, ihnen ihr Land zu verkaufen. Diese Aktion sorgte in Sansibar für beträchtliches Entsetzen, und die Agenten erhielten eine Geldstrafe wegen ungebührlichen Verhaltens. Peters bemühte sich zu erklären, dass es sich nur um ein »Missverständnis« handele, musste aber die Verträge dennoch auflösen und sich bei Barghash entschuldigen.

Das Ganze illustriert recht deutlich, wie sich Peters einen Vorzeigekolonisten vorstellte: ein Macho, der seinen Weg ging, wenn nötig mit Zwang und Gewalt. »Ich habe gefunden, dass diesen Völkern nur die männliche Energie und gegebenenfalls rücksichtslose Gewalt imponiert«, schrieb er in seinen Memoiren. Auf den Gedanken, die afrikanische Gesellschaft verstehen und mit der örtlichen Bevölkerung zusammenarbeiten zu wollen, kam er gar nicht. Die Agenten, die Peters ausgewählt hatte, neigten zu derselben Ansicht. Ob er ihnen nun direkte Anweisungen erteilte oder nicht, zumindest gab er den Ton vor – seine liebste Bemerkung soll gelautet haben:»Haben Sie heute noch keinen Neger erschossen?« Peters und seine Männer bedrohten, schlugen, peitschten, erschossen oder hängten Eingeborene, die ihnen missfielen, manchmal auch nur, um mögliches »schlechtes« Benehmen in der Zukunft zu unterbinden. Natürlich sorgte eine solche Vorgehensweise für größte Verbitterung, ganz abgesehen von dem Schaden, den dieses Regime in der heimischen Wirtschaft anrichtete.

Nachdem sich Peters' erpresserische Taktik in Daressalam allerdings als kontraproduktiv erwiesen hatte, versuchte er es auf andere Weise. Er hatte im Sultanspalast verbreiten lassen, er sei ein enger Vertrauter und Berater Bismarcks. Als er erfuhr, dass die Briten sich mit Barghash darauf geeinigt hatten, den Küstenstreifen in ihrem Einflussbereich von ihm zu pachten, bemühte sich Peters um ein entsprechendes Abkommen für den deutschen Bereich und schickte es der DOAG in Berlin zur Annahme. Doch die lehnte die Klausel ab, in der die Summe festgelegt wurde, die dem Sultan zu entrichten war – aus Angst, damit die Finanzen der Gesellschaft zu ruinieren. Peters erhielt den Auftrag, weiterzuverhandeln.

Doch Barghash wollte nicht mehr. Er weigerte sich, Änderungen anzunehmen und Peters oder sonst jemanden von der DOAG zu empfangen. Die ganze Situation wurde für Peters besonders peinlich, als der Reichskanzler, der höchstwahrscheinlich über Peters' Lügen und hanebüchene Methoden verärgert war, anordnete, dass in der Zukunft alle Verhandlungen ausschließlich vom Konsulat zu führen seien und nicht mehr von seinem angeblichen »Vertrauten«. Die DOAG rief Peters nach Berlin zurück und setzte Ernst Vohsen, einen Mann mit Erfahrung, an seine Stelle in Ostafrika.

Das war die Besorgnis erregende Situation, in der Peters auf dem Heimweg mit von der Heydt in Nervi zusammentraf und zustimmte, eine Emin-Pascha-Expedition zu führen, die der erhoffte Ausweg sein sollte.

Als er danach in Berlin ankam, wurde Peters die Schuld für das Scheitern der Küstenpacht gegeben – ironischerweise die einzige Sache, für die er nichts konnte. Man stellte außerdem fest, dass die DOAG in Afrika ihr Budget um hunderttausend Mark überschritten hatte, die nirgendwo verbucht waren. Die Hälfte davon war während Peters' Aufenthalt in Afrika ausgegeben worden. Irgendwie schaffte er es dennoch, seinen Posten als Direktor zu behalten; gefeuert wurde der DOAG-Vertreter, der die Mehrausgaben aufgedeckt hatte.

Peters machte sich nun mit großem Erfolgsdruck daran, die Rettung Emins voranzutreiben. Es wurde ein erstes Komitee eingerichtet, zu dem auch Georg Schweinfurth und der bekannte Forscher Hermann Wissmann gehörten. Genau wie Mackinnon es gemacht hatte, verfassten auch sie ein vertrauliches Memorandum, das die wahren Ziele der Expedition festhielt: Äquatoria sollte für Deutschland reklamiert und eine Handelsroute von dort an die Ostküste eingerichtet werden. Beansprucht wurde zudem Emins angeblicher, riesiger Elfenbeinschatz.

Peters war nicht der einzige Deutsche, der diese Expedition leiten wollte. Auch Graf Pfeil, den sich Peters bei der gemeinsamen ersten Expedition in Ostafrika zum lebenslangen Feind gemacht hatte, streckte seine Fühler aus. Peters zu nehmen, so fand er, wäre eine einzige Katastrophe: »Dass man in Deutschland noch Narren findet, die einem solchen Charlatan die Führung eines grossen und kostspieligen Unternehmens anvertrauen! Ich halte es für einen letzten Wurf. Dass er dazu ganz unfähig ist, habe ich auf unserer Usagara-Expedition gesehen, der Mann kann nur leben, wo die Luft von Weihrauch duftet.« Doch Pfeil wurde noch nicht einmal zu den Vorbereitungstreffen eingeladen, womöglich hatte Peters dafür gesorgt.

Auch Hermann Wissmann wollte unbedingt die Expedition führen. Da er das Vertrauen des Kaisers und des Reichskanzlers hatte und im Komitee saß, war es sehr viel schwerer, ihn einfach abzulehnen. Der erreichte Kompromiss sah vor, dass beide zusammen, Wissmann und Peters, die Leitung übernehmen sollten. Ähnlich wie bei Stanley plante man, die Expedition zu teilen. Wissmann würde eine kleine, schnelle Vorabtruppe leiten, Peters sollte mit dem Rest der Mannschaft und dem Nachschub für Emin folgen.

Im September 1888 gab das Komitee einen Appell an die deutsche Nation heraus, in dem es um Geld und Unterstützung bat:

»... soll unser heldenmütiger Landsmann ohne Unterstützung gelassen, dem Untergange überliefert, soll seine mit deutscher Tatkraft der Kultur gewonnene Provinz der Barbarei anheimfallen? Die Versuche, vom Kongo aus Emin zu erreichen, sind gescheitert, von Ostafrika aber führt der beste und sicherste Weg zum oberen Nil, und hier ist deutsches Gebiet, das die sichersten Ausgangs- und Stützpunkte für eine Emin Pascha-Expedition abgibt. Das deutsche Volk ist berufen, dem Deutschen Dr. Schnitzer Hilfe zu bringen. Diese Hilfe aber muss, wenn sie nicht zu spät kommen soll, ungesäumt erfolgen ... Möge jeder zu seinem Teil zur Ausführung eines Unternehmens beitragen, welches nicht nur unsere überseeische Machtstellung fördern und dem deutschen Handel neue Bahnen öffnen soll, sondern vor allem bestimmt ist, einer Ehrenpflicht zu genügen, die dem kühnen deutschen Pioniere gegenüber obliegt ...«

Das Komitee bat auch die Regierung um Unterstützung. Bismarck steckte in einer Zwickmühle. Einerseits hatte der Kaiser sich offen für die Expedition ausgesprochen, ohne ihn vorher zu konsultieren; und auch große politische Gruppierungen unterstützten das Vorhaben. Andererseits hatte Bismarck seine Verpflichtungen den Briten gegenüber und, wie Premierminister Salisbury, fürchtete er, die Retter retten zu müssen, falls er diesen offizielle Rückendeckung gab und sie in Schwierigkeiten gerieten. Er lehnte Peters rundheraus ab, zweifelte dessen Fähigkeiten an, die Expedition mit Verstand und Einfühlungsvermögen zu leiten, und rechnete fest mit ihrem Scheitern. So fuhr der Reichskanzler einen merkwürdig unsicheren Zickzackkurs. Auf der einen Seite machte er den Eindruck, als würde er das Projekt unterstützen, auf der anderen Seite tat er insgeheim alles, um Peters' Expeditionspläne zu sabotieren. Den misstrauischen Briten versicherte er, die deutsche Regierung habe nichts damit zu tun.

Peters begann seinerseits, den Reichskanzler zu verhöhnen, wie er das mit allen tat, die sich ihm in den Weg stellten. In einem Brief vom 29. Januar 1889 an Friedrich Lange, einen anderen führenden Kolonialisten jener Zeit, prahlte er: »...im übrigen bin ich ungeheuer selbstbewusst geworden. Ich habe Glück, vor allem habe ich Erfolg gehabt. Mag Fürst Bismarck tun, was ihm beliebt, in Ostafrika gilt mein Wort mehr als seins ... wir inaugurieren in Ostafrika, ob mit oder ohne Reichsregierung ganz gleich, eine rücksichtslose brutale Politik – à la Peters. Ich habe die deutsche Fahne in Usagara aufgepflanzt mit dem strikten Befehl, jeden über den Haufen zu schiessen, der sie antastet ... mit einem Wort: meine Idee ist Gesellschaftspolitik, energisch, kühn, skrupellos ... ohne Rücksicht aufs deutsche Reich. Eventuell gehe ich zurück und richte eine persönliche Herrschaft auf. Bisher gehorchen die Sultane mir und mir allein. Sie mögen wählen!«

Plötzlich kamen Nachrichten aus Ostafrika, die in Berlin einschlugen wie eine Bombe. Die Bevölkerung dort hatte sich unter einem gewissen Bushiri bin Salim al-Harthi gegen ihre deutschen Herren erhoben. Es hatte offenbar zuvor schon Spannungen unter den Bewohnern der Küstenregion gegeben. Doch dann war die DOAG gekommen und hatte Steuern eingefordert, der Grundbesitz sollte in Registern eingetragen werden, und dazu kamen noch andere ungewohnte Gesetze.

Die Gesellschaft unterband den Sklavenhandel, demütigte die Beamten des Sultans und hatte der lockeren, korrupten Lebensweise, mit der alle bislang ganz gut gefahren waren, abrupt ein Ende bereitet. Auch die »rücksichtslose brutale Politik – à la Peters« stieß auf großen Unmut. Viele DOAG-Agenten traten höchst unsensibel, gewalttätig und arrogant auf, in einem Fall ließen sie ihre Hunde gar in die Moschee und beleidigten die Flagge des Sultans. So hatte sich eine bunt zusammengewürfelte Koalition aus Küstensuahelis, Stammeskriegern aus dem Landesinneren, Sklavenhändlern und Sklaven – zeitweilig – zusammengetan, um die Deutschen von der Küste zu vertreiben. Einzig den deutschen Stützpunkten in Daressalam und Bagamoyo gelang es, dank deutscher Schiffskanonen und Marinesoldaten, durchzuhalten.

In Berlin wusste die DOAG nicht, was sie unternehmen sollte. Sie hatte keinerlei Truppen oder Polizeikräfte. Nun musste die Regierung also tatsächlich einschreiten. Bismarck beauftragte Wissmann, eine sogenannte Schutztruppe zu bilden und als Reichskommissar nach Afrika zu gehen, um den Aufstand niederzuschlagen. Zudem überzeugte er die Briten, die fürchteten, der Ärger könne sich auf ihren »Einflussbereich« ausdehnen, sich einer Blockade entlang der gesamten Küste anzuschließen, um so den Waffennachschub an die Aufständischen zu unterbinden.

Falls Bismarck gehofft haben sollte, damit Peters und seiner Emin-Pascha-Expedition ein Ende gemacht zu haben, so hatte er sich getäuscht. Peters war ganz überschwänglich, denn nun, ohne Wissmann, hatte er die Expedition ganz für sich alleine, und er wollte sich von nichts und niemanden mehr aufhalten lassen.

KAPITEL 17

»Ehrenpflicht« und Schikanen

Als Carl Peters mit seinen Begleitern am 31. März 1889 in Sansibars schwülem, stinkendem Hafen an Land ging, wusste er bereits, dass diese Expedition noch schwieriger werden würde als üblich. Tatsächlich sollten die Probleme größer werden, als er es sich überhaupt vorstellen konnte; daran aber – davon war er überzeugt – waren nur die vermaledeiten Briten schuld.

Die Briten beobachteten Peters – »diesen skrupellosen Abenteurer«, wie Sir John Kirk ihn bezeichnete, diesen »Verbrecher«, so Mackinnon – sowohl von London als auch von ihrem gelb gestrichenen Gebäude in der Nähe des Sultanspalastes an der Promenade aus mit größtem Misstrauen. Peters' Expedition war offenkundig ebenso wenig humanitär gesinnt wie Stanleys Unterfangen. Dieser Deutsche führte nichts Gutes im Schilde.

Zudem hatte in der Zwischenzeit Premierminister Salisbury sein ernsthaftes Interesse am oberen Nil entdeckt und entschieden, dass Ägypten zu instabil sei, um seine Leute einfach so abzuziehen. Ganz im Gegenteil: Angesichts eines möglichen weiteren Aufstandes dort und der nicht unwahrscheinlichen Intervention einer anderen europäischen Macht mussten die Briten ihre Position eher noch festigen. Und dazu war es äußerst wichtig, dass Großbritannien sich alle Regionen bis zu den oberen Zuläufen des Nil sicherte. Lord Salisbury war unter anderem davon überzeugt – so bizarr einen das heute auch anmuten mag –, dass eine feindliche Macht die Wasser des Nil umleiten und so die Wirtschaft Ägyptens ruinieren könnte.

Salisbury musste nicht nur die britische Oberhoheit über den Suezkanal sichern, sondern auch die über die südlichen und östlichen Gebiete in Afrika, um so die Schiffsrouten nach Osten zu schützen. Zu diesem Zweck hatte er Mackinnons *Imperial British East Africa Company* (IBEAC) eine Royal Charter, eine königliche Satzung, verliehen. Cecil Rhodes gründete gerade eine britische Südafrikagesellschaft, um die Macht des Empire nach Norden auszudehnen. Die britischen Territorien auf der Landkarte des Kontinents sollten sich durch die Mitte Afrikas vom Kap bis zu den Seen und von Britisch-Ostafrika durch Uganda, Äquatoria und den Sudan (der zurückerobert werden sollte) bis Ägypten erstrecken. Auf diese Weise könnte Rhodes' Eisenbahn vom Kap nach Kairo tatsächlich noch zu einem realen und strategisch wichtigen Projekt werden. Es gab nur einen Haken an der Sache: Deutsch-Ostafrika war im Weg. Die Briten brauchten einen Korridor westlich davon, durch den die Eisenbahn fahren konnte. All diese Pläne würden zunichte sein, so fürchteten sie, falls die Deutschen weitere Gebiete annektierten, die Deutsch-Ostafrika im Süden mit dem deutschen Protektorat Witu im Norden verbanden und so Britisch-Ostafrika umzingelten. Daher waren die Briten, mit heimlicher Rückendeckung durch Bismarck, daran interessiert, Peters so viele Steine in den Weg zu legen, wie sie nur konnten.

Erste Anzeichen dafür gab es, als Peters noch auf dem Schiff nach Sansibar ein Telegramm erhielt. Hundert somalische Soldaten, die in Aden angeheuert und vorausgeschickt worden waren, hatten nicht in Lamu, dem kleinen Hafen von Witu, an Land gehen dürfen. Peters hatte nämlich vorgehabt, seine Expedition weit entfernt von allen Spannungen in Sansibar und Deutsch-Ostafrika zusammenzustellen. Die Soldaten erhielten auch keine Erlaubnis, in Sansibar anzulanden; ihr Schiff, ein Dampfer der *British India Line* von Mackinnon, setzte sie schließlich in Bagamoyo ab, auf dem Festland vor Sansibar. Peters erhielt auch die Nachricht, dass der Sultan von Sansibar – den er im Verdacht hatte, von den Briten dazu angestachelt worden zu sein – sein Einlaufen in Lamu ebenfalls untersagt hätte.

Peters machte sich von Sansibar aus sofort allein auf den Weg nach Lamu, um selbst die Möglichkeit zu erkunden, weiter nördlich an der somalischen Küste an Land zu gehen. Tatsächlich wurde es ihm untersagt, das Schiff zu verlassen, doch erhielt er die Erlaubnis, seinen Vertreter Adolf von Tiedemann und andere Deutsche an Bord seines Schiffes zu empfangen, um mit ihnen zu reden. Peters bat die Herren darum, einen geeigneten Platz an der Küste zu finden und Träger anzuheuern.

Zurück in Sansibar ging es Schlag auf Schlag. Erst wurden seine Jagdwaffen, die in Aden versehentlich auf ein Schiff der *British India Line* umgeladen worden waren, auf Befehl des britischen Kommandanten der deutsch-britischen Seeblockade, Admiral Sir Edmund Fremantle, beschlagnahmt. Dann drohte ihm die Schifffahrtslinie mit einer Klage, da die Kisten, in denen sich die Waffen befanden – absichtlich? –, falsch als »Handelsware« beschriftet worden waren. Und schließlich landete seine große Lieferung an Kriegswaffen, trotz aufgeregter Telegramme an das deutsche Konsulat in Aden, in denen er flehte, dass diese Lieferung auf ein deutsches Schiff verladen werden sollte, ebenfalls auf einem britischen Kriegsschiff und wurde schließlich nach Aden zurückgeschickt. Um dem Ganzen die Krone aufzusetzen, weigerte sich der Sultan nicht nur, ihm die notwendige Erlaubnis auszustellen, Träger in Sansibar anzuheuern – normalerweise eine reine Formalität –, sondern erklärte auch noch öffentlich, dass jeder, der sich Peters' Expedition anschließen wolle, einen Kopf kürzer gemacht werden würde.

So steht es zumindest in Peters' Erinnerungen an *Die deutsche Emin Pascha Expedition* zu lesen. Es handelt sich dabei um eine äußerst detaillierte und anschauliche Darstellung dieser Expedition, ist aber, ähnlich wie Stanleys Bücher über seine Abenteuer, ziemlich unzuverlässig. Zweifellos ist ein Großteil dessen, was Peters berichtet, tatsächlich geschehen, doch scheint das Bild absichtlich retuschiert worden zu sein, um sich selbst im bestmöglichen Licht darzustellen – bestmöglich natürlich in Peters' Sinne. Er präsentiert sich als großer Eroberer, der gnadenlos, mutig, furchtlos, entschlossen auch die allergrößten Hindernisse überwindet. Er freut sich daran, die Briten zu demütigen und zu verhöhnen, und es macht ihm Spaß, Afrikaner brutal zu behandeln und zu töten. Er zeigt sich gewillt, sein Ziel um jeden Preis zu erreichen oder lieber unterzugehen. Wir sehen ihn auf seinem Araberpferd, wie er einen ungeheuren Volksauflauf verursacht, als er in Witu einreitet, unerschrocken und mit dem Revolver in der Hand aus dem Sattel springt, um bedrohlich aussehende Eingeborene zu beeindrucken. Auf jeder Seite in seinem Buch gibt er Befehle, Anweisungen, erteilt Maßregeln: »Ich befahl«, »ich schickte«, »ich«, »ich«, »ich«.

In Ermangelung jeder anderen Möglichkeit, an die Festlandküste zu gelangen, charterte Peters von einer indischen Gesellschaft die *Neera*, einen kleinen Dampfer. Sie versetzte ihn in die Lage, seine Soldaten aufgabeln sowie Waffen und Träger von anderer Stelle am Indischen Ozean herbeischaffen zu können. Allerdings waren die Kosten dafür so exorbitant, dass er seine Expedition drastisch verkleinern musste. Statt wie geplant mit sechshundert Trägern und hundert Soldaten loszuziehen, musste er nun mit weniger als einem Drittel davon auskommen. Peters telegrafierte an die DOAG in Berlin mit der Bitte, ans Auswärtige Amt zu appellieren, es möge sich dafür einsetzen, dass er seine Waffen zurückerhalte und eine Landeerlaubnis in Lamu bekäme. Die Antwort darauf lautete: »Auswärtiges Amt verweigert jede Vermittlung und Unterstützung.«

Peters schrieb einen wütenden Brief an das Emin-Pascha-Komitee und betonte, durchaus berechtigt, wenn die Reichsregierung die Expedition aufhalten wolle, dann hätte sie das von Anfang an tun sollen, statt ihre Zustimmung zu geben und danach alles daranzusetzen, das Unternehmen dem »Gelächter der sämtlichen hier vertretenen zuschauenden Nationen« in Sansibar auszusetzen. Wenn es überhaupt möglich war, so machte diese Situation Peters nur noch entschlossener. Dann schien sich die Lage leicht zu verbessern. Wissmann, der in der Zwischenzeit Reichskommissar in Ostafrika geworden war, gestattete ihm, sich hundert Vorderlader, fünfzig Hinterlader, einen Stapel Repetiergewehre und Munition aus dem Lager in Bagamoyo zu holen, und ein gewisser Bruder Oskar aus der französischen Mission beschaffte ihm sechzig Träger. Außerdem bekam er seine Jagdwaffen zurück.

Diese erhielt er nach einer persönlichen Begegnung mit niemand anderem als Admiral Fremantle höchstpersönlich ausgehändigt, und zwar an Bord seines Flaggschiffs *Boadicea*. Peters' Bericht zufolge teilte ihm der Admiral mit den schütteren Haaren und dem lockigen Backenbart in »voller Deutlichkeit« mit, »dass ich für die Engländer in Ostafrika unbequem sei und deshalb nicht darauf rechnen dürfe, dasselbe Recht wie irgend ein anderer dort ihrerseits zu geniessen. Er sprach mir zweimal offen aus, dass gegen mich Kriegszustand bestehe. ›C'est la guerre!‹ Passe mir dies nicht, so solle ich doch an meine Regierung in Berlin depeschieren, eine Depesche von Berlin nach London und von London an ihn, würde die ganze Sachlage ändern. Dies erklärte er mir wiederholt. Er bedaure diese ganze Sachlage, aber er habe seinen Instruktionen Folge zu leisten.«

Zufälligerweise hat Admiral Fremantle seine eigene Version dieses Treffens hinterlassen. In seinen Memoiren *The Navy*

As I Have Known It schrieb er über Peters, er hatte »Grund zu der Annahme, dass sein eigentliches Ziel darin bestand, die deutschen Interessen auf Kosten der britischen voranzutreiben, statt nur als Hilfsexpedition für den afrikanischen Reisenden zu dienen. Ich führte eine dementsprechende Unterhaltung mit ihm, die ich für unbefriedigend hielt, und ich gab ihm zu verstehen, dass ich mich ihm mit allen mir zu Verfügung stehenden Mitteln in den Weg stellen und jeden Versuch, an der von der Blockade betroffenen Küste anzulanden, als Bruch dieser Blockade betrachten würde. Ich beschlagnahmte infolgedessen einen Teil seiner Waffen, gab ihm aber einige Sportwaffen zurück.«

All dies schien Peters, wie gesagt, nur noch weiter anzustacheln. »Ich hielt es unserer nationalen Ehre und unseren nationalen Interessen für angemessener, mit meiner ganzen Expedition, sei es auf der See oder auf dem Lande, unterzugehen, als vor diesem Wust von Hemmungen und Intriguen zurückzuweichen«, hielt er in seinem Bericht fest.

Peters ließ die Nachricht kursieren, er wolle auf der *Neera* nach Mosambik fahren, um weitere Träger anzuheuern, und als er schließlich am 9. Juni 1888, einem Sonntag, um acht Uhr früh von Daressalam abfuhr, wandte er sich südwärts in der Hoffnung, die Briten auf eine falsche Fährte zu locken. Nach etwa zehn Seemeilen wendete das Schiff ostwärts auf See hinaus und als die Dunkelheit hereinbrach nach Norden, vorbei an Sansibar und Pemba steuerbords, bis sie die Höhe von Lamu erreichten. Peters hatte vor, in der kleinen Bucht von Kwaihu (heute Kiwayu), nördlich von Lamu, an Land zu gehen, gerade außerhalb der Blockade, weil er hoffte, dass die Briten ihn dort nicht suchen würden. Die Zufahrt wurde teilweise durch Riffe versperrt und war normalerweise ohne Lotsen nicht passierbar – so Peters' Worte –, doch er entschied, dieses Risiko einzugehen. Nachdem er mehrere Tage brauchte, um die richtige Stelle zu finden, und alle an Bord schon großen Durst litten, da die Schiffsvorräte zur Neige gegangen waren, passierten sie schließlich sicher die Riffe, landeten bei Kwaihu an und brachten Männer, Waffen und einen Teil der Vorräte mit von Ansässigen gemieteten Daus ans Ufer.

Sie hatten den Admiral aber keineswegs so sehr getäuscht wie erhofft, denn schon bald entdeckten sie die *Boadicea* und weitere britische Kriegsschiffe in der Nähe. Fremantle hatte sich gedacht, dass Peters im Norden an Land gehen würde. Peters feixte, dass er seine Waffen und die Munition direkt vor den Augen des Admirals ans Ufer hatte bringen können. »Es war in der Tat ein Achtung einflössendes System von Wachtdienst!«, höhnte er sarkastisch. Peters zufolge bestellte der Admiral, nachdem er erfahren hatte, dass die Expedition gelandet und im Begriff sei, loszuziehen, den Kapitän der *Neera* zu sich. Später will Peters erfahren haben, »dass Admiral Fremantle in Gegenwart des Kapitäns einen recht herzbetrüben-den Anfall von Wut gehabt habe. Er sei auf dem Achterdeck herumgelaufen und habe wiederholt mit den Füßen aufge-stampft. Fünf Tage, so habe er geschrieen, habe er in den elenden Gewässern mit drei Kriegsschiffen… allein zu dem Zwecke gekreuzt, um uns abzufangen, fünf Tage, fünf Tage! Und nun doch! Der arme Admiral Fremantle! Wir alle bedau-erten ihn aufrichtig!«

Von solch einer Szene ist in Freemantles Memoiren nir-gendwo die Rede. Der Admiral notierte nur, dass er ganz genau gewusst habe, was Peters plante, »doch hatte ich nicht das Recht, ihn daran zu hindern, weder außerhalb des Blo-ckaderaumes noch in dem deutschen Protektorat Witu, und ich konnte ja nicht in der Ansicht handeln, so wie er, dass es keinerlei Gesetz in Afrika gab.« Peters, fügte er noch an, »bahnte sich schießend einen Weg durchs Land, mit mehr Mut als Menschenliebe, und nahm sich Nahrungsmittel mit

Gewalt«. Zwar räumte Fremantle ein, dass man Peters für seinen Schneid hätte loben können, doch fehle es ihm eben an jeglichem Skrupel.

Das Einzige, was Fremantle zu jenem Zeitpunkt noch tun konnte, war, die *Neera* zu beschlagnahmen. Das Schiff wurde mit fünfundzwanzig bewaffneten britischen Marinesoldaten an Bord nach Sansibar geschleppt, nachdem man seine Motoren unbrauchbar gemacht hatte. An Bord befanden sich noch sechsundneunzig Ladungen Tauschartikel, die die Expedition eigentlich benötigte, um auf dem Weg zu Emin Geschäfte machen zu können; der Admiral nahm an, dass sie ohne diese Waren nicht weit kommen könne. Tatsächlich stellte dieser Verlust einen schweren Schlag für Peters dar, zumal er feststellen musste, dass er weder in Witu noch anderswo weitere Tauschwaren und vor allem die notwendigen Träger bekommen konnte.

Ohne sie und ohne genügend Träger, um auch nur den Rest der Sachen zu transportieren, und ohne zwei seiner deutschen Assistenten (einer war auf der *Neera* verblieben, der andere war erkrankt und musste heimgeschickt werden) schien es selbst Peters, er müsse eigentlich aufgeben. Doch seine an Fanatismus grenzende Entschlossenheit blieb weiter ungebrochen. Die Expedition würde erheblich kleiner sein, sich aber auf den Weg machen, entschied er. Und da sie sich den Weg zu Emin nicht freikaufen konnte, musste sie sich eben durchkämpfen.

Peters wusste zu diesem Zeitpunkt nicht, welche Aufregung sein Vorhaben in Deutschland ausgelöst hatte. Kritiker griffen das Emin-Pascha-Komitee an, Geld für eine Sache zu vergeuden, das man ihrer Ansicht nach besser für Wissmanns Schutztruppe ausgegeben hätte. Bismarck wurde attackiert, weil er die Expedition, die er erst öffentlich unterstützt hatte, nun unterminierte. Feindseligkeiten gegen die Briten wurden laut. In mehreren Städten protestierten Bürger gegen die »Schandtat« – die Beschlagnahme der *Neera* durch Fremantle. Das Auswärtige Amt bat London um eine Erklärung für das Verhalten des Admirals. Und die ganze Angelegenheit warf einen Schatten auf den im Sommer anstehenden Besuch des Kaisers in der britischen Hauptstadt.

Für die Beschreibung des restlichen Teils dieser abenteuerlichen Reise sind wir fast ausschließlich auf Peters Memoiren *Die deutsche Emin Pascha Expedition* angewiesen, die – wie wir schon gesehen haben – viel an Objektivität und Genauigkeit zu wünschen übrig lassen. Sie muss also mit einer beträchtlichen Dosis Skepsis gelesen werden, weil viele Details wahrscheinlich erfunden sind – ohne dass wir wissen welche.

In Witu soll Peters derweil versucht haben, die zu geringe Zahl an Trägern dadurch auszugleichen, dass er noch weitere Kamele dazukaufte, insgesamt waren es nun sechzehn Tiere, dazu acht Esel. Genau wie Stanley entschied auch er, die Expedition zu teilen. Er würde den Vorabtrupp ins Innere leiten und den üppig grünen Ufern des Tana folgen, während die Nachhut unter dem Kommando von Leutnant Rust, einem Assistenten von Peters, einen Großteil der Fracht auf Booten den Fluss hinaufschaffen sollte.

Laut Peters musste der Vorabtrupp ein Hindernis nach dem anderen überwinden. Nach Witu ging es schon mit den Kamelen los. Zwar sind Kamele kräftig und bekannt dafür, auch lange Zeit ohne Wasser auszukommen, sie sind aber nicht sonderlich geeignet, um schwere Lasten durch marschiges, steiles oder felsiges Gelände zu tragen. Das sollte sich später immer wieder als ein Problem für Peters' Vorabtruppe erweisen. Bei ihrer Route den Tana entlang handelte es sich nicht um einen ausgetretenen Karawanenpfad, und unterwegs drohten alle möglichen Hindernisse und Gefahren. Sie mussten Kamele aus Sumpflöchern heben und sie an steilen Berghängen von ihren Lasten befreien. Mehrere der Tiere verendeten unterwegs. Immer wieder machten sich Träger auf und davon. Zwei, die man einfing, wurden zur Warnung für die anderen erschossen, schrieb er, andere in Ketten gelegt. Wer seine Last fallen ließ, wurde ausgepeitscht. Viele wurden krank. Quelle allen Übels war der große Mangel an Nahrungsmitteln. Wieder einmal herrschte eine Hungersnot im Land, und die Expedition musste häufig ohne Essen auskommen. Laut Peters schienen die Männer nicht in der Lage zu sein, das Konzept der Rationierung zu verstehen. Bekamen sie die Zuteilung für mehrere Tage, aßen sie entweder alles auf einmal auf oder warfen es unterwegs fort, da die Last zu schwer war. Ab und zu konnte Peters ein Perlhuhn für sich schießen. Voller Selbstgerechtigkeit hat er eine Szene beschrieben, in der sein Diener Nogola eines der Hühner stiehlt und selbst isst. Peters verabreicht ihm Brechpulver, »um das gestohlene Gut soweit wie noch möglich wieder abzunehmen, und liess ihm ausserdem zu Nutz und Frommen für die Gesamtheit 25 Peitschenhiebe vor allem Volk aufzählen. Den Tag über hatte der unverschämte Bursche ausserdem in Ketten zu sitzen.«

Anscheinend ließ Peters eine Schneise aus Tod und Angst hinter sich. Einmal kam es zu einem Zwischenfall bei einer Ansiedlung von Gallas, die sich auf eine Insel im Tana zurückgezogen hatten. Sie wirkten freundlich und erlaubten Peters, in der Nähe zu lagern. Doch es kam zu Spannungen – Peters meinte, es sei um ihre aufständischen Sklaven gegangen, die er unter seine Fittiche genommen hatte. Er ging jedenfalls davon aus, dass die Gallas sein Lager angreifen wollten, und beschloss, ihnen zuvorzukommen. Mit seinen Leuten überfiel er die Siedlung, sie erschossen den Sultan und sieben weitere führende Männer, machten eine Reihe von Gefangenen und raubten achtzig Bootsladungen Getreide.

Dieser Coup löste vorerst das Nahrungsproblem, meinte Peters. Von da an sorgte er immer mit brutalsten Methoden dafür, dass seine Expedition genug zu essen hatte. Einmal ließ er eine Gruppe von Frauen als Geiseln nehmen, die sich am Fluss versammelt hatte, um Wasser zu holen, und hielt sie so lange fest, bis ihr Stamm einwilligte, sie mit Schafen freizukaufen. Ein andermal hielt er das Oberhaupt eines Dorfes so lange gefangen, bis man ihm Schafe verkaufte, schrieb er. Bei zwei weiteren Gelegenheiten befahl er seinen Leuten, nachdem er – so seine Behauptung – von den Eingeborenen hereingelegt worden sei, deren Herden zu beschlagnahmen, und erbeutete das eine Mal zweihundertfünfzig Schafe und Ziegen, das andere Mal sechshundert und dazu noch sechzig Ochsen. Mit dieser großen Anzahl von Tieren, die sie mit sich führten, besserte sich die Stimmung der Expedition merklich.

Während Peters mit den Gallas beschäftigt war, machte sich eine weitere, fünfhundert Mann starke Emin-Expedition von Mombasa aus auf den Weg und zog in dieselbe Richtung wie Peters. Der Anführer war ein gewisser Frederick Jackson, ein Brite. Die Expedition war von George Mackenzie, dem geschäftsführenden Direktor der von Mackinnon ins Leben gerufenen *Imperial British East Africa Company* (IBEAC) mit drei Zielen losgeschickt worden: Die Männer sollten eine Karawanenroute zum nordwestlich vom Viktoriasee gelegenen Baringosee einrichten, eine mögliche Alternative zu den existierenden Wegen, die durch deutsches Gebiet führten. Unterwegs sollten sie dabei eine Kette von Stationen anlegen sowie eine Basisstation am Baringosee. Und schließlich sollten sie Emin bei Wadelai zu Hilfe eilen, denn Mackinnon, Mackenzies Chef, hatte große Bedenken wegen Peters. Wie der Zufall so spielte, wollte auch Peters auf dem Weg nach Wadelai zum Baringosee.

Peters erfuhr von dem konkurrierenden Unternehmen; in einem Brief an Rudolf von Bennigsen, den Präsidenten der Nationalliberalen Partei, tat er es auf seine übliche Art ab: »Mit den englischen Kolonnen, auf die ich im Innern stosse, werde ich nötigenfalls sehr leichtes Spiel haben. Ich habe 12 Mann Soldaten (Somalis) bei meiner Kolonne und ebensoviel bei Rust. Diese Leute sind mir blindergeben. Ebenso habe ich eine Kanone und die Herren Jackson, Last, Martin, welche englischerseits oben arbeiten, haben mir noch niemals eine Empfindung, welche an Respekt grenzt, eingeflösst.«

Nachdem Peters und seine Männer die heiße, schwüle Küstenregion hinter sich gelassen hatten, drangen sie in trockene Gebiete vor und weiter zu der kühlen, fruchtbaren Laikipia-Hochebene voller Giraffen, Zebras und Antilopen, wo eines Tages die Europäer siedeln und mit dem Anbau von Tee und Kaffee reich werden sollten. Heute bezahlen dort Touristen eine Menge Geld, um auf Safari gehen zu können. Die Karawane hatte mehrere, zum Glück friedliche Begegnungen mit Löwen, deren Gebrüll ihre Reise immer wieder begleitete, und die Männer sahen die gezackten, schneebedeckten Gipfel des Mount Kenia, mit über fünftausend Metern der zweithöchste Berg Afrikas. Die Kikuyu, die in dieser Gegend lebten, waren freundlich, auch wenn sie diebisches Interesse an dem Vieh zeigten, und tauschten Milch, Honig und allerlei Getreidearten gegen Stoffe.

Dieses paradiesische Land endete, so Peters, an einem dichten Urwald, durch den es nur einen einzigen schmalen Pfad gab, der von Fallen der Eingeborenen gespickt war, geschickt getarnten Gruben von fünfzehn Metern Tiefe, mit spitzen Pflöcken im Boden. Die Männer mussten sich einen eigenen Weg parallel zu dem tödlichen Pfad bahnen. Als sie den Urwald hinter sich gelassen hatten, versetzte sie der letzte der Kikuyuführer, denn nun kamen sie in das Land der gefürchteten kriegerischen Massai.

Zunächst entdeckten sie keinerlei Anzeichen menschlichen Lebens auf dem öden Hochland des Laikipiaplateaus, das sie erreicht hatten. Als die größte Bedrohung erwies sich zunächst das Klima. Es war Dezember geworden; sie befanden sich zwar nahe des Äquators, aber bei Nacht sanken die Temperaturen auf minus zwei Grad, und die nur leicht bekleideten Träger schrien vor Kälte und Schmerzen. Selbst Peters, der wollene Unterwäsche und Wintermantel trug und vier Decken für sich hatte, wachte nachts regelmäßig frostgeschüttelt auf.

Zur damaligen Zeit ging den halb nomadisch lebenden Massai der Ruf voraus, wild und gefährlich zu sein. Stanley hatte diesen Grund – oder Vorwand – angeführt, um die Kongoroute nehmen zu können. Peters beschrieb die Massai in seinem Expeditionsbericht als eine wilde Rasse, in der »die Eigenschaften der Raubsucht und Blutgier auf das äusserste entwickelt« und deren fleischliche Ernährung und nomadische Lebensweise verantwortlich seien für einen »fast absoluten Grad von Herzensverrohung«. Es stimmt, dass die Massai einen Kriegerkult hatten und die jungen Männer dazu ausgebildet und ermutigt wurden, furchtlose Kämpfer zu sein, dass sie gegen andere Stämme kämpften und deren Vieh stahlen und von jedem Tribut verlangten, der durch ihr Gebiet zu gehen wünschte. Doch sie traten nicht sinnlos gewalttätig auf, und andere Europäer waren gut mit ihnen ausgekommen.

Peters hatte den Massai als Tribut wenig zu bieten, vielmehr, er war gar nicht gewillt, einen solchen zu bezahlen, und er machte sich über Bemühungen früherer Entdecker lustig, die Herzen der Massai mit europäischem Schnickschnack und Tand zu gewinnen. Das war nicht nur nicht Herrenart, wie Peters höhnte, sondern schlicht »unwürdig«. Peters mag vielleicht keine andere Wahl gehabt haben, aber es sieht ganz so aus, als habe er in jedem Fall kämpfen und den Ruhm einheimsen wollen, der erste Europäer zu sein, der die Massai besiegte.

Als sie an ein Massaidorf auf ihrem Weg kamen, war der Empfang dort erstaunlich freundlich, doch Peters wollte offensichtlich provozieren. Erst, so schrieb er, erschoss er einen

Bullen – der habe ihn angreifen sollen, lautete seine Erklärung. Dann feuerte er auf einen Geier in einem Baum, unter dem ein paar Massaikrieger saßen. Und als ihm einer der Anführer sagte, er solle mit der Schießerei aufhören, feuerte er erst recht zweimal über dessen Kopf hinweg.

Peters wollte zwei Esel kaufen und Führer anheuern, die seine Expedition durch das Massaigebiet leiten sollten. Als Entgelt soll er ihnen seine einzige Rolle Eisendraht und ein paar Perlen angeboten haben. Die Forderung der Massai, Tribut zu entrichten, lehnte er ab. Daraufhin zogen die Massai schweigend ab, was, so soll Peters von seinem Kikujudolmetscher erfahren haben, Krieg bedeutete. Wieder entschied er, als Erster anzugreifen. Früh am nächsten Morgen zogen er, von Tiedemann und fünfunddreißig Somalis in einer langen Reihe, die schwarzweißrote deutsche Reichsfahne vorneweg, ins Dorf ein. Männer mit Gewehren kämpften gegen Männer mit Speeren und Giftpfeilen. Am Ende waren der Älteste und sechs weitere Massai tot. Auf Peters' Seite gab es angeblich keine Verluste zu beklagen.

Doch dies war nur die erste Runde. Die zweite begann fast augenblicklich, als die Massai die nur leicht bewachte Restexpedition angriffen. Sie konnten abgewehrt werden, aber von dem Tag an wurde, wenn wir Peters glauben dürfen, die Truppe immer wieder attackiert, Tag für Tag, während sie sich langsam über das unwirtliche Plateau vorarbeitete. Peters erzählte, dass die jungen Massaikrieger zäh und entschlossen kämpften und er selbst und seine Männer sich verzweifelt zur Wehr setzen mussten, um sie in Schach zu halten. Nachts konnten sie die Feuer der Massai an den Hügelflanken ringsum sehen, und die Hälfte der Soldaten hatte aus Angst vor einem neuerlichen Angriff Wache zu schieben. Erledigt vom Schlafmangel stolperten sie in den nächsten Tagen weiter, ständigen Angriffen ganzer Horden von Massai ausgesetzt. Doch stets schafften sie es, diese in die Flucht zu schlagen, brannten ihre Dörfer nieder und stahlen ihr Vieh. Sieben von Peters' Männern sollen umgekommen sein – wie viele Massai starben, weiß man nicht. Offenkundig waren es viele, was das stolze Volk aber nicht von weiteren Attacken abhielt. Der Expedition ging langsam, aber sicher die Munition aus, und Peters wusste, dass sie nicht mehr lange durchhalten konnten. Peters wappnete sich für das letzte Aufeinandertreffen, bei dem es, so dachte er, um Leben oder Tod ging. Dann geschah angeblich etwas, das sonst, so Peters, wohl nur in Romanen passierte: Es gab eine Sonnenfinsternis. Als sich der Himmel und die Erde verfinsterten, dachten die Massai offenbar, dass Peters übernatürliche Kräfte habe. Sie zogen sich zurück und waren verschwunden, als die Sonne wieder erschien.

Die Verschnaufpause dauerte allerdings nur kurz. Es kam zu neuerlichen Belästigungen, und dann gab es die nächste ernsthafte Bedrohung – Wassermangel. Die Expedition zog durch äußerst trockenes Land, in dem es so gut wie keine Quellen gab. Peters musste also dringend Wasser finden. Als plötzlich eine große Anzahl schweigender Massai auftauchte, rechnete Peters einmal mehr damit, dass ihr Schicksal besiegelt sei. Doch die Krieger griffen nicht an; stattdessen trat ihnen eine alte Frau mit einem Grasbüschel in der Hand entgegen. Die Massai boten ihnen Frieden an, wenn die Expedition aufhöre, auf sie zu schießen, ihre Dörfer niederzubrennen und ihre Herden zu stehlen. Peters überreichte der alten Frau einen Ring und Blumen und schickte sie zurück mit der Auskunft, er wolle mit den Männern reden. Am selben Abend erschienen elf Krieger. Peters traf sich mit ihnen außerhalb des Lagers, er selbst hatte eine Gruppe Soldaten dabei. Die Waffen – Gewehre auf der einen, Speere auf der anderen Seite – wurden abgelegt und die Verhandlungen aufgenommen. Die beiden Parteien kamen überein, Frieden zu schließen. Die Massai wollten der

Carl Peters und seine Männer
wehren einen Angriff der Massai ab.

Expedition zudem Führer überlassen, die sie zum Baringosee geleiten sollten. Peter gab jedem der elf Männer einen Fingerring und ein paar Perlen, dann schlachtete er zur Feier ein Schaf – eines der Tiere, die er den Massai zuvor abgenommen hatte. Die Massai baten darum, im Lager schlafen zu dürfen, doch Peters fürchtete Arges, verweigerte es ihnen, verdoppelte die Nachtwachen und blieb auch selbst wach. Am folgenden Tag machten sie sich auf den Weg.

Hier gleicht Peters Erzählung – sicher ganz absichtlich – immer mehr den hochspannenden Entdecker-Abenteuerbüchern, die seine Zeitgenossen so gerne lasen. Wir sehen, wie Peters und seine Männer sich, von ihren Massaiführern dazu aufgefordert, an einem trockenen Flussbett aus schwarzem Gestein entlang mühen, auf das die Sonne gnadenlos herniederbrannte. Die Temperaturen stiegen auf bis zu fünfzig Grad.

Ihre Führer zeigten ihnen einen Schafspfad, sagten, wenn sie diesem folgten, würden sie in einer Stunde den Guaso Narok erreichen, einen Fluss, dem Peters weiter folgen wollte. Dann meinten die Führer, sie würden nun heimkehren und Essen holen. Kurz darauf hörte Peters Schüsse von der Nachhut und blickte auf:»Mit einem Schlag bedeckten sich die umliegenden Höhen mit Massaikriegern. Jetzt war alles klar.« Sie saßen in der Falle. Die Massai, die auf freier Ebene gegen die Gewehre nichts ausrichten konnten, waren entschlossen, die Expedition auf diese Weise zu vernichten. Boten, die das angebliche Tal des Guaso Narok erkundeten, kehrten zurück und erklärten, dass es vollkommen trocken sei. Die Männer waren erschöpft, ihnen war unendlich heiß, und die Zungen klebten ihnen trocken an den Gaumen. Durst war nun der größere Feind als die Massai. Peters stieg verzweifelt mit einigen Soldaten einen Hügel hinauf in der Hoffnung, auf der anderen Seite Wasser zu finden; auf halber Höhe hörte er seinen Assistenten Adolf von Tiedemann rufen, dass die Massai die Nachhut angriffen. »So schlagen Sie die Massai zurück! Ich suche nach Wasser!«, rief er ihm zu. Oben auf dem Hügel stießen sie auf einen Viehpferch, daneben saß ein Mann. Die Soldaten packten ihn, Peters hielt ihm einen Revolver an den Kopf:»Zeig mir den Guaso Narok oder wandere in die Unterwelt!« Der Mann wies in eine Richtung, und schon bald fanden sie den Fluss, der reichlich Wasser führte.»Wie inbrünstig ich mich beugte vor jener geheimnisvollen Gewalt, welche die Schicksale des Menschen lenkt und auch uns noch einmal vor elendem Untergang gerettet hatte!«, schrieb Peters später.

Und so, lesen wir, konnten sie den Massai entkommen. Sie stapften weiter, noch eine ganze Weile lang von ihren Feinden beschattet, immer wieder verzweifelt nach Wasser suchend, gefährliche Ziegenpfade hinauf und hinab, an Abgründen entlang, durch Schluchten und Einschnitte, die so schmal waren, dass die Kamele nur mit Mühe hindurchkamen, und über öde, baumlose, windgepeitschte Steppen. Am 6. Januar 1890 schließlich erblickten sie tief unten den dunkelblauen Vulkansee des Baringo und dessen offenkundig fruchtbare Umgebung. Noch mussten sie etwa vierhundert Meter fast senkrechte Berghänge hinunter. Unten wurden sie von den Eingeborenen der *Njemps ndogo* und *Njemps nkubua* (große und kleine Njemps) empfangen, die zwar ebenfalls Massai waren, aber einem anderen Zweig als jene auf dem Plateau angehörten, die ihre Todfeinde waren. Die Eingeborenen, die selbst nur wenig zu essen hatten, waren dennoch bereit, Getreide, Honig und Fisch für Schafe und Ziegen zu tauschen, den Expeditionsteilnehmern eine willkommene Abwechslung nach der reinen Fleischernährung der letzten Wochen. Sie rasteten, schlossen natürlich einen Vertrag mit dem örtlichen Sultan und hissten die deutsche Flagge. Peters schrieb eine Nachricht an das Emin-Pascha-Komitee, dass die Gegend um den Baringosee einen natürlichen Kreuzungspunkt für Handelskarawanen darstelle, ein strategisch ausgezeichnetes Zentrum zur »Gesamterschließung« Zentralafrikas sei und dort eine deutsche Station eingerichtet werden solle.

Am 13. Januar 1890 brachen er und seine Männer in Richtung Kawirondo am nordöstlichen Ufer des Viktoriasees auf. Drei Tage später hörten sie gegen Abend plötzlich Schüsse. Sie wurden zur Begrüßung abgefeuert von einer Karawane von Küstenarabern, die aus dem Norden zurückkehrte. Peters fragte sie, ob sie Neuigkeiten von Emin Pascha hätten, erhielt aber zur Antwort nur die Frage, wer das denn sei. Die Araber hatten wohl gehört, dass ein weißer Mann in Kawirondo am Viktoriasee sei, angeblich mit vielen Soldaten und vielen Frauen. Dort könnten sie jede Menge Neuigkeiten erfahren, so die Araber.

Wer sollte dieser Mann sein? Verwirrt und aufgeregt drängte Peters weiter westwärts nach Kawirondo. In Kabara, einem

Dorf auf dem Weg, fragten sie erneut, ob es weiße Männer in Kawirondo gebe, und die Antwort lautete Ja, zwei, vielleicht vier, mit vielen Soldaten. Emin Pascha? »Kennen wir nicht«, war die Antwort. Stanley? »Ja, ja, Stamuley, Stamuley.« Wenn es sich wirklich um Stanley handelte, war er auf dem Weg zu Emin, oder war Emin bei ihnen? Oder hatten die Eingeborenen nur den Namen nicht richtig verstanden?

Peters trieb zur Eile an. Als sie sich Kawirondo näherten, kam eine Gruppe Männer in weißen Hemden mit Willkommenssalut auf sie zugeeilt. Es handelte sich um eine von Sultan Sakwa von Kawirondo entsandte Abordnung, die sie begrüßen sollte. Peters' erste Frage bezog sich selbstredend auf Weiße in Kawirondo. Ja, Engländer seien da, so die Antwort. Ein Mr. Jackson, ein Mr. Martin und noch zwei andere. Sie wären schon seit einigen Monaten hier und errichteten in der Nähe eine Station; gegenwärtig aber seien sie auf Elefantenjagd.

Es handelte sich also um Frederick Jacksons Emin-Pascha-Expedition. Was für eine Enttäuschung. Abfällig notierte Peters in seinen Memoiren: »nascetur ridiculus mus«*. In der Zwischenzeit schmeichelten die Abgesandten den Deutschen, so hält es Peters zumindest fest. Sultan Sakwa sei reich und mächtig, erfuhr er von dem Begrüßungskomitee. Und Sultan Sakwa wolle nicht die Engländer, er liebe die Deutschen. Es gefalle ihm nicht, wenn die Leute herkommen, Wild schießen und Elfenbein kaufen, er liebe die tüchtigen Leute, die den Krieg verstehen. »Wir wissen, dass du, oh Herr, die Massai geschlagen hast, und deshalb will Sakwa dein Freund sein.« Er wollte, dass Peters dort Station machte.

Eine Menschenmenge strömte herbei, als Peters am nächsten Morgen dem Sultan einen Besuch abstattete. Der große

* So lautet die zweite Hälfte des lateinischen Sprichwortes »Parturient montes, nascetur ridiculus mus« – die Berge kreißen und gebären eine lächerliche Maus.

Mann und sein Hof kamen ihnen entgegen und bestanden darauf, dass sie als Gäste blieben. Die Männer erhielten Honig, Milch, Hühner, Eier und zwei Ochsen zur Verpflegung. Schon bald sollte Peters den Grund für dieses überaus freundliche Willkommen erfahren.

Zwei Stunden nördlich von Kawirondo, so erzählte ihm nämlich der Sultan, lebten die Mangati, ein räuberischer Stamm, der ständig sein Land überfiel, sein Vieh stahl und Dörfer niederbrannte. Er habe die Briten um Hilfe gebeten, sie zu besiegen, doch die, so sagte er, seien ängstlich. Peters habe ja schon die Massai besiegt. So solle er jetzt die Truppen des Sultans nehmen und die Mangati schlagen, dann würde er, der Sultan, die deutsche Flagge hissen und ihm die Hälfte des eroberten Viehbestandes geben.

Peters zögerte, so schrieb er, einen Stamm zu überfallen, mit dem er nicht im Streit lag, außerdem hatte er andere Dinge im Sinn. Doch ein Sieg über die Mangati würde ihm einen noch größeren Ruhm als Krieger einbringen. Das könnte nützlich sein, denn die großen Königreiche Buganda und Bunyoro lagen vor ihm. Buganda steckte in einem wüsten Krieg, und alle warnten ihn, das Land zu betreten, würde den sicheren Tod bedeuten. So willigte er ein, dem Sultan fünfunddreißig Soldaten zur Verfügung zu stellen unter der Bedingung, dass auf dem Feldzug keine deutsche Flagge gezeigt würde und er und von Tiedemann sich nicht beteiligten.

Und es ging – wie hätte es anders sein können – so aus, dass seine Männer gewannen, die deutsche Flagge über Kawirondo wehte und der Sultan einen Vertrag unterzeichnete, in dem er »Dr Peters unbedingt als seinen Herrn anerkannte«.

Kurz nach seiner Ankunft in Kawirondo hatte Peters einen Besucher empfangen, einen Somali namens Ali Somal, der europäische Kleidung trug. Ali Somal hatte den Befehl über die englische Station, solange die weißen Herren auf

Jagd waren, und er drängte Peters, doch dort zu campieren und auf die Rückkehr der Briten zu warten. Wie sich in dem Gespräch herausstellte, war Jacksons Befehl, nach Wadelai zu gehen, abgeändert worden; stattdessen sollte er von Kawirondo aus Kontakt mit Stanley aufnehmen, sich mit ihm treffen und dessen Expedition unterstützen. Doch – und hier klangen Ali Somals Informationen recht verwirrend – Stanley sei mit einem anderen weißen Mann nach Westen gegangen, während Emin in einem Krieg mit dem Stamm der Wanjoro unterlegen sei und allein in Wadelai lebe.

Nachdem die Mangati in die Schranken verwiesen worden waren und Peters den Vertrag mit Sultan Sakwa ausgehandelt hatte, zog Peters – zum Bedauern des Sultans – tatsächlich in die englische Station um. Dort fand er bedenkliche Nachrichten vor, und zwar in Form eines Briefes, den der Missionar Alexander Mackay an Emin schickte. Peters behauptete später, der Brief sei ihm von Ali Somal ausgehändigt worden. Warum der Brief, der offenbar nur deshalb in der Station lag, um zu Emin befördert zu werden, geöffnet worden sein soll und von wem, hat Peters nicht verraten.

In dem Schreiben skizzierte Mackay die Situation in Buganda: Muanga, blutrünstiger und tyrannischer denn je, war von seiner Leibwache abgesetzt worden und über den Viktoriasee geflohen. Es folgte ihm erst der eine Bruder, Kiwewa, auf den Thron, dann der andere, Karema, doch die Schrecken nahmen kein Ende. Christen wie Moslems waren abgeschlachtet worden, viele Christen geflohen und von den benachbarten Herrschern aufgenommen worden, oder sie lebten auf Inseln im See. Muanga selbst hatte eine Station auf der Inselgruppe der Ssese. Die protestantischen wie die katholischen Missionare wollten Muanga wieder auf dem Thron sehen – wenn auch unter europäischer Kontrolle. Sie hatten zusammen mit Muanga Jackson mehrmals angefleht, dies für sie durchzusetzen, doch dieser hatte sich geweigert und erklärt, seine kleine Streitmacht sei nicht stark genug dafür. Mackay kam zum Punkt, und Peters zitierte aus dem angeblichen Brief: »Sie (Emin Pascha) haben die Armee, und nur durch die Unterstützung eines oder zweier Regimenter Ihrer Truppen unter geeigneten Führern ist es möglich, dass Karemas fanatische Kriegsmacht zu Boden geworfen und der Exkönig Muanga wieder zur Macht gebracht werden kann, nicht als ein unabhängiger Souverän wie zuvor, sondern als ein Agent der britisch-ostafrikanischen Gesellschaft.« (Hier merkt Peters sarkastisch an: »Gewiß ganz außerordentlich verlockend für Emin Pascha; man denke sich, ein deutscher Missionär mache einem Engländer von Geburt einen derartigen Vorschlag, um einer deutschen Kolonialgesellschaft ein Königreich zu gewinnen!« Ein ultranationalistischer Gedanke, der Emin zu jenem Zeitpunkt bestimmt nicht in den Sinn gekommen wäre.)

Peters fügte in seinen Memoiren zu seiner Verteidigung an, dass er das Briefgeheimnis nicht verletzt habe, da es sich ja um »Aktenstücke« handelte, die ihm vom offiziellen Vertreter der britischen Station vorgelegt worden seien. Diese Ausrede hatte er ein paar Tage später nicht zur Hand, als ihm ein Briefpäckchen ausgehändigt wurde, das für Jacksons Expedition bestimmt war. Er sei im Begriff gewesen, sie zurückzugeben, schrieb er, als er auf einem der Umschläge den Absender H. M. Stanley entdeckt habe. Peters hatte in den vergangenen Tagen allerlei Gerüchte über Emins Aufenthaltsort gehört, wusste aber nicht, ob er ihnen Glauben schenken konnte. Die Versuchung war zu groß. Ein eingeborener Begleiter öffnete die Briefe – so behauptete Peters –, er las sie, und der Himmel stürzte ein.

KAPITEL 18
Wo zum Teufel steckt Emin?

In Europa fürchtete man in der Zwischenzeit, Stanleys Expedition könne völlig aufgerieben worden sein. Doch Stanley war nicht verschollen, nicht tot; er und seine Leute hatten im Dschungel von Ituri allerdings die Hölle durchlitten. Im November 1887 war der Wald langsam wieder lichter geworden, und schon bald fanden sie sich auf einer Felsspitze wieder, von der aus sie überglücklich auf eine riesige Fläche offenen Graslands schauen konnten, das sich weit nach Osten hin erstreckte und auf dem die Bäume standen wie in einem Park. »Das endlich war der lang versprochene Blick und der lang ersehnte Ausgang aus der Düsternis!«, erinnerte sich Stanley in seinen Memoiren *Im dunkelsten Afrika*. Die Männer waren außer sich vor Freude, und nachdem sie wie verzaubert die Aussicht genossen hatten, drehten sie sich noch einmal um und zeigten dem Wald, der so vielen das Leben gekostet hatte, grimmig ihre Fäuste. Stanley nannte die Felsspitze, auf der sie standen, Pisga, nach dem Berg, von dem aus Moses und das Volk Israel zum ersten Mal das versprochene Land sahen.

Ein paar Wochen später, nachdem sie von Eingeborenen verfolgt worden waren, denen sie ihre Nahrung abgenommen hatten, kamen sie auf die Höhe eines kleinen Bergkamms. Dort fiel den Männern auf, dass die Bäche einige Minuten vorher noch nach Westen geflossen waren, nun aber sich ostwärts schlängelten. Sie standen genau auf der Wasserscheide zwischen zwei der größten Flüsse der Welt, dem Kongo und dem Nil. Der Arzt Thomas Parke schätzte, dass man vielleicht eine Viertelstunde brauchte, um von den Quellen des Nil zu denen des Kongo zu gelangen.

Vor sich sahen sie nichts weiter als etwa eine Meile spiegelglatter Ebene, »doch dann schien sie plötzlich in den Wolken zu verschwinden«, schreibt Jephson in seinem Tagebuch. »Stanley drehte sich zu mir um und nickte. Innerhalb von zehn Minuten war von den Männern vor uns ein Hurraruf nach dem anderen zu hören, und einige von ihnen rannten wie wild auf und ab und riefen: ›Nyanza, Nyanza (See, See). Hurra auf Bula Matari‹.« Sie erkannten, dass sie auf einer Tafelebene waren und siebenhundertfünfzig Meter unter ihnen der Albertsee wie Silber in der Sonne glitzerte. Es war der 13. Dezember 1887.

»Zu sagen, man spürte Erleichterung oder gar Freude, endlich den See vor Augen zu haben, würde dem Gefühl, das einen überkam, kaum gerecht«, notiert Jephson. »Der See war von Anfang an, seit wir vor sechs Monaten Yambuya verlassen haben, unser Ziel gewesen. In den ersten dunklen Tagen haben wir ihn stets als die Zuflucht angesehen, an der alle unsere Sorgen enden würden.« Nach Monaten im Dschungel von Ituri kam es ihnen so vor, als würden sie aus einem Alptraum erwachen.

Nun konnten sie unter sich auch die einzelnen Dörfer am See erkennen, darunter Kavallis Dorf, exakt den Ort, den Stanley hatte ansteuern wollen – ein erstaunlicher Beweis für sein Orientierungsvermögen. Von den dreihundertneunundachtzig Männern, die von Yambuya aufgebrochen waren, waren nur hundertneunundsechzig durchgekommen. Achtzig Männer, krank oder fußlahm, waren mit der Munition, vielen Waffen und Nachschub in der Obhut von Arabern in zwei Dörfern unterwegs zurückgeblieben. Weitere zwanzig wurden vermisst, und hundertzwanzig waren gestorben oder desertiert. Die Expedition hatte kaum noch Munition und Nachschub, jedenfalls nichts, womit sie Emin hätten aushelfen können. Die Überlebenden waren zerlumpt, ausgemergelt, erschöpft, viele von ihnen krank – eine Hilfsexpedition, die selbst dringend Hilfe benötigte.

Und wo um alles in der Welt steckte Emin?

Stanley hatte Emin geschrieben, er würde den Albertsee im August erreichen, und er solle ihn in einem seiner Dampfboote dorthin entgegenkommen. Nun war es Dezember und keine Spur von Emin zu erkennen, auch nicht davon, dass er überhaupt nach Stanley Ausschau gehalten hatte. Jephson fragte ein paar argwöhnische Eingeborene, ob sie Neuigkeiten von Emin Pascha hätten, erhielt aber bloß zur Antwort: »Von wem?«

Stanley war verwirrt. Das schien doch nicht ganz die wohl geordnete Provinz zu sein, die er erwartet hatte. Er fürchtete, so schreibt er, »dass nach allem unser Zwangsmarsch und das ununterbrochene Kämpfen und sich Opfern umsonst gewesen sein könnte«. War Emin womöglich schon aus eigener Kraft allein losgezogen?

Dann fällte Stanley einen erstaunlichen Entschluss. Sie würden zurück in den Wald gehen, nach Ibwiri, zwei Wochen die Route zurück, und dort ein Fort errichten, wo es ausreichend Nahrung gab und die Eingeborenen recht friedlich gesinnt waren. Von da aus wollte er Trupps aussenden, die die Männer und den Nachschub holen sollten, die sie bei den arabischen Elfenbein- und Sklavenhändlern in den beiden Dörfern zurückgelassen hatten. Und sie würden ihr zerlegbares Boot, die *Advance* bergen, das ebenfalls dort geblieben war und das sie womöglich brauchten, um nach Wadelai zu gelangen, da am See selbst keinerlei angemessen große Kanus aufzutreiben waren.

Manche aus seiner Truppe waren entsetzt. Wie konnten sie denn jetzt, wo sie dem Ziel so nahe waren, um das sie so lange gekämpft hatten, umkehren? Jephson schlug vor, ein kleines Kanu zu beschlagnahmen und nach Kibiro zu rudern, wo Junkers zufolge Casati war – Casati würde wissen, wo Emin steckte. Doch Stanley hatte schlagende Argumente – eines vor allem: Da Emin nicht in der Gegend zu sein schien, galt Stanleys größte Verantwortung den Offizieren und Männern, die er unterwegs zurückgelassen hatte. Sie müssten abziehen.

Also brachen sie am folgenden Tag auf und marschierten in der Dunkelheit davon, um die Eingeborenen abzuschütteln, die sie in den vergangenen Wochen so belästigt hatten. Die Männer waren verbittert, dass all ihre Mühen nutzlos gewesen zu sein schienen. »Wir marschierten davon, als gingen wir zu einer Exekution oder einem Begräbnis«, notierte Jephson. Am 6. Januar 1888 kamen sie in dem Dorf Ibwiri an, wo Stanley seinen Stützpunkt einrichten wollte. Die Bewohner hatten das Dorf aufgegeben und niedergebrannt, doch fanden sie eine Ladung Getreide und eine große Menge an Holzbrettern, die ihnen als Baumaterial gelegen kamen. Stanley schickte einen seiner Offiziere, William Grant Stairs, mit achtundneunzig Bewaffneten nach Ipoto weiter, dem Dorf, in dem der erschöpfte Captain Robert Henry Nelson mit einer Gruppe von anderen kranken und lahmen Männern, dem Maschinengewehr, der *Advance*, Waffen und Munition zurückgeblieben war. Die Situation war äußerst bedrückend gewesen, in der sie die Männer dort hatten lassen müssen. Die Expedition nagte praktisch am Hungertuch, und die europäischen Offiziere und ihre Männer waren gezwungen, ihre Kleidung für eine Handvoll Bohnen oder ein paar Essensreste an die Einheimischen zu verscherbeln. Einige der Männer verkauften sogar ihre Waffen und Munition, bis Stanley, der entsetzt darüber war, wie viele Waffen verschwanden, einen der Missetäter hängen und mehrere andere auspeitschen ließ, um diesen Handel zu unterbinden. Er beschaffte auf anderem Wege Nahrungsmittel für sie, dennoch machte er sich beim Weitergehen ernsthafte Sorgen. Als die Zurückgelassenen Mitte Februar wieder bei ihm in Ibwiri eintrafen, meldete Dr. Parke, der Expeditionsarzt, der bei ihnen geblieben war, dass elf der Männer gestorben seien, neun davon an Hunger. Die Araber hatten sie absichtlich verhungern lassen; sie hatten wohl gehofft, so in den Besitz der Waffen und der Munition zu gelangen. Parke und der Offizier Nelson waren wochenlang sehr krank gewesen. Nelsons Erscheinungsbild war schockierend: »vorzeitig gealtert, mit eingefallenen, scharf geschnittenen Gesichtszügen, mit Buckel und schwachen Beinen, die zu einem Achtzigjährigen gepasst hätten«, bemerkte Stanley.

In der Zwischenzeit war Ibwiri in ein stabiles, mit Palisaden versehenes Fort verwandelt worden, das Stanley Fort Bodo taufte – *Bodo* heißt Frieden in der Sprache der Eingeborenen – und das nun gut bemannt und ausgestattet war. Pflanzen waren gesetzt, Getreide war gesät worden, was bei diesem Klima bedeutete, dass sie in Kürze reichlich Nahrung für alle haben würden. Stanley schickte Stairs ein zweites Mal los, um die übrigen kranken Männer und den zurückgelassenen Nachschub aus Ugarrowas Dorf, einer anderen arabischen Siedlung, zu holen. Und er erhielt die Anweisung, Nachricht von der Nachhut zu bringen und Briefe an Barttelot zu schicken, in denen dieser dringend aufgefordert wurde, aufzurücken, wobei er bestimmte Gegenden im Dschungel meiden sollte, an denen es keinerlei Nahrungsmittel gab. Zwei Tage später wurde Stanley krank, und die ganze Expedition konnte sich sechs Wochen lang nicht vom Fleck rühren. Erst gegen Ende März 1888 war Stanley wieder einigermaßen hergestellt. Weder von Stairs noch von der Nachhut gab es unterdessen irgendwelche Neuigkeiten. So beschloss Stanley, wieder zum See hin aufzubrechen.

Diesmal hatten sie mehr Glück. Die Eingeborenen berichteten, dass in Stanleys Abwesenheit ein Europäer, den sie *Maleju* (den Bärtigen) nannten, mit einem Dampfboot aufgetaucht sei und nach seinem europäischen »Bruder« gesucht habe, der viele Männer bei sich hätte. Er habe in Kavallis Dorf Nachricht hinterlassen.

Welche Erleichterung! Emin lebte, er war noch immer in Äquatoria. Und er wusste, dass sie unterwegs waren. Ihre Expedition war also doch nicht vergeblich gewesen, wie es schien.

Stanley befahl Jephson, die *Advance* zusammenzubauen, und schickte ihn mit Uledi, dem sansibarischen Aufseher und Bootsführer, nach Mswa, Emins südlichster Station, die dieser genau aus dem Grunde errichtet hatte, um Ausschau nach Stanley zu halten. Jephson war begeistert davon, Emin als Erster treffen zu können. Im Laufe der Monate war aus dem unerfahrenen jungen Adligen ein tatkräftiger, hart arbeitender Mann geworden, auf den sich Stanley verlassen konnte. Als sie an jenem Abend vor der Abfahrt ihr Lager aufschlugen, saß er am Seeufer, rauchte im Mondschein seine Pfeife, Wellen schwappten bis an seine Füße, und er hörte die Stimmen und das Lachen der Männer im Hintergrund. »Mit dem *Nyanza* zu Füßen, der im Mondschein glänzte wie ein silberner Teppich, konnte man schon recht sentimental werden und fühlte sich veranlasst … poetisch zu werden«, schrieb Jephson in sein Tagebuch, »»Freude, Freude, die Lasten sind verronnen, die Tore sind passiert, der Himmel ist gewonnen««.*

Am folgenden Tag brachen sie um sechs Uhr früh auf, und nur vier Stunden später waren sie in Mswa. Jephson wurde geradezu überschwänglich empfangen: Eine Ehrenwache trat an, um ihn mit großem Salut am Ufer zu begrüßen, dann wurde er unter Trompetenklängen und wehenden Fahnen zur Station geführt, die auf einem kleinen Hügel in der Nähe des Sees lag. Die Ansiedlung war aus Bambus und Gras errichtet und »überaus adrett und sauber«, wie Jephson fand; die Häuser waren alle kühl und luftig. Er wurde in ein großes

---

* »Joy, joy for ever! – my task is done, The gates are pass'd and heaven is won«, aus: «The Paradise and the Peri» von Thomas Moore

Empfangszimmer geführt, in dem es ein Sofa mit einem Perserteppich gab und Kissen, auf denen man sich niederlassen konnte. Man brachte ihm eine Schüssel mit schneeweißem Quark und Molke, seine Sansibaris, die auf einer Matte hinter ihm hockten, bekamen Flaschenkürbisse voller selbst gebrautem Bier. Während sich Jephson über all dieses Formelle und die Abwesenheit seines Gastgebers wunderte, kam der Stationchef Shukri Aga, ein großer Sudanese in einer adretten ägyptischen Uniform, herein und teilte ihm mit, dass Emin unterwegs zur Station Tunguru weiter oben am See sei, dass er aber bereits Boten geschickt habe, um ihm mitzuteilen, dass er auf schnellstem Wege zurückkommen solle.

Während Jephson auf Emin wartete, war er immer wieder überrascht über den Kontrast zwischen seiner eigenen Erscheinung und dem Zustand des Stabes jenes Mannes, den er eigentlich retten sollte. Er war sich nur zu sehr der Tatsache bewusst, dass er geflickte und ausgebesserte alte Kleidung trug und Stiefel, die er sich selbst aus roher Kuhhaut genäht hatte, da ihm das erste Paar längst von den Füßen gefallen war. Er kam sich einfach nur schmutzig und klein vor neben Shukri Aga, der in seiner ägyptischen Uniform, einer langen blauen Tunika mit riesigen goldenen Epauletten, kirschroter Hose, hochhackigen französischen Stiefeln, dazu langem Schwert und Fez, einfach proper wirkte, ebenso wie seine Soldaten, die in frische weiße Baumwolle gekleidet waren. Emins Leute mussten ihn wohl auch für dreckig gehalten haben, dachte er, denn nach einem nachmittäglichen Nickerchen erwachte er und sah eine Wanne voll dampfend heißem Wasser, neben der ein Stück selbst gemachter Seife – die erste Seife nach fünf Monaten – und ein Luffaschwamm lagen. Er wusch sich gründlich, und zum ersten Mal seit dem Abmarsch aus Yambuya fühlte er sich wieder richtig sauber. Seine Männer waren währenddessen freundlich behandelt und königlich bewirtet worden und schienen besonders erfreut darüber, nach so vielen Monaten endlich wieder etwas zu essen zu bekommen, das Frauen gekocht hatten. Jephsons Gepäck, »ein paar alte zerschlissene Kleidungsstücke in einem Zeltsack, ein Korb mit zwei, drei ziemlich schwarzen Töpfen, meinen Tellern usw., ein paar Kartoffeln und einer Ziegenhaut voller Bohnen«, wurde »von zwei proper wirkenden türkischen Dienern in schneeweißer Kleidung« hereingebracht »und so ehrfürchtig abgelegt, als befänden sich die wertvollsten Juwelen darin«.

Emin hatte seinen Leuten die lang ersehnte Ankunft von Stanleys Expedition – im Nachhinein unklugerweise – als ihre Rettung dargestellt, als das Ereignis, das alle ihre Probleme lösen würde. Als am 23. April 1888 die Nachricht bei ihm eintraf, dass Jephson in Mswa angekommen sei, waren alle in Tunguru so aufgeregt, dass niemand schlafen konnte. Die ganze Station wurde festlich geschmückt. Emin brauchte vier Tage bis Mswa, weil er erst noch auf die Rückkehr seines Dampfboots, die *Khedive*, warten musste, das weiter nordwärts Getreide lud. In sein Tagebuch notierte er das arabische Sprichwort: »Warten ist schlimmer als Feuer.«

Emin traf schließlich am 27. April in Mswa ein, so spät, dass es bereits dunkel wurde. »Als das Boot auf Sand lief, sprang Emin Pascha heraus & begrüßte mich mit beiden Händen, wiederholte immer wieder Worte des Willkommens und der herzlichen Begrüßung und hielt meine beiden Hände in den seinen; man spürte regelrecht, dass dieses Willkommen aus tiefstem Herzen kam.« Emin war überrascht, wie jung Jephson war. Er stellte ihm Casati vor, der mit ihm eingetroffen war, legte Jephson eine Hand auf die Schulter und ging mit ihm zur Station, gefolgt von allen offiziellen Vertretern; Jephsons Sansibaris schossen ein knatterndes Gewehrfeuer dazu ab. Die Männer setzten sich draußen in den hellen Mondschein und unterhielten sich bis spät in die Nacht.

An dieser Stelle beginnt Jephson in seinen Tagebüchern ins Schwärmen zu geraten, nicht nur hinsichtlich der leiblichen Wohlgenüsse, sondern auch angesichts des Unterschieds zwischen Stanley und Emin, der sich ihm unmittelbar aufgetan hatte. »Es ist wunderbar, mit welcher Liebe und Zuneigung seine Leute von ihm sprechen, wie sie alle zu ihm aufschauen & ihn bewundern – welch ein Unterschied zu unserem Anführer, bei dem alles nur durch blanke Gewalt geschieht … Es ist ein großes Vergnügen, sich mit jemand Neuem zu unterhalten, noch dazu mit einem derart klugen und intelligenten Mann.«

Emin, der bemerkte, wie peinlich Jephson sein äußeres Erscheinungsbild war, gab ihm zwei Jacketts und eine Hose und rief einen Schneider – einen bereits einmal wegen Wegelagerei verurteilten Mann – sowie einen Schuhmacher zu sich, um Jephson weitere Kleidungsstücke und ein Paar Schuhe maßanfertigen zu lassen. Die Sansibaris, die nurmehr Tierhäute und Teile von Rindenkleidung der Eingeborenen trugen – »in derart kleinen Mengen, dass sie kaum noch anständig zu nennen waren«, so Jephson –, erhielten Stoff, um sich neue Kleidung zu nähen. Emin bat Jephson, ihm nur ruhig zu sagen, was er noch alles bräuchte, und als dieser nach langem, peinlichem Zögern Seife, Salz und ein Notizbuch nannte, brummte Emin, das sei nicht genug. »Seine Freundlichkeit ist geradezu überwältigend«, fand Jephson.

Am 28. April brachen sie um acht Uhr früh von Mswa aus auf. Die *Khedive* ähnelte einem schwimmenden Bauernhof mit zahlreichen Tieren, Milchkühen, Ziegen, Schafen und Hühnern an Bord, dazu einer großen Menge an Getreide und einem großen Ballon mit selbst gebranntem Schnaps; all das war für die Expedition bestimmt. Gegen 18:32 Uhr, wie Emin mit seiner ihm üblichen Präzision notierte, ankerten sie in einer Bucht nicht weit von Stanleys Camp, in dem sich alle überaus angestrengt hatten, nur ja als Erster das Dampfboot zu entdecken. Als die pechschwarze afrikanische Nacht hereinbrach, ließ Stanley große Feuer aufschichten, um ihnen den Weg ans Ufer zu weisen, und schickte Parke mit einer Eskorte voraus, um Emin, Jephson und Casati zu empfangen. Außer sich vor Aufregung liefen Stanleys Sansibaris und Emins Leute umher und feuerten Freudenschüsse in alle Richtungen; so manche Kugel zischte gefährlich nahe an dem Empfangskomitee vorbei. Mit den Sansibaris vorneweg, die mit Fackeln den Weg erhellten, und Jephson, der Emin am Arm führte, um ihn von Sümpfen und Stolperfallen fernzuhalten, legten sie die paar Meilen zu Stanleys Lager zurück.

KAPITEL 19

Endlich!

Es war die zweite illustre Begegnung in Stanleys Karriere. Bei der ersten traf er 1871 mit Dr. Livingstone zusammen, den er in Ujiji, einem Dorf am Tanganjikasee, fand. Seine Begrüßung hatte Stanley erheblich berühmter gemacht als alles andere, was er jemals getan hatte oder noch tun würde, eben weil sie so überhaupt nicht zu einem Mann zu passen schien, der auf einen Landsmann trifft, den er monatelang im tiefsten Afrika gesucht hat. Er klang eher wie ein viktorianischer Gentleman in London, der einen anderen Gentleman begrüßt, dem er noch nicht vorgestellt worden ist: »Dr. Livingstone, nehme ich an?« Ein geflügeltes Wort in Großbritannien, doch vielleicht hat Stanley das, entgegen seines eigenen Berichts, so niemals geäußert. Livingstone erwähnt davon keine Silbe in seinen Tagebüchern und Briefen, und die relevanten Seiten in Stanleys eigenen Tagebüchern sind rätselhafterweise herausgerissen worden.

Die Begegnung mit Emin verlief jedenfalls ganz anders. Als sich die Gruppe dem Lager näherte, trat Stanley mit der Kappe in der Hand aus seinem abgewetzten, wasserdichten grünen Zelt, um sie zu begrüßen. Er beschreibt die Szene so: »Ich gab allen die Hand und fragte, wer von ihnen Emin Pascha sei. Dann weckte eine recht kleine, schlanke Gestalt mit Brille meine Aufmerksamkeit, als diese in makellosem Englisch erklärte: ›Ich schulde Ihnen Tausend Dank, Mr. Stanley. Ich weiß gar nicht, wie ich Ihnen meine Dankbarkeit erweisen soll.‹ ›Ah, Sie sind also Emin Pascha. Kein Wort mehr über Dank, aber kommen Sie doch herein und setzen Sie sich. Es ist so dunkel hier draußen, wir können uns ja gar nicht erkennen.‹«

Emins und Stanleys erste Begegnung

Irgendwo in all den Kisten, die Monat um Monat auf den Köpfen der Träger durch die glühend heiße Dunkelheit des Kongo transportiert worden waren, befanden sich, in eine alte Hose gewickelt, fünf halbe Flaschen Champagner, die Stanley eigens zu diesem Anlass eingepackt hatte. Dieser Champagner, der sicherlich nicht gekühlt war, wurde nun geöffnet und unter den dazu passenden Trinksprüchen getrunken.

Beim Abschied reichte Stanley Emin einen großen Stapel Post und Bücher, die er für ihn mitgebracht hatte, dann kehrten Emin und Jephson für die Nacht zum Dampfboot zurück. Viele der Briefe waren unterwegs durch den Dschungel so feucht und modrig geworden, dass sie kaum noch zu entziffern waren. Dennoch war Emin so sehr mit ihnen beschäftigt, dass er bis spät in die Nacht hinein über ihnen sitzen blieb. Wieder waren die Nachrichten vom Khedive und von Nubar Pascha in Kairo die für ihn wichtigsten Schreiben. Dieses Mal forderten sie ihn auf, sich nach Ägypten zurückzuziehen, ließen ihm und seinen Männern aber die Freiheit zu bleiben, wo sie waren, wenn sie es wünschten; in diesem Fall würden sie allerdings aller ausstehenden Zahlungen und aller Ansprüche auf Hilfe von der Regierung verlustig gehen. Außerdem teilten seine Vorgesetzten ihm mit, dass er vom Bey zum Pascha befördert worden sei.

Am nächsten Tag wollte Stanley mit Emin schnell zum Geschäftlichen kommen, musste aber bald merken, dass er bei dem Thema nicht weiterkam, da die beiden Männer offenkundig vollkommen unterschiedliche Vorstellungen von dem hatten, was sie wollten. Emin hatte auf Hilfe gehofft in Form von Munition und Nachschub, der seine Position stärken sollte und ihm ermöglichen würde zu bleiben, wo er war, hoffentlich mit einer Nachrichtenverbindung zur Küste. Emin hatte nie die Absicht gehabt zu gehen, und viele der Männer unter seinem Befehl wollten dies ebenfalls nicht, wie er wusste. Nun aber stellte sich die von Stanley gebrachte

»Hilfe« als lachhaft gering heraus – die Munition würde nicht mal für eine Stunde reichen –, außerdem wollte dieser Brite auch noch unbedingt Emin und seine Leute von Äquatoria an die Küste bringen.

Stanley wiederum hatte einen Mann wie Gordon erwartet, der das Oberkommando über eine funktionierende Provinz innehatte, gleichzeitig aber dringend Nachschub brauchte – und gewillt war abzuziehen. Stanley hatte nicht damit gerechnet, dass Emin, obwohl ständig von Meuterei bedroht, so gut gekleidet und ernährt war und die zerlumpte Expedition mit nahezu allem versorgen konnte, was diese brauchte.

Stanley, ganz er selbst, drängte Emin machtvoll, mit seinen Männern an die Küste zu kommen. Emin, ganz er selbst, zögerte und schob eine Entscheidung hinaus. Stanley ließ daraufhin offenbar für den Augenblick von diesem Punkt ab. Stattdessen unterbreitete er Emin in den nächsten Tagen zwei andere Vorschläge, als ersten König Leopolds Angebot: Äquatoria sollte eine Provinz des Kongo werden und Emin ihr Gouverneur, der sein Gehalt selbst festlegen könne. Er würde zudem ausreichend Finanzen zur Verfügung haben, um seine Verwaltungsausgaben zu decken. Abgesehen von Emins Zweifeln an der Lebensfähigkeit des Kongo als Staat, hatten Stanleys Erfahrungen der letzten neun Monate nur allzu deutlich gezeigt, welche Schwierigkeiten es bereiten würde, die Nachrichtenverbindungen zwischen dem Kongo und Äquatoria aufrechtzuerhalten. Jedenfalls fand Emin das Angebot nicht sonderlich verlockend; und auch Stanley selbst riet ihm davon ab.

Darauf legte er ihm ein zweites Angebot vor. Er würde Emin und seine loyalsten Soldaten an einen sicheren Ort bringen, zum Beispiel Kawirondo am Viktoriasee. Von dort aus würde Emin direkten Kontakt zur Küste haben, könnte die Region und alles, was noch von Äquatoria übrig war, für Mackinnon verwalten, so lange, bis der Rest seiner Provinz mit britischer Hilfe zurückgewonnen worden wäre. Auf diesen Vorschlag ging Emin sofort ein. Zwar musste Stanley jetzt einräumen, dass er eigentlich gar nicht die Befugnis habe, diesen Vorschlag zu unterbreiten, er sei sich aber sicher, Mackinnons Zustimmung zu bekommen. Als Stanley später an Mackinnon schrieb, erklärte er ihm, alles versucht zu haben, um Emin dazu zu bringen, an die Küste zu gehen, doch sei dieser »von seinem afrikanischen Leben verzaubert« und zum Bleiben entschlossen.

Mackinnon hieß Stanleys Pläne dann tatsächlich rundheraus gut und begann, die notwendigen Schritte einzuleiten; Emins schottischer Missionarsfreund Robert Felkin sollte als sein Unterhändler agieren.

Es schien die perfekte Lösung zu sein. Emin hatte schon seit langem erkannt, dass die ägyptische Herrschaft dem südlichen Sudan nur wenig Gutes gebracht hatte, und war, wie wir gesehen haben, durchaus daran interessiert, dass der Landstrich von den Briten übernommen würde, wenn möglich zusammen mit Buganda und Bunyoro. Tatsächlich hatte Emin 1886 in einem Brief an Sir John Kirk, den Konsul in Sansibar, die Provinz ganz formell Großbritannien angeboten. Und es sieht ganz so aus, als wäre es Kirk gewesen, der als Erster den Vorschlag gemacht hatte, Emin solle an den See umziehen.

Mit dieser Vereinbarung trennten sich Stanley und Emin. Dem Briten lastete das Problem mit der Nachhut schwer auf den Schultern. Sie schien nicht unterwegs zu sein – tatsächlich hatte es seit fast einem Jahr nach seinem Aufbruch in Yambuya keinerlei Nachrichten mehr von den Männern gegeben, und Stanley machte sich große Sorgen. So beschloss er, selbst zurückzukehren, um sie zu holen. In der Zwischenzeit sollte Emin seine Stationen besuchen und feststellen, wie viele Leute zur Küste und wie viele an Ort und Stelle bleiben wollten. Emin hatte Stanley gebeten, ihn bei dieser Reise zu begleiten und mit den Männern zu reden, in der Hoffnung, so den betrüblichen Eindruck wieder wettzumachen, den die Expedition bei ihrer Ankunft geboten hatte. Stanley konnte jedoch nicht begreifen, wozu das gut sein sollte, und ließ lediglich Jephson mit drei sudanesischen Soldaten zurück, in der Hoffnung, diese könnten ihre Landsleute überzeugen. Er stellte Emin auch den Diener Binsa zur Verfügung, einen jungen Mann vom Stamm der Niam-Niam, der sich ursprünglich einmal Wilhelm Junker angeschlossen hatte, dessen Diener geworden und ihm nach Sansibar gefolgt war, wo er sich dann später in Stanleys Expedition eingereiht hatte. Binsa, den Jephson als umgänglichen Charakter mit flacher Nase, einem »Profil wie ein Rosinenbrötchen« und viel Sinn für Humor beschrieb, sprach Arabisch und Suaheli und sollte sich im Fortgang der Geschichte als unersetzlich erweisen. Es wurde vereinbart, dass Emin mit allen Leuten auf die Rückkkehr Stanleys warten sollte. Stanley würde sie dann an den Ort führen, wo sie sich am Viktoriasee niederlassen könnten.

Stanley war bekannt, dass ein Teil von Emins Truppen rebelliert hatte, aber ihm schien zu jenem Zeitpunkt nicht aufgegangen zu sein, wie schlimm die Lage wirklich war. Casati hatte Emin angefleht, Stanley zu sagen, was tatsächlich vor sich ging, doch Emin, dem das Ganze wohl peinlich war, schob es vor sich her. Stanley sollte auch nie wirklich begreifen, wie sehr die Ankunft seiner Expedition Emins Position im Grunde geschadet hatte. Dessen Truppen waren nicht vorbereitet gewesen auf zerlumpte, müde und hungrige »Retter«, die selbst Hilfe und Nahrung brauchten. Viele von ihnen glaubten zudem kein Wort davon, wer sie zu sein beanspruchten und was sie vorhatten.

Am 23. Mai 1888 brach Stanley mit seiner Expedition wieder auf. Emin hatte ihm zusätzliche hundertdreißig Träger vom Stamm der Madi besorgt. Kaum waren sie ein paar Stunden unterwegs, desertierten diese bis auf neunzehn Mann, wahrscheinlich weil sie von den anderen Trägern gehört hatten, welche Schrecken in dem Wald vor ihnen lauerten. Emin schaffte es, weitere achtundneunzig Männer anzuheuern, und schickte sie mit drei Soldaten als Bewachung zu Stanley. Dieser wollte sie in Sechsergruppen aneinanderbinden, bis sie weit genug ins Innere des Waldes vorgedrungen waren und genügend feindliche Stämme hinter sich hatten, sodass ihnen jeglicher Mut genommen wäre zu fliehen.

Bei einer Pause in Fort Bodo musste Stanley zur Kenntnis nehmen, dass Stairs nur mit einer Handvoll Überlebender aus Ugarrowas Dorf zurückgekehrt war. Stanley ließ einen kleinen Trupp im Fort zurück und machte sich mit dem Rest der Expedition wieder auf. Ihr Rückmarsch war kaum weniger beschwerlich als der Hinweg. Träger starben – nur sechsundzwanzig der von Emin rekrutierten Männer kehrten lebend zurück – oder desertierten, wieder ging ihnen die Nahrung aus, wieder wurden sie mit Giftpfeilen angegriffen. Als sie an die Stelle des Flusses kamen, an der er endlich wieder befahrbar wurde, stiegen sie in Kanus um. Sie fuhren stromabwärts und kamen an Dörfern vorbei, die aufgegeben und verwüstet worden waren, doch niemand konnte ihnen sagen, warum. Am Morgen des 17. August entdeckten sie ein Dorf, Banalya, das unüblicherweise mit einer Palisade geschützt war. Durch sein Fernglas konnte Stanley weiß gekleidete Männer erkennen, daneben die rote ägyptische Flagge. Als sie ans Ufer kamen, eilte ihnen William Bonny, der medizinische Helfer der Expedition, entgegen. Sie gaben sich die Hand, und Stanley erkundigte sich sogleich: »Also, Bonny, wie geht es Ihnen? Wo ist der Major? Krank, nehme ich an?«

»Der Major ist tot, Sir.«

Von allen Schicksalen auf Stanleys schicksalsträchtiger Expedition war das der Nachhut wohl zweifellos das schlimmste. Und von all den Kontroversen, die sich hinterher um das ganze Unternehmen drehen sollten, war die um das Schicksal der

Nachhut die erbittertste. Stanley verwendete ungeheuer viel Zeit und Energie darauf, die Schuld an der Katastrophe anderen zu geben, doch letztlich war es seine eigene Verantwortung, und sein Ruf sollte für immer darunter leiden.

Als er mit dem Voraustrupp am 28. Juni 1887 Yambuya verließ, hatte die Nachhut aus hundertdreiunddreißig Afrikanern und zwei Europäern bestanden: Major Barttelot, der das Kommando hatte, und Jameson. Als der weitere Nachschub eintraf, den sie an zwei Orten unterwegs hatten zurücklassen müssen, weil Leopold ihnen die zugesagten Schiffe nicht gestellt hatte, waren es insgesamt zweihunderteinundsiebzig Afrikaner, drei weitere Europäer und etwa sechshundert Traglasten – der Großteil des Nachschubs und der Munition der Expedition.

Bei Stanleys Rückkehr waren die meisten Afrikaner tot oder lagen im Sterben; Stanley zählte nur noch sechzig Männer, die vielleicht überleben mochten. Barttelot war ermordet worden, und Jameson – auch wenn sie das noch nicht wussten – lag in Bangala, etwas weiter flussabwärts, im Sterben. Ein weiterer Mann war schwer krank nach Großbritannien zurückgeschickt worden, der vierte befand sich mehr als tausend Meilen flussabwärts in Banana Point, wohin ihn Barttelot auf eine zweifelhafte Mission geschickt hatte, um nämlich die Möglichkeit zu erkunden, ein Telegramm an Mackinnon zu schicken mit der Bitte um Anweisungen, was zu tun sei, wenn Stanley nicht wieder auftauchte. Blieb nur noch William Bonny, der Rangniedrigste der Expedition. Und vom Nachschub war kaum noch ein Drittel übrig.

Stanleys Entscheidung, die Einwohner des Dorfes Yambuya zu evakuieren, um dort das Nachschublager aufzuschlagen, hatte für tiefe Feindseligkeit gesorgt. Statt den Männern der Expedition Hühner, Früchte und Gemüse zu verkaufen, wie Stanley gehofft hatte, hielten sich die Eingeborenen fern vom

Lager. Frauen und Kinder zu kidnappen und Nahrungsmittel zu erpressen, brachte auf Dauer nichts, ebenso wenig wie eine zeremonielle Blutsbrüderschaft mit dem örtlichen Stammesoberhaupt, zu der Stanley Barttelot gezwungen hatte – der Major war davon angewidert gewesen.

Nicht weit vom Lager gab es eine große Maniokplantage. Maniok, das zentralafrikanische Grundnahrungsmittel, ist giftig, wenn die Wurzeln nicht erst zerkleinert, eingeweicht, getrocknet und dann zu einer Art Mehl zerstampft werden. Die Sansibaris von der Ostküste, die mit dieser Technik nicht vertraut waren und ungeheuer Hunger litten, aßen das Maniok mehr oder weniger roh, was unter anderem der Grund für die vielen Todesfälle unter ihnen gewesen zu sein scheint.

Die Nachhut hatte warten sollen, bis Tippu Tib genügend Träger herbeigeschafft hatte – Stanley behauptete ja, sechshundert Mann seien verabredet gewesen –, um so den Nachschub über den Pfad zu bringen, den der Voraustrupp für sie durch den Dschungel geschlagen hatte. Nach allem, was von Stanley schriftlich festgehalten wurde, müssen wir annehmen, dass er Tippu Tib nicht zutraute, so viele Träger tatsächlich aufzutreiben, und schon halb damit rechnete, den Nachschub mit Emins Trägern holen zu müssen. Dabei hatte sich Tippu Tib ernstlich bemüht und nur deshalb schließlich nicht genügend Männer zusammenbekommen, weil Stanley seinen Teil der Übereinkunft nicht eingehalten und nicht die Munition beschafft hatte, auf die die meisten bestanden, um sich verteidigen zu können.

Die Geschichte vom Schicksal der Nachhut ist grausam. Von Hunger, Krankheit, Tod, Auspeitschungen, Verrat, unendlich schlechter Stimmung und, ja, sogar Kannibalismus ist zu berichten – die Unglücklichen in Yambuya litten wohl noch mehr als die Teilnehmer des Voraustrupps. Barttelot, der sowieso schon übernervös agierte, war womöglich der mit

Abstand ungeeignetste Mann, um diese Nachhut zu kommandieren. Der Stress und die verordnete Tatenlosigkeit schienen seinen Geisteszustand angegriffen zu haben, sodass er höchst zweifelhafte Entscheidungen traf. Eine davon lautete, Yambuya zu verlassen und Stanley zu suchen. Der chaotische Zug dauerte sechs Wochen, zog sich über nicht mehr als neunzig Meilen hin und endete in dem Dorf Banalya, wo Stanley sie schließlich vorfand. Er nannte den Ort ein »Beinhaus«.

Dort hatte Barttelots geistige Schwäche seinen eigenen Untergang befördert. Die Träger feierten ein lärmendes Stammesfest mit viel Gesang, Getrommel und Gewehrschüssen, das scheinbar Tag und Nacht so weitergehen sollte. Irgendwann fing dabei auch eine Frau so an zu trommeln und zu singen, dass Barttelot es nicht länger ertragen konnte. Er schnappte sich seinen Revolver und stürmte zum Zelt hinaus, um sie zum Schweigen zu bringen. Einigen Berichten zufolge, wollte er sie gerade mit dem Revolver schlagen, als ein Schuss fiel; er traf Barttelot, der auf der Stelle tot war. Der Verdacht fiel sofort auf den Gatten der Frau, einen Mann namens Sanga, der in dem nun folgenden Chaos floh – und mit ihm die meisten Träger.

Wäre Stanley wie geplant im November 1887 zurückgekehrt, dann hätte ein Großteil der Nachhut gesichert werden können. Doch er kam neun Monate später, und seine Resttruppe hatte sich faktisch aufgelöst. Stanleys Wut kannte keine Grenzen. Er versuchte zu retten, was noch zu retten war.

Knapp zwei Wochen später, am 30. August, machten sie sich auf den Weg, um den Dschungel ein drittes Mal zu durchqueren; diese Reise sollte die Schlimmste von allen werden. Viele der Afrikaner bekamen die Pocken, wieder mussten sie hungern. Unterwegs brach eine kleine Gruppe auf, um Nahrung zu suchen. Als sie verschwunden blieb, machte sich Stanley auf den Weg, sie zu finden, was ihm zum Glück gelang. Der außergewöhnlich zähe und sonst stets zuversichtliche Forscher war bei diesem Gang so verzweifelt, dass er seinen Revolver und eine Dosis Gift mitgenommen hatte, um sich für den Fall seines Scheiterns selbst umzubringen.

Am 21. September trafen sie in Fort Bodo ein. Stanley hatte eigentlich nicht vorgehabt, dort hinzugehen, da die drei an diesem Ort von ihm stationierten Offiziere mit den Soldaten und allen anderen gemeinsam mit Emin und Jephson am Albertsee auf ihn warten sollten. In der Hoffnung, noch zurückgelassenen Nachschub zu finden, steuerte Stanley dennoch das Fort an und musste zu seinem Erstaunen feststellen, dass alle seine Männer dort waren. Sie hatten keine Nachricht von Emin und Jephson erhalten. Es gab reichlich Nahrung, viele der Kranken hatten sich erholt, so hatten sie keinen Grund gesehen, zum See zu ziehen. Endlich war die ganze Expedition – beziehungsweise das, was von ihr übrig war – wieder beisammen.

Nun brachen sie gemeinsam zum See auf, doch schon nach kurzer Zeit gab es erneut derart viele Kranke, dass Stanley die Karawane teilen musste. Er ließ die Invaliden zusammen mit Stairs, Parke und Nelson bei einem Dorf namens Kandekoré und drängte mit Bonny und hundert Trägern weiter. Am See angekommen, berichteten ihnen Einheimische, dass sie schon bald auf Emin und Jephson stoßen sollten. Umso größer war der Schock, als am 14. Januar 1889, gegen 15 Uhr, zwei Boten aus Kavallis Dorf eintrafen und ihnen zwei Briefe brachten.

»Ich las sie und wurde von einem Schauder ergriffen, der mich für eine Weile geistig völlig lähmte und alle Sinneseindrücke abtötete, mit Ausnahme jenes einer allumfassenden Überraschung«, erinnerte sich Stanley. Er dürfte wohl auch einen Tobsuchtsanfall bekommen haben, denn wie er selbst schrieb, »müssen Jephson und dem Pascha sicherlich die Ohren geklingelt haben«.

Emin und Jephson waren in der Gewalt von Emins eigenen Leuten.

KAPITEL 20

Es braut sich etwas zusammen

Nachdem Stanley aufgebrochen war, um die Nachhut zu suchen, hatten sich Emin und Jephson auf den Weg nach Mswa gemacht, Emins südlichstem Vorposten am Albertsee. Noch vor der geplanten Rundreise durch die Stationen musste Emin aber etwas anderes erledigen.

Casati, der in Bunyoro weilte, um Emins Postverbindung an die Ostküste sicherzustellen, war bei Kabarega in Ungnade gefallen. Örtliche Politik, Intrigen und Ränke scheinen dabei eine Rolle gespielt zu haben, vor allem aber war es die Nachricht von Stanleys Eintreffen, die den misstrauischen König in Panik versetzt haben mochte. Casati wurde zur *persona non grata* erklärt und stundenlang in der glühenden Sonne an einen Baum gefesselt. Man nahm ihm seine gesamte Habe ab, folterte und verurteilte ihn zum Tode, vollstreckte das Urteil aber nicht, sondern vertrieb ihn aus Bunyoro. Emin, der mit dem Dampfboot gekommen war, um ihn zu suchen, entdeckte ihn in jämmerlichem Zustand fast verhungert und halb nackt im hohen Gras am Ufer. Zur selben Zeit wie Casati war auch der Händler Mohammed Biri gefangen genommen worden und verschwunden. Später erfuhren sie, dass er ermordet worden war.

In Reaktion auf das Geschehen entsandte Emin seine Soldaten, sie sollten zur Vergeltung das Dorf Kibiro überfallen. Wenn er nicht entsprechend handele, so erklärte er Jephson zur Verteidigung, dann würde das Kabarega ermutigen, weitere Angriffe auf Emins Leute zu unternehmen.

Kibiro war ein großer Marktflecken und verdiente vor allem an der Gewinnung von Salz, das in Zentralafrika hoch im Kurs stand und einen großen Teil des Reichtums der Unyoros ausmachte. Emins Männer gingen weit über den erhaltenen Befehl hinaus. Sie setzten nicht nur die Hütten in Brand, sie massakrierten auch alle Bewohner, selbst Frauen und Kinder. Betrunken und triumphierend kehrten sie zurück, im Schlepptau sechshundert Ziegen und Schafe, unzählige Hühner und mehrere hundert große Ladungen Salz. Den Rest, den sie nicht hatten davontragen können, verbrannten sie, die Salzgruben verwüsteten sie. Emin war entsetzt, hielt sich aber merkwürdig zurück. »Für den Eifer, den Sie an den Tag gelegt, die Grausamkeiten, die sie begangen haben«, sagte er seinem Kommandanten, »danke ich Ihnen nicht.«

Dann schließlich machten sich Emin und Jephson an die große Aufgabe, die Menschen dazu zu überreden, umzusiedeln. Einen Großteil dieses Abschnitts in Emins Geschichte verdanken wir Jephsons lebendiger Beschreibung in seinem Buch *Emin Pascha: The Rebellion at the Equator* und seinen persönlichen Tagebüchern. Jephson war ein genauer Beobachter und guter Schreiber; anders als Stanley hatte er keinen Grund, die Wahrheit zu verzerren oder auszuschmücken, vor allem nicht in seinen Tagebüchern, die erst 1955, siebzig Jahre nach den Ereignissen, veröffentlicht worden sind.

Jephson erkannte bald, wie schnell Emins Macht in Äquatoria zerfiel. Der Norden der Provinz war faktisch verloren. Emins Erstes Bataillon, das angeblich den Norden kontrollierte, hatte bereits drei Jahre zuvor gemeutert und folgte seinen Befehlen seitdem nicht mehr. Viele seiner Offiziere und Soldaten waren in die Region Makraka abgezogen und führten dort ein Leben als Bandenchefs. Das im Süden stationierte Zweite Bataillon war noch relativ loyal, doch auch dort gab es langsam Ärger. Die Truppen wie die Zivilangestellten waren zutiefst gespalten. Die meisten Soldaten waren treue Sudanesen, ungebildete Analphabeten. Sie waren dem Khediven blind ergeben, auch wenn die meisten von ihnen keine Ahnung davon hatten, wer oder was er war, und sie folgten Emin Pascha von Herzen gern. Aber sie waren nicht gewillt, ihr Heimatland für die Fremde und eine höchst ungewisse Zukunft zu verlassen. Viele der Offiziere, Angestellten und Schreiber waren Ägypter mit krimineller Vergangenheit. Die Angestellten, die lesen und schreiben konnten, genossen in der Provinz Einfluss und Macht, die sie daheim nie gehabt hätten; schon allein deshalb hatten sie kein Interesse daran, nach Hause zurückzukehren. Sie alle hatten zwar seit gut fünf Jahren kein Gehalt mehr gesehen, doch nach afrikanischen Maßstäben führten sie ein angenehmes Leben, hatten reichlich Sklaven, große Harems, viele Kinder und genügend zu essen.

Emins und Jephsons erster Halt auf der anstehenden Rundreise war die Nachbarstation von Mswa, Tunguru. Sie war ursprünglich auf einer Insel errichtet worden, doch da der Wasserspiegel des Sees sank, lag sie nun auf einer Landzunge, durch einen Sandstreifen mit dem Ufer verbunden. Hier bekamen sie einen ersten Vorgeschmack auf das, was auf sie zukam. In Abwesenheit von Emin und dem Stationskommandanten hatten zwei Männer das Gerücht gestreut, Stanley sei nur ein Abenteurer, die Briefe vom Khediven und von Nubar seien Fälschungen und Emin hätte sich mit Stanley verschworen, sie alle fortzuschaffen und den Engländern als Sklaven zu verkaufen. Die beiden, ein Angestellter namens Ahmad Mahmud und ein Leutnant, die wegen ihrer Beteiligung an der Arabi-Rebellion nach Äquatoria verbannt worden waren, hatten zudem Briefe entsprechenden Inhalts an die anderen Stationen verschickt.

Als Emin von dieser Intrige Wind bekam, ließ er die beiden verhaften und warnte seine Leute, nicht auf den Unsinn zu hören; doch die Saat der Zwietracht war bereits auf fruchtbaren Boden gefallen. Emin und Jephson begannen sodann mit der rituellen Verkündung ihrer Nachrichten, einer Routinehandlung, die sich auf allen Stationen entlang des Nil wiederholen sollte: Die Truppen und Zivilangestellten der Station, gekleidet in ihre besten Uniformen und Kleider, reihten sich am Dorfplatz auf; fünf türkische Fahnen wehten. Emin und Jephson näherten sich, die Flaggen wurden gesenkt, Trompeter in leuchtend roten Uniformen bliesen die Khedivenhymne, die zugleich die ägyptische Nationalhymne war. Jephson berichtete dann den Zuhörern, vermittelt über den Dolmetscher Binsa, von Stanleys Expedition und von dessen Grund, ihn zu entsenden. Dann wurden die Briefe des Khediven und von Nubar verlesen, gefolgt von einer aufrüttelnden Botschaft Stanleys. Allem war dieselbe Nachricht zu entnehmen: Emins Leute konnten mit der Expedition abziehen und nach Ägypten zurückkehren; dort würden sie ihren gesamten Lohn erhalten. Oder sie dürften bleiben, doch in diesem Fall würden sie keinen Lohn erhalten und die Regierung würde ihnen nicht länger beistehen können. Stanley, der genau wusste, wie schwer es den Männern fiel, ihre Lage zu realisieren, betonte in seinem Schreiben, dass Khartum an den Mahdi gefallen, Gordon ermordet und der Weg nördlich den Nil hinunter vom Feind blockiert worden sei.

Am folgenden Tag fühlte Jephson bei den Offizieren, den Soldaten und den Angestellten vor, wie die Stimmung sei; alle erklärten scheinheilig, dass sie bleiben würden, wenn der Pascha bliebe. Ginge dieser, würden sie mitgehen. Jephson, der schon viel über die afrikanische Mentalität gelernt hatte, schloss daraus, dass sie nicht gewillt waren abzuziehen.

Als Nächstes begaben sich Emin und Jephson in Emins Hauptquartier in Wadelai, wo Jephson sich wieder an die Leute wandte, dieselbe Antwort erhielt und zum selben Schluss kam. Hier hörte er ebenfalls, und das jetzt schon zum dritten Mal, einige Offiziere unabhängig voneinander sagen, dass es besser für sie alle wäre, in eine Gegend mit Zugang zum Meer zu gehen und sich dort anzusiedeln. Dies war im Prinzip genau der Plan, den Stanley Emin vorgeschlagen und den dieser nur zu gern angenommen hatte. Doch weder Emin noch Jephson hatten bei ihrer Rundreise ein Wort darüber verloren. Aus womöglich zu großem Respekt dem Khediven gegenüber, für den Emin ja noch immer tätig war und aus dessen Finanzen ein Teil der Expedition finanziert worden war, hatten sie entschieden, nichts davon zu sagen, bis klar war, ob die Leute abziehen wollten oder nicht.

In Wadelai wurde Jephson wieder von Fieber geschüttelt, doch er machte sich noch größere Sorgen um Emin, der ernsthaft erkrankt zu sein schien. All die Anstrengungen der vergangenen fünf Jahre hatten ihn zermürbt, und sein Herz machte ihm Schwierigkeiten. Ganz deprimiert gestand Emin Jephson, dass er wohl nurmehr ein, zwei Jahre zu leben hätte, wenn er sich nicht in einem kühleren Klima Ruhe und Frieden gönnen würde.

Jephson hatte zudem weitere Sorgen. Er befürchtete langsam, dass Emin kaum noch Kontrolle über seine eigene Provinz hatte. Zwar versicherte Emin auch ihm, wie schon allen anderen, dass seine Leute gutherzig und treu seien, doch der neunundzwanzigjährige Dandy aus London war da recht skeptisch. »Eine noch leise Stimme in mir flüsterte ›Obacht‹. Doch dachte ich, wer bin ich denn mit meiner geringen Erfahrung, meine Meinung gegen jene dieses Mannes von weltweitem Ruhm zu stellen, mit seiner langjährigen Erfahrung und praktischen Arbeit?«

Nächster Halt ihrer Reise war Dufilé, eine der ältesten und größten Stationen in Äquatoria. Hier lernte Jephson Major Hawash Effendi kennen, den Kommandanten von Emins Zweitem Bataillon und zweifellos den verhasstesten Mann in Äquatoria. Er war hierher verbannt worden, weil er während eines Krieges mit Abessinien Regierungsgüter an den Feind verhökert hatte. Arrogant, zynisch und durch und durch kor-

Emin und Jephson reiten in Dufilé ein.

rupt, bereicherte er sich daran, Tribut von seinen Untergebenen einzufordern, sich anderer Leute Frauen und Sklaven zu
nehmen und Vieh zu stehlen. Emin hatte zahllose Beschwerden über ihn erhalten, die meisten aber aus einem einfachen
Grunde beiseitegeschoben: Hawash Effendi arbeitete schwer
und brachte andere zum Arbeiten. Er befolgte die Befehle und
erledigte seine Aufgaben; ein solcher Mann war eine kostbare
Seltenheit im ägyptischen Sudan. Emin brauchte ihn.

Hawash lud sie zu einem üppigen Essen in sein Haus ein,
und als sie später auf der Veranda saßen und Pfeife rauchten,
erwähnte Jephson ihm gegenüber, dass sie vorhätten, zu den
Stationen des Ersten Bataillons zu gehen. Hawash mahnte
zur Vorsicht, er würde deren Loyalitätsbeteuerungen keinen
Glauben schenken. Diese Unterhaltung verstärkte Jephsons

Verdacht, dass Emin die Situation keineswegs voll erfasste und seine Leute tatsächlich nicht einzuschätzen wusste. »Einzelne Worte hier und da, ausgesprochen von unterschiedlichen Personen – Worte, die zum jeweiligen Zeitpunkt keinerlei große Bedeutung hatten, tauchten nun vor mir auf, während ich die ganze Nacht über wach lag und dachte, dachte, dachte«, schrieb er später. »Ach! Nur fünf Minuten mit Stanley, um dessen klaren, klugen Rat zu hören. In fünf Minuten hätte er die Situation erfasst und mir gesagt, was ich zu tun hätte!«

Emin und Jephson fuhren weiter stromabwärts zu den Stationen in Chor, Laboré, Muggi und Kiri und spulten ihr Routineprogramm ab. Nächstes Ziel ihrer Reise war dann die große Station Rejaf, Hauptquartier des Ersten Bataillons und das Zentrum der Rebellion. Jephson berichtete Emin von Hawash Effendis warnenden Worten. Emin wischte diesen Einwand beiseite, schickte aber dennoch vorsichtshalber Hamad Aga voraus, einen Major des treuen Zweiten Bataillons, um anzukündigen, dass Emin gern kommen und mit den Rebellen reden würde, wenn sie zuvor ihre hochrangigen Offiziere zur Station nach Muggi schicken würden, um sich ihm zu unterwerfen. Man müsse sich erst mit den beiden schlimmsten Rädelsführern verständigen, lautete die Antwort, mit zwei Offizieren, die weggelaufen und zu Banditen in Makraka geworden waren. Jephson hielt das Ganze für zu gefährlich; es hätte keinen Sinn zu warten, doch Emin glaubte, einen der beiden überzeugen zu können, und blieb. »Mir wurde das Ganze langsam unheimlich«, notierte Jephson, vor allem, als er erfuhr, dass besagter Brief jenes Ahmad Mahmud, des Unruhestifters in Tunguru, den Emin hatte einsperren lassen, die Runde machte und die Leute beeinflusste.

Jephson verlor die Geduld mit der Dummheit und Doppelzüngigkeit der Menschen und wählte deshalb in Kiri eine andere Taktik der Kommunikation mit Emins Leuten. Er warnte rundheraus vor dem, was passieren würde, wenn sie blieben: Innerhalb eines Jahres würde ihnen die Munition ausgehen, und dann würden sich die Eingeborenen, deren Hass sie sich mit ihren Überfällen und Morden zugezogen hatten, rächen und sie niedermetzeln. Wer überlebte, würde in den Zustand zurückfallen, in dem Emin sie vorgefunden hatte. Obwohl es nachvollziehbar war, was er sagte, war Jephson über ihre Reaktion überrascht. Nachdem sie eine Nacht darüber geschlafen hatten, erklärten die Offiziere und Zivilisten ausdrücklich, gehen zu wollen, wie er in seinen Memoiren schrieb. »Sie berichteten mir, dass alle Leute darüber geredet hätten, was ich ihnen gestern gesagt hatte, und sich jetzt im Klaren darüber waren, was ihnen blühte, wenn sie unsere Hilfe zurückwiesen. Sie flehten mich an, von den Offizieren in Rejaf weggebracht zu werden, und baten mich, das, was sie sagten, in meinem Tagebuch festzuhalten, vor dem sie anscheinenden großen Respekt hatten.« Doch bevor das geschehen konnte, kam ein Bote aus der Rebellenhochburg Rejaf und überreichte Emin einen Brief.

Er stammte von Hamad Aga. Er war von seinen Offizierskollegen in Rejaf festgesetzt worden und hatte den Brief im Schutze der Nacht hinausschmuggeln lassen, um Emin zu warnen, dass die Männer sich verschworen hatten, ihn ebenfalls gefangen zu nehmen, sobald er dort auftauchen würde. Die Männer planten zudem, selbst fortzugehen – aber nordwärts, um sich der Regierung anzuschließen, die sie noch immer in Khartum an der Macht vermuteten.

Der Bote berichtete Emin, dass die ägyptischen Offiziere die Verschwörer seien und er vermute, dass die sudanesischen Soldaten zu Emin halten würden, wenn er dort auftauchte. Emin schien noch immer zu glauben, die Offiziere überreden zu können, doch war das Risiko einfach zu groß. Selbst in Kiri zu bleiben, war zu gefährlich. Deshalb beschlossen Emin und Jephson, sich nach Muggi zurückzuziehen. Und dann machte auch Emin einen großen Fehler.

Er gab den Befehl, alle Munition aufzuladen und mit nach Süden zu nehmen, bis auf die dringend benötigte Menge vor Ort. Emin und Jephson waren mit ihrem Voraustrupp kaum eine Meile von der Station entfernt, als ein Soldat sie mit der Botschaft einholte, dass die Leute in Kiri, die Emin misstrauten, den Transport umlagert hätten und sich weigerten, die Karawane ziehen zu lassen. Emin schickte eine Botschaft zurück, die besagte, er bestünde auf dem sofortigen Abzug der Munition. Jephson war entsetzt über diese Befehlsverweigerung und drängte Emin zurückzukehren und persönlich dafür zu sorgen, dass der Befehl ausgeführt würde. Stanley hätte es so getan, das wusste er. Doch Emin schien zum Handeln nicht fähig zu sein. Dieselbe Garnison, die am Tag zuvor noch gefleht hatte, abziehen zu dürfen, war nun zu den Rebellen übergelaufen. Das bestätigte nur noch Jephsons Zweifel. »Von jenem Tag an verlor ich allen Glauben an Emins Ratschläge und seine Beteuerungen in Bezug auf seine Leute; ich spürte, dass sich eine dunkle Wolke über uns zusammenzog und dass ernsthafte Gefahr drohte.«

Emin und Jephson wandten sich weiter südwärts in der Hoffnung, die Stationen evakuieren und die Menschen mit ihrer Habe an einen Ort unterhalb der Katarakte von Dufilé bringen zu können, wo sie von den Dampfbooten zum See gebracht werden konnten. Sie hatten bereits Muggi erreicht, als Emin mitten in der Nacht Jephson weckte und sagte, er habe gerade einen Brief vom kommandierenden Offizier in Kiri erhalten: Soldaten der Rebellen seien erschienen, hätten alle Munition beschlagnahmt und ihn unter Hausarrest gestellt. Auf Jephsons Vorschlag hin schickte Emin einen Trupp Soldaten und Träger zurück nach Kiri mit der Anweisung, wer von der Bevölkerung dort bleiben wolle, solle bleiben, wer aber abziehen wolle, solle mit Familie und Habe mitkommen. Er hielt es offensichtlich für besser, gar nicht erst zu versuchen, die Munition zurückzuholen.

Emin und Jephson konnten in dieser Nacht nicht schlafen, sie blieben beieinander und sprachen. Emin erzählte Jephson seine Lebensgeschichte. Er berichtete über seine zehn Jahre in osmanischen Diensten im Nahen und Mittleren Osten und die dreizehn Jahre im tropischen Klima Äquatorias, über die Art, wie die Regierung in Khartum seine Bemühungen zunichtegemacht hatte, die Provinz zu entwickeln, und über die letzten fünf Jahre, in denen er abgeschnitten von aller Welt war und sich um seine Leute kümmern musste, die sich nun undankbar zeigten. »Er war derart nervlich erschöpft, dass er kaum mehr als zwei, drei Stunden die Nacht schlief, sein Herz machte ihm große Sorgen und bereitete ihm Schmerzen.« Jephson schämte sich ein wenig dafür, Emins jüngste Unfähigkeit kritisiert zu haben, sich gegen die Rebellen zur Wehr zu setzen. »Es ist schwierig für einen jungen lebensvollen Mann zu verstehen, wie schwer es manchmal für einen alten Mann sein muss, energisch und prompt zu agieren, der nach langen Jahren harter Arbeit und Sorge abgekämpft ist.«

Emin war zu diesem Zeitpunkt neunundvierzig Jahre alt. Als Stanley ihn ein paar Monate zuvor zum ersten Mal gesehen hatte, schrieb er: »Seiner Erscheinung nach verrät er nichts von diesem Alter; sein Bart ist dunkel, fast schwarz, und sein Tatendrang würde einem Mann von dreißig oder fünfunddreißig gut zu Gesicht stehen.« Doch die Ereignisse forderten offenbar ihren Tribut; das sollte sich in den kommenden Monaten und Jahren noch weiter verschärfen.

Die Probleme, die Jephson befürchtet hatte, ließen nicht lange auf sich warten. Zurück in Laboré, bemerkten die beiden während ihrer üblichen Ansprache, dass die Männer, die sonst aufmerksam waren, untereinander tuschelten. Als Emin geendet hatte, trat plötzlich ein großer, stiernackiger sudanesischer Soldat vor und rief, das seien alles Lügen, der Brief des Khediven sei gefälscht, und erklärte, welche Anschuldigungen die Rebellen sonst noch hervorzubringen hatten. Wütend sprang Emin auf den Mann zu, versuchte, ihn zu packen und zu entwaffnen, und rief seine Wache, den Mann zu verhaften. Plötzlich war die Hölle los, Emin und Jephson wurden von brüllenden, fluchenden Soldaten umringt, die ihre Waffen auf sie richteten und nervös mit den Fingern am Abzug spielten, die Gesichter wutverzerrt, die Blicke hasserfüllt. Emin zog sein Schwert und forderte sie heraus, ihn doch anzugreifen.

Hätte auch nur ein Finger gezuckt, wäre dies das Ende gewesen. Doch plötzlich rief jemand, Jephsons drei sudanesische Soldaten würden das Pulvermagazin stürmen. Sofort wurde die Aufmerksamkeit abgelenkt, die Männer eilten zum Magazin und ließen Emin und Jephson fast allein zurück, denn die meisten ihrer Anhänger waren vor Schreck geflohen. Jephson ging mit großem Mut in Begleitung von Binsa zum

Emin widersetzt sich seinen meuternden Truppen in Laboré.

Magazin, sah sich dort aber den Waffen des feindlichen Mobs gegenüber. Er komme als Freund, sagte er, »denn wir ihr seht, bin ich allein und unbewaffnet, ich habe keine Angst vor euch, denn ihr seid Soldaten und keine Wilden«.

Das war ein kluger Schachzug. Die Männer beruhigten sich, und in zwei langen Sitzungen schaffte es Jephson, sie davon zu überzeugen, dass sie im Irrtum seien und Emin recht habe. Am Ende schämten sie sich für ihr Verhalten – zumindest für den Augenblick. Wie sich herausstellte, war der sudanesische Soldat, der vorgetreten war, vom Stationskommandanten, der sich heimlich mit den Rebellen verbündet hatte, persönlich dazu angestiftet worden.

Ein paar Tage später – Emin und Jephson machten gerade Rast in der kleinen Station Khor Ayu – erhielt Emin eine Nachricht von Hawash Effendi in Dufilé, wohin die Leute aus den nördlichen Stationen geschickt worden waren. Auch dort war es zur Rebellion gekommen, und Hawash saß fest. Fadl al-Mula, einer der Rebellenführer, zwei weitere Offiziere und sechzig Rebellensoldaten waren von einer anderen Station herübergekommen, hatten die Gefangenen befreit, darunter auch den rebellischen Beamten Ahmad Mahmud, hatten Läden und Magazine besetzt und verbreiteten in der Garnison die üblichen Rebellenparolen: dass der Brief des Khediven eine Fälschung sei, dass Emin sie mit Gewalt zum Abzug zwingen würde und dergleichen mehr.

Emin und Jephson saßen in der Falle. Erst war Rejaf im Norden in die Hände der Rebellen gefallen, nun Dufilé im Süden, östlich und westlich von ihnen lebten Eingeborene, die aufgrund der jahrelangen Misshandlungen feindselig gestimmt waren und sie bestimmt in Stücke rissen, falls sie versuchten, von den ausgetrampelten Pfaden abzuweichen. Emin schrieb an den getreuen Selim Bey, den sehr großen, sehr schwarzen sudanesischen Kommandanten in Laboré, der großen Einfluss in der Region hatte und auch mit Fadl al-Mula befreundet war, er solle sofort kommen und sie nach Dufilé begleiten.

Beklommen machten sie sich auf den Weg über die kahle, felsige Ebene nach Dufilé. Die Sonne brannte gnadenlos herab, die riesigen Felsmassen, zu bizarren Formen zerbrochen und verschliffen, durchsetzt mit Krüppelsträuchern und Mimosenbäumchen, schienen in der Hitze zu flimmern. Sie erreichten den Kamm eines Hügels, von wo aus sie auf Dufilé hinabblicken konnten, ein großes, rechteckiges Fort am Nil, und warteten darauf, dass der Rest des Trupps nachrückte. Sie richteten sich her, setzten Flagge und Standarten auf, sammelten ihre Kräfte und machten sich auf den Weg zur Station: Emin, Jephson, Selim, Vita Hassan, Emins zwei Schreiber, sein Vogelsammler Kismullah, mehrere Wachmänner und etwa zwanzig afrikanische Träger. Es war der 20. August 1888.

Als sie näher kamen, sahen sie eine große Menschenmenge, alle in weiß gewandet. Man feierte das islamische Fest Eid al Kebir. Wie Jephson später berichtete, gab es viel Lärm und Durcheinander, alle liefen umher und redeten aufgeregt, doch als sich Emin und seine Truppe näherten, wurden plötzlich alle still. Die Menschen schienen den Atem anzuhalten und zu warten, was nun geschah. Es gab keine Ehrengarde, keine Salutschüsse, und Emin erkannte sofort, dass es keinen Sinn hatte, zu ihnen zu sprechen, denn offenkundig waren sie alle betrunken, obwohl Alkohol rein theoretisch den Muslimen verboten war. Der Trupp passierte das Tor, ein Befehl ertönte, Soldaten umringten Emin und Jephson und schnitten sie vom Rest ihrer Leute ab, die beiseitegeschafft wurden. Die Soldaten nahmen Emin und Jephson fest und führten sie durch die Station, gefolgt von einer Horde Menschen, die sie erst vor einem Monat freundlich empfangen hatten, nun aber beschimpften und verhöhnten.

KAPITEL 21
Gefangen

Emins Gefängnis war eine Umzäunung, eine kleine Ansammlung von Häusern rings um einen winzigen, kahlen Hof, umgeben von einem hohen Zaun. Wachen waren am Eingang postiert. Sein Gefängnis stand mitten in Dufilé; Emin konnte zwar nichts sehen, doch bekam er viel von dem mit, was sich in der lärmenden, unruhigen Station abspielte. Passanten in den umliegenden staubigen Straßen machten beleidigende Bemerkungen, andere versammelten sich unter den Bäumen auf dem Platz davor und unterhielten sich laut über die Ereignisse, sodass er hören konnte, was sie sagten, und damit rechnen musste, dass ihm ein unangenehmes Schicksal drohte. Auf der einen Seite lag die Stationsschule, in der die Kinder Krach machten, auf der anderen der Hof eines ägyptischen Offiziers, der seine Frauen und Sklaven verprügelte; ihre Schreie waren markerschütternd.

Jephson, der ebenfalls gefangen genommen worden war, konnte sich wieder frei bewegen. Die Rebellen hatten gemeint, dass er als Entsandter Stanleys nur Befehlen gehorchte, und entschieden, ihm den Status eines »Gastes« zu geben. Das bedeutete auch, dass er die Umzäunung jederzeit betreten und bei Emin bleiben konnte, dabei wurde er aber von Wachen begleitet, die den Befehl hatten, alles zu melden, was er tat. Emin blieb ansonsten allein. Alle seine Sekretäre, Beamten und anderen Helfer waren im richtigen Gefängnis eingesperrt; nur seine und Jephsons Hausdiener durften in Freiheit bleiben und ihn auch besuchen. Sie brachten gelegentlich Neuigkeiten oder schmuggelten Briefe von den wenigen Getreuen ein, die es noch gab. Einer von ihnen war Selim Bey, der als Unterhändler fungierte, ein weiterer Osman Latif, der stellvertretende Gouverneur, der mit dem letzten Dampfer in Lado eingetroffen war. Latif, ein besonders unangenehmer Zeitgenosse und Meister in der Kunst der Intrige, tat zweifellos nur so, als ob er loyal sei, um sich für den Fall, dass sich die Lage ändern sollte – was sie ja öfter tat –, ein Hintertürchen offen zu halten. Jephson fand seine Speichelleckerei widerwärtig, und selbst Emin sollte ihn später als »Erzlump« bezeichnen, doch als ehemaliger Polizist hatte Latif die Fähigkeit entwickelt, Informationen zu sammeln, ohne dass man es merkte, und seine Botschaften erwiesen sich als sehr nützlich. Viele davon wurden in Binsas Fez oder im Gemüse versteckt eingeschmuggelt. Binsa, ein umgänglicher, fröhlicher junger Mann, schuf sich überall Freunde und zeigte sich ebenfalls überaus geschickt darin, Neuigkeiten herauszubekommen.

Da die Rebellen wussten, dass die Leute auf den Schifffen Emin unterstützten, ließen sie Maschinenteile aus den Dampfbooten entfernen, um so eine Flucht über den Fluss zu vereiteln. Und dann warteten sie darauf, dass auch die anderen Rebellen zur Station kamen. Es entstand eine gewisse Unruhe, und Binsa berichtete Emin und Jephson, dass zwei wichtige Briefe aus Tunguru und Mswa, den Stationen am See, eingetroffen seien. Emin und Jephson rätselten, um welche Neuigkeiten es sich handeln könnte – vielleicht ein Angriff von Kabaregas Leuten?

Früh am nächsten Morgen wurde Jephson von Emin geweckt, der im Pyjama in seine Hütte gestürmt kam. Jephson wusste sofort, dass etwas Wichtiges passiert sein musste, wenn der ansonsten so adrette Emin im Nachtgewand erschien. Stanley sei am See eingetroffen, verkündete Emin. Jephson sprang aus dem Bett. »Nein! Unmöglich!«

Selim Bey hatte eine Nachricht eingeschmuggelt, die besagte, dass Stanley mit einer großen Zahl von Männern,

Lasten, drei Elefanten und einem großen Boot am Albertsee eingetroffen sei. Der zweite Brief, an Emin gerichtet, stammte von Shukri Aga, dem Befehlshaber in Mswa. Die Offiziere wollten erst die Ankunft der anderen Rebellen abwarten, bevor sie ihn öffneten. Doch auf dem Brief stand: »Sehr wichtige Nachrichten. Grund zu großer Freude.«

Tatsächlich sollte Stanley erst in ein paar Monaten am See eintreffen, auch die Geschichte mit den Elefanten war höchst zweifelhaft; es handelte sich wohl um jene Art von Übertreibung, die dabei herauskommt, wenn in Afrika Nachrichten von einem Ohr zum nächsten wandern. Emin und Jephson jedoch klammerten sich an das Gesagte und hofften, dass, wenn schon nicht beide, Jephson gehen und sich mit Stanley treffen könne.

Am 31. August 1888, dem zwölften Tag seiner Gefangenschaft, konnte Emin Trompeten hören: Sie begleiteten die Ankunft der Offiziere aus Rejaf mit ihren Soldaten, Dienern und Sklaven. Vorneweg schritt Fadl al-Mula, über den Jephson später schrieb: »ein großer, ungeheuer dicker Sudanese von tiefschwarzer Farbe, mit einem recht intelligenten und keineswegs unangenehmen Gesicht, war er für einen Sudanesen recht gut aussehend.« Von diesem Zeitpunkt an war Fadl al-Mula Anführer und Sprecher der Aufständischen.

Von seinem Gefängnis aus konnte Emin hören, wie Fadl al-Mula und seine Männer – anders als er selbst – mit allen militärischen Ehren empfangen wurden und triumphierend, unter den Willkommensrufen der Bewohner, durch die Station marschierten, um vor seiner Umzäunung stehen zu bleiben und in langen Reden von den Kollegen begrüßt zu werden. Am Abend wurden große Krüge voll selbst gebrautem Bier und Hirseschnaps in Mulas Lager gebracht, das dieser gleich auf der anderen Seite des Platzes vor Emins Gefängnis aufgeschlagen hatte. Bis tief in die Nacht drangen lautes, betrunkenes Lachen, Rufe und Streitereien an Emins Ohren.

Am folgenden Tag hielten die Rebellen einen Rat ab, zu dem Jephson vorgeladen wurde. Obwohl er unter heftigem Fieber litt und kaum laufen konnte, erschien er, um von der Geschichte der Expedition und ihrem Zweck zu erzählen, wobei er von manchen Ungläubigkeitsbekundungen und vielen Nachfragen unterbrochen wurde. Jephson zeigte den Rebellen sogar den Brief des Khediven, den sie bald als echt erkennen mussten. Er vermochte es dennoch nicht, sie dazu zu überreden, Emin frei zu lassen. Doch immerhin erreichte er etwas: Indem er sie beschuldigte, das islamische Recht der Gastfreundschaft zu verletzen – in jenen Gegenden ein schwer wiegender Vorwurf –, brachte er sie schließlich dazu, ihn den Fluss hinaufzuschicken, um dort Stanley treffen zu können.

Ein paar Tage später reiste er mit acht Offizieren und einer großen Anzahl Soldaten auf dem Dampfer *Khedive* ab, die *Advance* im Schlepptau; die Erlaubnis dazu hatte er erhalten, nachdem er versprochen hatte, nach Dufilé zurückzukehren, gleich ob Stanley nun da war oder nicht. Jephsons erster Halt war in Wadelai, doch gab es zu seiner großer Enttäuschung keinerlei Nachricht von Stanley. Emin hatte ihn dringend gebeten, seine Sammlung und Tagebücher so zusammenzupacken, dass er sie mitnehmen könne, wenn er sich der Expedition wieder anschloss. Jephson tat ihm den Gefallen, obwohl er gerade erneut unter einem schlimmen Fieberschub litt. Währenddessen lief das Ränkespiel im Hintergrund immer weiter: Seine Begleitoffiziere wurden mit ihren Kollegen vor Ort zusammengelegt, Jephson selbst zeitweilig unter Hausarrest gestellt, und der Kommandant dieser bis dato loyalen Station, ein Mann, dem Emin vertraut hatte, lief zu den Rebellen über.

In Tunguru musste Jephson erkennen, dass es sich bei der großen Anzahl an Menschen, die in der Region aufgetaucht sein sollten, jedenfalls nicht um Stanley und seine Expedition handelte. Stattdessen fand er in Tunguru Casati vor, der dort ein einsames Leben führte. Drei Monate zuvor hatten sich Casati und Emin heftig gestritten und seitdem nicht wieder miteinander gesprochen oder korrespondiert. Doch kaum hörte Casati von Emins Notlage in Dufilé, beschloss er, den Streit zu vergessen und sich Jephson anzuschließen. Dieser fragte sich, wie schon andere Europäer, die Casati

Ferida überreicht Jephson ihre Halskette,
damit ihr Vater »Hühner zum Essen kaufen kann«.

kennengelernt hatten, was der Mann überhaupt den ganzen Tag machte. In den acht Jahren in Afrika war er offenbar zum Orientalen geworden, so fand Jephson. Er verließ kaum die Hütte, nur am Abend, er las nicht, führte kein Tagebuch, tat nichts, schien nur herumzusitzen und wenn es darauf ankam, die ganze Zeit zu rauchen, bemerkte Jephson. Aber, wenn es darauf ankam, war er eine große Hilfe.

Als sie auf dem Rückweg wieder in Wadelai Halt machten, erlebte Jephson eine rührende Geschichte mit Ferida, Emins kleiner Tochter, die bei ihrer Amme geblieben war. Sie nahm ihr Perlenhalsband ab, gab es ihm und erklärte, sie habe gehört, ihr Baba in Dufilé habe nicht genug zu essen. Ob er ihm wohl bitte das Halsband geben wolle, damit er sich von den Perlen Hühner kaufen könne? »Armes kleines Ding!«, dachte Jephson. »Welches vierjährige Kind in Europa hätte wohl an so etwas gedacht!« Tatsächlich war Ferida, im November 1884 geboren, zu diesem Zeitpunkt, Anfang September 1888, noch drei Jahre alt.

Zurück in Dufilé fand er Emin halbwegs wohlauf vor. Für ihn hatte sich die Zeit dahingeschleppt, er war ungeheuer deprimiert, hatte niemanden gehabt, mit dem er hätte reden können (abgesehen von Vita Hassan, dem tunesischen Apotheker, der anscheinend die Erlaubnis erhalten hatte, sich zu ihm zu gesellen), nichts zu lesen und kaum Nachrichten von außen erhalten. Währenddessen hatten die Rebellen ununterbrochen getrunken und gestritten, Emin aber nicht weiter belästigt. Casati zog zu ihm in eine der Hütten in der Umzäunung.

Am 4. September, fünf Wochen nach der Gefangennahme, setzten sich die Rebellen zu einem formellen Rat vor Emins Gefängnis zusammen. Er konnte Fadl al-Mula hören, der ankündigte, man würde Anschuldigungen gegen Emin, Hawash Effendi, Vita Hassan und andere, die mit

Emin »im Bunde« sein sollten, nachgehen. Dazu beschlagnahmten sie als Erstes Emins Korrespondenz mit der Regierung in Khartum, waren aber überrascht, als sie feststellten, dass Emin stets nur Gutes über sie geschrieben hatte. Dann nahmen sie die Rechnungsbücher an sich und entdeckten zu ihrem Erstaunen, dass sie korrekt und akkurat geführt waren. Nach dieser ersten Niederlage legten die Wortführer der Anklage – die Beamten – eine Liste mit siebenunddreißig aufgebauschten Vorwürfen vor und erklärten, sie könnten ihre Stichhaltigkeit alle belegen. Die Liste begann mit folgenden Punkten:

1. Das Dokument, das Emin den Rang des Pascha verlieh, sei eine Fälschung, er sei nur ein Bey.

2. Die Kopien der Briefe, die Emin nach Khartum geschickt hatte und in denen sie alle gelobt wurden, seien gefälscht. Niemals sei ein solcher Brief nach Ägypten geschickt worden.

3. Die Briefe des Khediven und von Nubar Pascha, die Stanley mitgebracht hatte, seien Fälschungen.

4. Stanley sei ein Betrüger und Abenteuer und sei gar nicht aus Ägypten gekommen.

5. Emin habe sich mit Stanley verschworen, um die Menschen aus dem Land zu locken und sie an die Engländer als Sklaven zu verhökern.

6. Emin habe sich fünf Jahre zuvor mit Keremallah, dem General der Mahdisten, verschworen, um die Männer, Frauen und Kinder an den Mahdi zu übergeben.

Und so weiter. Emin wurde der Ungerechtigkeit geziehen, und er habe seine Leute vernachlässigt, Geschenke angenommen und sogar einen höheren Offizier vergiftet. Die Beamten forderten die sofortige Absetzung Emins. Sie legten ein Dokument vor, in dem erklärt wurde, dass Emin aus Illoyalität gegenüber dem Khediven und wegen Betruges an seinen Leuten des Amtes enthoben sei, und forderten die Offiziere auf, dieses Dokument sofort zu unterzeichnen. Die Männer, die zumeist nicht lesen und schreiben konnten, waren über die Vorwürfe und die Vehemenz, mit der die Beamten sie vorbrachten, so entsetzt, dass sie stumm ihre Zeichen auf das Papier brachten. Wer sich weigerte, wurde so lange von allen anderen bearbeitet, bis er endlich nachgab. Das war's, keine Beweise, keine Zeugen. Und Emin wurde gar nicht erst befragt.

Ihm stellte man ein Schreiben zu, in dem stand, dass er seines Postens enthoben worden sei, und befahl ihm, es abzuzeichnen. Jephson drängte ihn, das zu unterlassen, doch Emin argumentierte, unterstützt von Casati, dass unter den bestehenden Umständen seine Signatur nicht bindend sei, und unterschrieb. Dann konnten sie zuhören, wie die Rebellen darüber debattierten, was denn nun mit Emin geschehen solle, ob sie ihn in Dufilé festhalten, in eine andere Station verlegen oder gar, wie manche flüsterten, hinrichten sollten. Lange schienen sie zu keiner Entscheidung zu kommen. Am Ende gab die Tatsache, dass Emin stets äußerst ehrlich gewesen war, niemals Bestechungsgelder angenommen hatte und von seinen Männern verehrt worden war, den Ausschlag dafür, dass ihm die Hinrichtung erspart blieb.

Emin, der in seinem öden Gefängnis hockte, wollte so gern wieder Gras und Bäume sehen. Jephson fand für ihn heraus, dass man in etwa anderthalb Meilen Entfernung einen Grasflecken mit fünf oder sechs Palmen sehen konnte, wenn man sich nur auf einen Stuhl stellte. Also standen die drei Europäer häufig auf ihren Stühlen und genossen diese Aussicht.

Nach der Absetzung Emins stürzte sich der Rebellenrat auf den ungeliebten Exkommandanten des Zweiten Bataillons, Hawash Effendi. Er wurde begleitet von lautstarken Hassrufen von seinen eigenen Wachen vorgeführt. Alle wollten Rache, und sie wollten auch ein Stück von dem Reichtum,

den er angehäuft hatte. Hawash, etwa siebzig Jahre alt, war
sehr krank, was ihm auch anzusehen war. Jephson, der bei
der Gerichtssitzung teilnehmen konnte, sah diesen einst so
mächtigen Mann nun gebrochen, gedemütigt und verbraucht.
Hawash war stets dünn gewesen, aber nun war er nur noch
ein Schatten seiner selbst. Jephson wusste zwar, was für ein
Gauner er war, hatte aber dennoch Mitleid mit ihm.

Nachdem eine ganze Reihe von Zeugen ihre Anschuldigungen vorgebracht hatten, nach Ausbrüchen von Beleidigungen
und Beschimpfungen erklärte das Gericht, dass alle Anklage-
punkte bewiesen seien, und befahl die Beschlagnahme seines
Besitzes sowie die Rückgabe der Frauen und Sklaven, die er
sich einfach genommen hatte, an ihre rechtmäßigen »Besitzer«.
Hawashs Haus wurde geplündert, es fanden sich allerdings nur
vierhundert Dollar in bar. Seine Frauen und Diener wurden

*Emin mit Jephson und Vita Hassan
in seinem Gefängnis in Dufilé*

gefesselt und so lange ausgepeitscht, bis sie das Versteck des restlichen Schatzes verrieten. Die weiteren Durchsuchungen förderten die – für Äquatoria – fürstliche Summe von dreitausendsechshundert Dollar in Münzen und Schuldverschreibungen zutage. Außerdem nahmen sich die Rebellen noch Hawashs siebenhundert Rinder und tausendeinhundert Schafe und Ziegen.

Man entschied, Hawash Effendi am Leben zu lassen, ihn aber zur Strafe in Ketten gelegt in ein Gefängnis einer abgelegenen Station zu bringen. Was Emin betraf, so verkündete Fadl al-Mula, dass er nach Rejaf geschickt und dort der Obhut eines der schlimmsten kriminellen Offiziere übergeben werden sollte. Emin erklärte darauf, sich lieber selbst umbringen zu wollen, als nach Rejaf zu gehen, denn das würde bedeuten zu verhungern, wie er wusste. Es gab dort keinerlei Lebensmittel mehr, und er selbst konnte keinen Fuß vor die Station setzen, ohne mit einem Mordanschlag rechnen zu müssen. Jephson versuchte ihn davon zu überzeugen, dass diese Entscheidung, wie so viele andere des Rates zuvor, sicherlich bald widerrufen werden würde, doch zu diesem Zeitpunkt – so schreibt Jephson in seinem Tagebuch – hatte Emin vollkommen aufgegeben. »Das war natürlich kein Wunder nach all den Jahren voller Anstrengungen; dennoch wäre es mir lieber gewesen, er hätte vor seinen Leuten, auf die diese Aufgabe einen sehr schlechten Eindruck machte, noch ein wenig länger Haltung bewahrt.«

In diesen Tagen genügte das kleinste Gerücht, um Emin in tiefste Depressionen zu stürzen. »Die Anspannung und Unsicherheit waren tatsächlich fürchterlich … Emin hatte keine Angst – das lag nicht in seiner Natur. Aber er konnte kaum noch essen oder schlafen und wurde sehr nervös. Seine Hand zitterte, und er erschrak beim leisesten Geräusch.« Emins und Vitas Häuser in Wadelai waren geplündert worden. Immer wieder drangen ernüchternde Nachrichten zu ihnen vor von einst loyalen Anhängern des Paschas, die nun zu den Rebellen übergelaufen waren – sogar sein eigener Vogelsammler. Das Essen, das man ihnen zuteilte, wurde von Tag zu Tag weniger, bis Jephson, zu Emins großem Kummer, losziehen und Nahrungsmittel kaufen oder gar erbetteln musste.

Unmittelbar nachdem er Emin und Hawash abgeurteilt hatte, begann der Rebellenrat sich aufzulösen. Die Mitglieder stritten miteinander, Treffen verkamen zu gewalttätigen und »schändlichen« Szenen, so Jephson. Die Rebellen wollten eine neue Verwaltung zusammenstellen, doch sie zankten sich nur, und keiner war mit seinem Posten zufrieden. Die Nachmittage und Abende waren allein dem Alkohol und den Ausschweifungen gewidmet. »Die Menschen haben nun alle Moral verloren, jeder hat irgendwelche Vorstellungen, keiner hört auf die Befehle eines anderen; alles ist Anarchie und Konfusion«, notierte Jephson in seinem Tagebuch.

Diese Situation, gepaart mit der fortdauernden Unsicherheit über ihr Schicksal, zerrte weiter ungeheuer an den Nerven. »In unserer Umzäunung konnten wir sie rufen, fluchen und streiten hören, und wir hatten den Eindruck, dass sie sich jeden Augenblick entschließen und eine Gewalttat verüben könnten«, schrieb Jephson. Emin machte sein Testament, um für Ferida zu sorgen, und setzte Jephson als Vollstrecker ein.

Immerhin wurden die sudanesischen Soldaten, die zwischenzeitlich an den Rand des Geschehens gerückt waren, den rebellischen Offizieren gegenüber aufsässig und zeigten sich gewillt, Emin zu unterstützen – eine Entwicklung, die Jephson und Casati so gut wie möglich und sehr vorsichtig, da sie unter Beobachtung standen, zu fördern versuchten. Es gab mehrere kleine Meutereien; fünf der Unteroffiziere riefen gar öffentlich zur Wiedereinsetzung von Emin Pascha auf – wofür sie prompt ins Gefängnis wanderten. Doch das führte alles zu nichts; offenbar fehlte ihnen der Mut, die Führerschaft und Geschlossenheit, ihren Willen durchzusetzen.

Am Ende wurde Emin ironischerweise von seinen ärgsten Feinden gerettet – den Mahdisten. Drei Jahre zuvor hatten sie sich aus dem Süden zurückgezogen und sich nicht weiter um ihn gekümmert. Erst Stanleys Expedition machte sie wieder aufmerksam. Als sie hörten, dass eine große Truppe unter Führung eines Europäers eingetroffen sei, fürchteten sie, die Briten würden einen Angriff von Süden her planen. Daraufhin schickten sie eine eigene Expedition los, um so viel wie möglich von Äquatoria zu besetzen, bevor es die Weißen taten, vor allem aber, um Emin Pascha zu fassen.

Im Juni hatte sich ein riesiges Heer von tausendfünfhundert Kämpfern auf drei Dampfern und neun Nilbooten unter Führung eines gewissen Omar Saleh flussaufwärts auf den Weg gemacht. Wütende Kämpfe mit Eingeborenenstämmen, bei denen die Mahdisten viele Männer verloren, hatten sie aufgehalten. Außerdem führte der Nil seinen tiefsten Wasserstand, seit es Aufzeichnungen gab. So brauchte das Heer vier Monate, um die Station Lado zu erreichen, die inzwischen aufgelassen worden war. Da der Wasserstand es unmöglich machte, den Fluss weiter hinaufzufahren, lagerten die Mahdisten dort und schickten drei Männer als Boten nach Dufilé, um Emins Kapitulation zu verlangen.

Bevor sie dort eintrafen, stolperte ein erschöpfter Kundschafter der Rebellen in die Station und verkündete, dass der Feind käme. Die Nachricht schlug ein wie eine Bombe. Trompeten erschallten, eilends wurde eine Versammlung einberufen. Die Bevölkerung war völlig aufgebracht, alle waren wie gelähmt vor Angst, und als ihnen klarwurde, was die Nachricht wirklich bedeutete, legte sich eine tiefe Stille über sie. Keiner wusste, was zu tun war.

Die noch existierenden nördlichen Stationen schienen höchst gefährdet, denn die meisten Offiziere und Soldaten waren zum Rat nach Dufilé gekommen. Es gab im Norden niemanden, der verantwortlich war. Hamad Aga, ein älterer Offizier, der anstelle von Emin zum Gouverneur ernannt worden war, brach sofort mit einer Gruppe von Kollegen, sechzig Soldaten und Munitionskisten auf, um die Garnison in Rejaf zu verstärken.

Zwei Tage später trafen drei sehr würdevolle, höchst eindrucksvolle Araber in Dufilé ein. Sie hatten weiße, lange, ausgefranste Baumwollhemden an, die bis zu den Knien gingen und über und über mit Flicken aus rotem, blauem, grünem, gelbem und gepunktetem Kaliko besetzt waren. Darunter trugen sie knöchellange gelbbraune Baumwollwickel und auf den Köpfen riesige knallbunte Turbane. Sie hatten kleine Lederkistchen geschultert mit Koranversen, die in Lederschnüre gewickelt waren. Und jeder von ihnen führte neben dem Koran ein langes, gerades, zweischneidiges Schwert und drei riesige Speere bei sich, über dreieinhalb bis viereinhalb Meter lang, mit sechzig Zentimeter langen Eisenspitzen.

Diese wegen ihrer Kleidung und ihrer Religiosität sogenannten Pfauenderwische hatten einen Brief für Emin dabei, der sofort beschlagnahmt und den Rebellen vorgelesen wurde. Ausschweifend, blumig und voll von religiösen Floskeln war das Schreiben bemerkenswert freundlich und sogar schmeichelhaft. »Da Sie klug sind und einen guten Rat erkennen, denken wir mit aller Freundlichkeit an Sie, denn wir haben von vielen Ihrer Freunde über Sie gehört, die uns über Ihr Leben und Ihr Wirken berichteten«, so begann der Brief. Er brachte »Mitgefühl für Ihren einsamen Zustand, allein in den Händen der Neger«, zum Ausdruck und erklärte, der Khalifa (der Nachfolger des Mahdi) »hat diese Armee entsandt, um Sie aus dem Land der Gottlosen zu holen, dass Sie sich Ihren Brüdern, den Moslems anschließen können. Unterwerfen Sie sich daher freudig Gottes

Willen und kommen Sie sofort zu mir, wo immer ich auch sein mag.« Und zudem versprach der Khalifa Emin, ihn zu ehren, für ihn zu sorgen und all seine Wünsche zu erfüllen.

Der Brief beschrieb auch in aller Ausführlichkeit die Eroberungen der Mahdisten, woraus den Rebellen endlich ersichtlich wurde, was sie bis dahin starrköpfig geleugnet hatten: Khartum war gefallen, Gordon tot und der Großteil des Sudan in den Händen der Mahdisten.

Die Rebellen wussten nun nicht, was sie tun sollten. Also schickten sie eine Abordnung zu Emin und baten um Rat. Erst weigerte er sich, etwas zu sagen; da sie ihn ja abgesetzt und alle in diese Lage gebracht hätten, sei es nun an ihnen, damit zurechtzukommen. Doch dann gab er nach, aber nur um der Menschen willen, die sie in die Irre geführt hätten, und für die Regierung, der er immer noch dienen würde.

Jeder Gedanke an Aufgabe verbiete sich, erklärte Emin, da sie alle auf der Stelle getötet würden. Alle Stationen im Norden müssten sofort evakuiert werden, Frauen und Kinder zuerst, danach die Soldaten mit der Munition; beim Abzug sollten sie die Stationen in Brand stecken. Falls nötig, hätten sich alle bei der Station Tunguru einzufinden, die schnell wieder in eine Insel verwandelt und von Dampfbooten versorgt werden konnte.

Tatsächlich trafen schon die ersten Flüchtlingsströme von den Nordstationen in Dufilé ein, zumeist Frauen und Kinder, und sie brachten schreckliche Nachrichten mit. Noch bevor die Verstärkung eingetroffen war, hatten die Mahdisten, unterstützt von örtlichen Stämmen, Rejaf umzingelt und eingenommen. Wer den Angriff überlebte, war entweder geflohen oder zu den Mahdisten übergelaufen. Zu den getöteten Offizieren gehörte auch eine Reihe von Rebellenführern. Die Sieger nahmen sich die Frauen, Kinder und Sklaven und schickten sie nach Khartum.

Der nicht besetzte Rest der Provinz verfiel einmal mehr in kopflose Panik. Die Garnisonen in Kiri, Muggi und den anderen nördlichen Stationen wurden aufgelöst, man ließ alles zurück, selbst die Munition. Die Einheimischen machten sich sofort über die Siedlungen her. Niemand gehorchte mehr den Befehlen der Offiziere. Trunkenheit, Diebstähle und Chaos nahmen überhand. Es gab kaum Anstrengungen, Dufilé zu befestigen, und keine Initiative, die Zivilisten nach Süden zu bringen. Stattdessen beschäftigten sich die Soldaten damit, aus den Münzen, die sie bei Hawash Effendi beschlagnahmt hatten, Silberkugeln zu gießen, weil sie glaubten, dass die Mahdisten nur damit zu töten wären. Die »Pfauenderwische« waren in Eisen gelegt worden und halb verhungert; unter dem Gelächter und dem Spott der ägyptischen Offiziere und Beamten wurden sie gefoltert, doch gaben sie keinen Ton von sich. Sie weigerten sich, irgendwelche Geheimnisse der Mahdisten preiszugeben. Nach mehreren Wochen dieser Qualen wurden sie zum Fluss geschleift, erschlagen und den Krokodilen zum Fraß vorgeworfen. Jephson, den das Verhalten der Ägypter abstieß, war voller Mitleid und Bewunderung für die Mahdisten: »In all unseren Heiligenkalendern gibt es keinen, der den Titel Märtyrer eher verdiente als diese drei mutigen Derwische.«

Truppen, die gegen den ausdrücklichen Rat Emins losgeschickt worden waren, um Rejaf zurückzuerobern, wurden geschlagen und niedergemetzelt. Dufilé war in einem Zustand der blanken Anarchie; der Druck hier und andernorts im Süden nahm zu, Emin wieder ins Amt zu heben – eine Forderung, der sich die ägyptischen Offiziere nur deshalb widersetzten, weil sie fürchteten, für ihren Verrat bestraft zu werden.

Als wenn die Menschen nicht schon genug Sorgen gehabt hätten, wurde nun auch das Wetter geradezu apokalyptisch. Die Regenzeit war ohne einen Tropfen Wasser vorübergegangen, das Vieh starb zu tausenden, Plagen von Fliegen, Zecken und anderen Parasiten zogen übers Land. Es war Trockenzeit, dennoch wurde eines Nachmittags der Himmel pechschwarz, und ein heulender Sturm brachte eine riesige Regenfront mit sich, entwurzelte Bäume und tötete das verbliebene Vieh, bevor er eine Stunde später wieder verschwand.

Die letzte Hoffnung schien nurmehr die Rückkehr Stanleys zu sein. Gerüchte machten die Runde, er sei wieder am Albertsee eingetroffen, doch offenkundig waren sie unwahr. Jephson schrieb einen Brief an Stanley, der nach Mswa gebracht werden sollte, und erläuterte ihre Lage. Allerdings hatte er das Gefühl, dass nichts und niemand sie noch retten und er sich eigentlich nur noch von Stanley verabschieden könnte. »Ich hatte mich schon damit abgefunden, als barfüßiger Derwisch durch die Straßen von Khartum wandern zu müssen«, schrieb er.

Erneut kam der Rat der Rebellen zusammen, um zu überlegen, was mit Emin geschehen solle, doch dieses Mal waren die Rädelsführer in der Minderheit. Die Soldaten traten geschlossen auf und verlangten die sofortige Freilassung des Paschas. Auch Casati drängte hinter den Kulissen darauf. Am folgenden Tag gingen die Offiziere zu Emin und erklärten, sie hätten entschieden, ihn nach Wadelai zurückkehren zu lassen, doch müsse er versprechen, nicht wieder das Amt des Gouverneurs anzustreben. Emin erwiderte darauf, dass er keineswegs den Wunsch habe, wieder Verantwortung zu übernehmen, so wie er behandelt worden sei.

Am 17. November 1888, nach drei Monaten in Gefangenschaft, wurde Emin von nahezu allen seiner ehemaligen Offiziere zum Dampfboot eskortiert. Die Straße war von Soldaten gesäumt, die Hymne des Khediven ertönte, und alle salutierten, als Emin vorüberzog. Es wurde Salut gefeuert, und fast ganz Dufilé, darunter viele Menschen, die ihn vor nicht allzu langer Zeit beleidigt und verhöhnt hatten, kamen, um ihm die Hände zu küssen, sich zu verabschieden und ihm eine gute Reise zu wünschen. Gegen halb acht Uhr morgens machte sich das Dampfboot auf den Weg, die blutrote Flagge des Gouverneurs am Bug. Emin fuhr bei bester Laune den Fluss in die Freiheit hinauf.

So herzlich sein Abschied von Dufilé war, so triumphal war der Empfang in Wadelai zwei Tage später. Die ganze Bevölkerung der Station erwartete ihn am Landeplatz und begleitete ihn bis zu seinem Haus, das allerdings von den Rebellen geplündert worden war. Auf der Schwelle wurde als besonderes Willkommenszeremoniell ein Schaf geschlachtet, und Emin musste über das Blut steigen. Männer drängten sich auf Kaffee und Klatsch herein, Frauen versammelten sich, um Emins Hand zu küssen und Freudentränen zu vergießen. Jene, die ihm trotz angedrohter Haft oder Exekution treu geblieben waren, gingen freudestrahlend durch die Straßen. Jephson war sich sicher, dass die meisten der Menschen nicht gegen Emin gewesen waren, sondern sich nur den Rebellen gebeugt hatten. Ihre Freude war echt, fand er, aber bedeutungslos, denn wie er nun wusste, konnte man sich auf diese Leute nicht einen Augenblick lang verlassen.

Freiheit und Frieden in der kleinen, ruhigen Station, die Last der Verantwortung abgelegt – Wadelai war ein angenehmes Zwischenspiel für Emin. Er kümmerte sich um die Kranken und ordnete seine Habe, um für die Abreise mit Stanley bereit zu sein. Jephson ging auf Entenjagd, bis ihn die Zeckenplage vertrieb. Nach zwei Wochen kam die Nachricht, dass alle Stationen im Norden den Mahdisten in die Hände gefallen waren, nur Dufilé nicht, wo sie für den Augenblick zurückgeworfen werden konnten. Doch wenn die Mahdisten es erneut versuchten und siegten, dann würden sie innerhalb eines Tages vor Wadelai stehen.

Erneut gerieten die Menschen in Panik, und sie flehten Emin an, wieder sein Amt zu übernehmen. Jephson berichtete von einem ägyptischen Offizier, der an Emin appellierte: »Sie sind für uns alle verantwortlich und können uns nicht einfach verlassen. Wir sind aus Ägypten gekommen, um unter Ihnen zu dienen, und Sie müssen sich um uns kümmern.«

»Also wirklich!«, erwiderte Emin. »Sie scheinen vergessen zu haben, dass ich ein Papier in der Hand habe, auf dem geschrieben steht, dass die Offiziere mich abgesetzt haben und nicht länger wünschen, dass ich ihr Gouverneur sei; dieses Schreiben wurde in Dufilé aufgesetzt und von Ihnen allen unterzeichnet.«

»Ach das!«, tat der Ägypter ab, »das war doch alles nur Unsinn.«

»Unsinn oder nicht«, erklärte Emin, »ich bin drei Monate lang gefangen gehalten worden; wäre ich frei gewesen und hätte handeln können, dann wären wir nicht in dieser Zwangslage; ich trage dafür keinerlei Verantwortung.«

Jephson und Casati versuchten, Emin in seinem Entschluss zu bestärken. Er war abgesetzt worden und konnte das Land ohne Gewissensbisse verlassen, argumentierte Jephson. So unangenehm die Rebellion gewesen sei, so habe sie doch auch ihr Gutes gehabt, denn sie habe Emin von der Verantwortung für diese törichten Menschen befreit. Doch wieder einmal siegte Emins Menschenfreundlichkeit. Als die Soldaten ihn erneut anflehten, den Oberbefehl zu übernehmen – »ein Schiff ohne Lotse ist verloren« –, lehnte er zwar ab, willigte aber ein, ihnen Ratschläge zu geben. »Captain Casati und ich stöhnten auf«, schrieb Jephson. Emin erklärte, er wolle die Soldaten nicht verärgern, vielleicht bräuchte er sie ja noch einmal. Jephson sprach dagegen: Diese Menschen würden niemals zu ihm halten, wenn er sie tatsächlich bräuchte. Emin erwiderte: »Mr. Jephson, ich kenne meine

Leute nun seit dreizehn Jahren, Sie nur seit sieben Monaten, Sie dürfen mir glauben, ich kenne sie besser.« »Na gut, Pascha«, gab der Engländer nach und zuckte mit den Schultern. »*Nous verrons.*«

Man berief einen Kriegsrat ein, und nach vielen Worten wurde entschieden, die Station am folgenden Morgen zu verlassen und nach Tunguru an den Albertsee zu gehen. Offiziere und Soldaten flehten Emin an, das Kommando über diesen Zug zu übernehmen, er willigte zögernd ein, aber nur unter der Bedingung, dass seinen Befehlen absolut Folge geleistet würde.

Den restlichen Tag und die folgende Nacht widmete Emin der herzzerreißend schwierigen Aufgabe, den Großteil seiner Habe auszusortieren, die zu seinem Leben in Afrika gehört hatte. Sie konnten alle nur das Lebensnotwendigste mitnehmen, und Emin musste seine wertvollen wissenschaftlichen Instrumente, seine Bücher und Sammlungen zurücklassen, darunter vier Kisten mit ausgestopften Vögeln, von denen viele noch nie zuvor von einem Europäer gesichtet wurden; die Kisten waren für das Britische Museum bestimmt gewesen. Emin packte lediglich seine Tagebücher und ein Minimum an Kleidung ein. Die Kanone und die Boote mussten sie im See versenken. Jephson, der darüber sehr unglücklich war, hatte die Aufgabe, die *Advance*, Stanleys Stahlboot, zu zerstören, damit es nicht in die Hände der Mahdisten fiel. Beide, Emin wie Jephson, schrieben Briefe an Stanley, um ihn über den Stand der Dinge und ihre nächsten Schritte zu unterrichten.

Bei Tagesanbruch standen sie auf. Den Soldaten wurde geheißen, aus den Lagerhäusern alle Munition hervorzuholen und unter sich zu verteilen. Daraufhin erklärten sie rundheraus, sie würden nicht mit Emin gehen, sondern in ihre Heimatorte zurückkehren. Emin kannte seine Leute wohl doch nicht so gut, fand Jephson. Nur fünf der hundertzwanzig Soldaten wollten mit ihnen ziehen. Dazu kamen noch Jephsons drei Männer und eine Handvoll bewaffneter Zivilisten, die sie vor einem Angriff der Mahdisten schützen konnten.

Sie hatten keine Zeit zu vergeuden, also brachen sie auf. Jephson malt ein lebhaftes Bild von der Szene, wie insgesamt ungefähr tausendsechshundert Menschen die Station verließen:

»Wir konnten eine sich ungeordnet vorwärts kämpfende Reihe aus Frauen und Kindern erkennen, Ziegen, Vieh und Schafe, Esel und Lasten, die sich etwa drei Meilen vor uns erstreckte. Alles war blanke Verwirrung und Lärm. Manche Frauen eilten mit ihrer Habe los und zerrten Kinder oder Ziegen hinter sich her. Andere hockten traurig in kleinen Gruppen vor ihren Sachen, versuchten, die schreienden Kinder zu beruhigen, und warteten auf ihre Väter oder Ehemänner. Kranke flehten uns an, ihnen zu helfen, und weinten und rangen die Hände aus Verzweiflung, zurückgelassen zu werden. Das Geschrei der Menschen und das Weinen der Kinder, das Muhen und Blöken der Kühe und Ziegen war ohrenbetäubend.

Hier und da sah man eine Frau sich tapfer mit einer schweren Last auf dem Kopf mühen, ein Baby auf dem Rücken, ein kleines Kind im Schlepptau. Ein jammervoller Anblick. Der Weg war übersät mit allen möglichen Sachen, mit denen sie losgezogen waren, aber nun zu schwer fanden. Wir kamen sogar an ein paar kleinen Kindern vorbei, die verlassen am Wegesrand standen.«

Manche der Stationsbewohner hatten offenbar eine merkwürdige Vorstellung davon, was »lebenswichtig« war. Jephson sah einen Mann, der die äußerst schweren, geschnitzten Pfosten eines Bettes schleppte. Ein anderer trug einen riesigen Haufen Straußenfedern, von denen er gehört hatte, dass sie in Europa wertvoll seien. Ein Dritter schleppte Hammer, Topf und Säge, andere schwere Eisengeräte zum Brotbacken oder sogar Mahlsteine. Auch mehrere Papageien und sogar eine

Flussüberquerung auf der Flucht südwärts von Wadelai

Katze kamen mit. »Es war ein überaus jammervoller Anblick, diese armen, halb wilden Menschen zu sehen, die sich mit allem möglichen überflüssigen Zeug bepackt hatten, unter dessen Gewicht sie dahinstolperten, und ihre armen unglücklichen kleinen Kinder trugen oder hinter sich her schleiften.«

Auf dem Weg mussten sie einen breiten, flachen Fluss überqueren, dessen Ufer schon bald nur noch schwarzer, rutschiger Schlamm war. In der Panik, hinüberzukommen, trampelten die Menschen über schreiende Frauen und Kinder, die gestürzt waren. Jephson verbrachte eine Stunde damit, Menschen davor zu bewahren, zu Tode getreten zu werden. »Nichts lässt die Menschen grausamer werden als die Angst, und der Schrecken, dass sie (die Mahdisten) uns folgen könnten, machte diese Menschen gnadenlos«, schrieb er. Die Menschen daheim hätten keine Ahnung davon, welche Anstrengung und welches Elend eine »Evakuierung« in diesen Weltgegenden auslösen könnte. Es war »einer der anstrengendsten und schmerzhaftesten Märsche, die ich je hinter mich gebracht habe« – was nach Jephsons Erfahrungen mit Stanley im Dschungel von Ituri einiges heißen will.

Am ersten Tag schafften sie nur zehn Meilen. Als die letzten Nachzügler ins Lager stolperten, stellte sich heraus, dass etwa drei Viertel des Zuges nach Wadelai zurückgekehrt war. Nun waren sie insgesamt nurmehr vierhundert Menschen. Früh am nächsten Morgen machten sie sich weiter auf den Weg. Manche, deren Füße zu wund waren, setzten sich einfach an den Wegrand. Sie wurden von den Eingeborenen ermordet, die begierig darauf waren, alte Rechnungen zu begleichen. Wären sie noch länger unterwegs gewesen, hätten nur sehr wenige überlebt. Doch plötzlich hörten sie das Tuten eines herannahenden Schiffes. Da sie mit den Mahdisten rechneten, bereiteten sich die Bewaffneten auf eine Verteidigung vor, aber schon bald erkannten sie, dass an Bord des Dampfers Offiziere und Flüchtlinge aus Dufilé waren.

Der Dampfer brachte Neuigkeiten. Dufilé war nur drei Tage nach Emins Abreise gefallen – eine knappe Flucht. In der Zwischenzeit war die Station allerdings mehr durch Glück als durch soldatisches Heldentum zurückerobert worden, die Mahdisten hatten große Verluste erlitten und sich zurückgezogen. Sogleich schickte man Dampfboote nach Wadelai los und von dort aus Boten, um Emin zu erreichen, doch dieser war schon zu weit weg gewesen. Man wollte ihn dazu drängen, nach Wadelai zurückzukehren. Und wieder mussten Jephson und Casati alle Überredungskünste aufbringen, um ihn davon zu überzeugen, seinen Weg fortzusetzen. Am Ende gingen die Flüchtlinge, froh über die Mitnahme, an Bord, und der vollkommen überladene Dampfer fuhr nach Tunguru weiter. Dort waren sie allerdings nur wenig mehr in Sicherheit als zuvor. Die Rebellen in den nördlicheren Stationen hatten wieder einmal die Oberhand gewonnen, ungeheure Gerüchte über Emin verbreitet und ihn, Jephson und Casati in Abwesenheit zum Tode verurteilt. Alle seine Begleiter versuchten, Emin davon zu überzeugen, noch weiter in den Süden zu ziehen, nach Mswa, so nah wie möglich an Stanleys geplanten Ankunftsort, doch Emin wollte nicht fort. »Sollte ich nach Mswa gehen, [würde] dies sofort Verdacht erregen …, ich wolle im Einverständnisse mit Schukri Aga [dem Kommandanten in Mswa], dessen Ergebenheit für mich bekannt und gefürchtet ist, Verschwörungen anzetteln oder entfliehen. Die Folge meiner Wanderung nach Mswa würde also die sein, dass man Schukri Aga seines Postens entheben, einen neuen Stationschef einsetzen und neuerdings eine Wache vor meine Tür postieren würde, also besser für jetzt zu bleiben.«

Während Jephson und Emin in Tunguru herumsaßen, hatten sie mehr als genug Zeit, über die weitere Zukunft zu diskutieren; dabei erwies sich, dass Emin all seine Illusionen, was die Expedition Stanleys betraf, verloren hatte. In der dritten Januarwoche des Jahres 1889 notierte er in sein Tagebuch: »Mein Gast (Jephson), der etwas mehr getrunken, als ihm gut war, hat mir folgendes erzählt. Stanley hätte ihn vor seiner Abreise gerufen und ihm geklagt, er könne aus mir keine befriedigende Antwort herauskriegen. So oft er mich frage, ob ich die Expedition nach Europa begleiten wolle, so oft antworte ich ihm, dass ich vom Gehen oder Bleiben der Soldaten abhänge. Nun komme für ihn alles darauf an, mich mit sich zu führen, weil nur dann man seine Expedition als völlig gelungen betrachten würde, wenn man mich vor Augen habe; er habe zu seinem Schaden bei der Expedition zur Aufsuchung Livingstone's erfahren, was es bedeute, das Hauptobjekt der Expedition in Afrika zu lassen, und er wolle diesmal eher zugrunde gehen, als ohne mich abreisen. Jephson solle demnach in seiner Abwesenheit alles aufbieten, um mich zur Abreise zu stimmen. Also auch hier nur Egoismus unter dem Mantel von Philanthropie.«

Am 26. Januar 1889 nahm Jephson gerade ein Bad nach der morgendlichen Jagd, als Emin hereinplatzte und ihm zwei Briefe gab. Sie waren von Stanley.

KAPITEL 22
Der Felszertrümmerer und der Zauderer

Stanley war mittlerweile mit den Resten seiner Expedition und den Überbleibseln seiner Vorräte an den See zurückgekehrt. Er hatte den Brief von Jephson aus Dufilé erhalten, in dem er ihm mitteilte, dass sie gefangen genommen worden seien und Emin noch immer festgesetzt sei. Doch das hatte für Stanley keinerlei Bedeutung. Nach der Katastrophe mit der Nachhut und der Rückreise durch den Dschungel war er noch jähzorniger geworden als sonst. Den Plan einer Umsiedlung von Emins Leuten hatte er angesichts der Lage tatsächlich aufgegeben.

Sein Brief an Jephson war eine lange, eisige Tirade. Er habe den Inhalt von Jephsons Brief »vermerkt«. »Ich werde weder Ihren Brief kritisieren noch irgendeinen Punkt des Inhaltes diskutieren«, fuhr er fort. Was Emin betrifft, »weiß ich, dass der Pascha abgesetzt wurde und Gefangener ist. Wer teilt mir nun mit, was zu tun ist? Ich habe keinerlei Befugnis, Nachrichten von den Offizieren zu empfangen – Meuterern.« Falls Emin nicht erscheine oder jemanden mit einer Befugnis entsende, den Nachschub entgegenzunehmen, dann würde er, Stanley, die Munition vernichten und heimkehren.

Stanley warf Jephson faktisch Befehlsverweigerung vor, da er für ihre Rückkehr kein Versorgungsdepot auf einer Insel im See angelegt hatte, wie es besprochen war, und bei seiner Ankunft nicht vor Ort war. Stanley verglich diese Situation mit jener der Nachhut in Banalya und fragte: »Sollen der Pascha, Casati und Sie dasselbe Schicksal teilen? Falls Sie noch immer der Unentschlossenheit anheim gefallen sind, dann eine lange Gute Nacht Ihnen allen. Ich zumindest muss, solange ich noch all meine Sinne beisammen habe, meine Expedition retten.«

Jene, die mitgehen wollten, sollten sich ihm in Kavallis Dorf am Ende des Sees anschließen. »Falls Sie sich noch immer als Angehöriger dieser Expedition ansehen und unter meinem Befehl stehen, dann machen Sie sich sofort nach Erhalt dieses Briefes auf den Weg nach Kavallis, mit jenen meiner Männer, Binsa und den drei Sudanesen, die bereit sind, Ihnen zu gehorchen, und bringen mir die letztgültige Entscheidung von Emin Pascha und Signor Casati hinsichtlich ihrer persönlichen Absichten.« Stanley war noch nicht fertig. »Es hat Ihnen gefallen, das Boot zu zerstören, eine Tat, die uns irreparablen Schaden zugefügt hat. Ich nehme an, die beiden Kisten Winchester-Munition, die beim Pascha verblieben sind, sind ebenfalls verloren.« Jephson hatte sie jedoch gerettet. Stanley befahl ihm, zweiundvierzig Elfenbeinstoßzähne mitzubringen, um die Träger zu bezahlen, und Nahrungsmittel zu besorgen, wenn sie zum See zurückkehrten.

Stanleys Brief an Emin war ein kalter Geschäftsbrief. Hier folgt ein Auszug aus Emins Übertragung ins Deutsche: »Ich habe die Ehre, Ihnen mitzuteilen, dass der zweite Teil der Entsatzgegenstände, die diese Expedition Ihnen zu bringen Befehl hatte, sich jetzt in diesem Lager … befindet und zur Ablieferung an irgend eine von Ihnen zum Empfange beauftragte Person bereit liegt … Nachdem ich mit grosser Mühe – grösserer, als ich erwartet hatte – die Gegenstände hierher gebracht habe, bin ich gezwungen, Sie um eine offizielle Empfangsbescheinigung für die obigen Waren und Gegenstände zu ersuchen, sowie um eine definitive Antwort auf die Frage, ob Sie unsere Begleitung und Hilfe, um Sansibar zu erreichen, anzunehmen beabsichtigen, ob ferner Signor Casati dies beabsichtigt und ob unter den Offizieren und Mannschaften welche sind, die sich unseres Geleites nach dem Meer bedienen wollen …

Wenn ich nach Ablauf von zwanzig Tagen keine Nachricht von Ihnen oder Herrn Jephson bekommen habe, kann ich mich für das, was vielleicht geschehen mag, nicht mehr verantwortlich halten.«

Stanley bat ferner darum, ihm Mais an den See zu schicken, da die Nahrungsmittel knapp seien und die einzige Alternative darin bestünde, sie sich gewaltsam zu nehmen, was »unseren Verkehr mit den Eingeborenen vollständig beenden und uns verhindern würde, uns mit Ihnen in Verbindung zu setzen«.

Selbst angesichts seiner Erschöpfung und der Enttäuschung nach dem Drama mit seiner Nachhut ist Stanleys Brief eine Ungeheuerlichkeit. Er schien nicht gewillt, sich in die Lage eines anderen Menschen hineinzuversetzen, es findet sich nicht ein Wort des Mitgefühls für Emin und Jephson in ihrer Not. Allerdings spürte Stanley dann offenbar doch, dass er zu weit gegangen war, denn am nächsten Tag folgte ein erheblich freundlicherer, persönlicher Brief an Jephson, in dem Stanley halb einräumte, die Situation nicht richtig erkannt zu haben, aber weiterhin mit aller Macht darauf bestand, dass sie tun sollten, was er, Stanley, angeordnet hatte. »Geben Sie sich nicht jener fatalen Faszination anheim, die das sudanesische Territorium in den letzten Jahren für alle Europäer zu haben scheint«, warnte er Jephson, »denn kaum setzen sie einen Fuß auf diesen Boden, scheinen sie in einen Strudel zu geraten, der sie hineinzieht und über ihnen zusammenschlägt.«

Jephson war schockiert, sowohl über die Nachrichten von der Nachhut als auch über den von Stanley angeschlagenen Ton. »Seinem Brief an mich mangelt es in vielerlei Hinsicht an gesundem Menschenverstand, und ich finde, die Art und Weise, wie er von den Offizieren der Nachhut spricht, ist nicht sehr angenehm«, schrieb er in sein Tagebuch. Allerdings könne er sich ein Urteil erst dann bilden, wenn er mit Bonny gesprochen habe: »Stanleys Geschichten sind in Angelegenheiten dieser Art nie sehr gerecht, und ich nehme an, an der wahren Geschichte ist erheblich mehr dran, als man aus seinen Briefen lesen kann.«

Emin war zutiefst verletzt, dass Stanley ihm keinen persönlichen Brief geschrieben hatte. Ein paar kurze Zeilen in seinem Tagebuch drücken deutlich seine Verbitterung aus: »Will [Stanley] uns erwarten, so möge er es tun; will er reisen, so werden wir mit Gottes Hilfe auch allein fortkommen. Besser für uns, alle zusammenzuhalten und unser eigen Werk zu tun, als uns auf Gnade und Ungnade Stanley zu übergeben.«

Jephsons Tagebuch zufolge saßen er und Emin noch lange beieinander und sprachen über die Neuigkeiten in Stanleys Briefen »und die Art, wie er diese Neuigkeiten übermittelt«. Emins Antwort an Stanley blieb so uneindeutig wie immer. Er bestätigte die Ankunft der Munition und des anderen Nachschubs und fügte an, dass Casati und er »gern von Ihrer Hilfe Gebrauch machen würden«, dass es aber auch noch viele andere Menschen gäbe, die nach Ägypten »oder irgendeinen anderen passenden Ort« gehen wollten. Durch die jüngsten »entsetzlichen Ereignisse« seien sie aufgehalten worden, doch noch am selben Tag solle sich nun die erste Gruppe zu ihm auf den Weg machen.

Emin wies darauf hin, dass Stanleys Brief neun Tage bis zu ihm gebraucht habe, also nur noch elf Tage blieben, bis Stanleys Frist, ihn in Kavallis Dorf zu treffen, abgelaufen sei. Das würde nicht reichen. »Ich muss es Ihnen überlassen, ob Sie auf uns warten können«, schrieb er. Doch da er offenbar davon ausging, dass Stanley nicht warten konnte, schloss er: »Ich werde Sie womöglich nicht mehr sehen.« Er lobte Jephson in den höchsten Tönen, brachte seine Dankbarkeit diesem gegenüber zum Ausdruck und sagte auch Stanley, seinen Offizieren und den Menschen, die sie entsandt hatten, seinen »herzlichsten Dank«. »Möge Gott Sie und Ihre Reisegruppe

schützen und Ihnen einen glücklichen und schnellen Marsch
heimwärts geben.«

Jephson flehte Emin an, mit ihm Tunguru zu verlassen und
sich Stanley anzuschließen. Doch Emin wollte nicht fort, und
schließlich brach Jephson allein auf und berichtete Stanley
in aller Ausführlichkeit von dem ganzen Drama der letzten
Monate, von ihrer Gefangenschaft, den Intrigen, dem Verrat
und seinen langen Gesprächen mit Emin. Stanley beschuldigte
Jephson halb im Scherz, ein »Eminist« geworden zu sein. Doch
Jephson, der acht Monate zuvor stolz gewesen war, Emin kennenlernen zu dürfen – »was für ein intelligenter Mensch!« –,
war nun ganz und gar froh, wieder bei Stanley zu sein. »Wieder mit einem Mann zusammen zu sein, der niemals zögerte,
dessen Wort Gesetz war, dessen jeder Befehl ungesagt befolgt
wurde, mit diesem Mann zu sprechen und seine klaren, verständigen Bemerkungen und Beurteilungen der Ereignisse zu
hören – war wie ein Tonikum nach all der Unordnung und der
unschlüssigen Politik, an die ich mich in den davor liegenden
acht Monaten gewöhnt hatte.« Jephson freute sich, dass die
Tage der Ränkespiele vorbei waren und er endlich wieder von
treuen Freunden umgeben war. »Es war wie eine Heimkehr.«

Während des langen Gesprächs mit Jephson wurde Stanley
überaus deutlich, wie sehr er in die Irre geführt worden war,
zum Teil durch Emin selbst, zum Teil aber auch durch Junker,
Felkin und andere Freunde, was die wahre Lage in Äquatoria
betraf. Nun gab es keine Alternative mehr: Emin musste fort-
gebracht werden. Doch um ihn zu retten, so Jephson, mussten
sie ihn erst vor sich selbst retten.

Stanley entwarf einen Brief an Emin in seiner typisch brüs-
ken Art. Jephson, der wusste, wie sehr diese Emin beleidigen
würde, überredete Stanley, mäßigende, schmeichelhafte For-
mulierungen zu benutzen, Emin aber deutlich aufzufordern,
ein Dampfboot zu nehmen und über den See zu kommen, um

sich ihnen anzuschließen. Fünf Tage später erhielten sie zu ihrer großen Überraschung und Freude eine Nachricht von Emin – er war bereits in Nyamsassie, der nächstgelegenen Landestelle. Stanley beugte sich über den Esstisch und sagte zu Jephson: »Ihre Hand darauf, alter Knabe, wir werden am Ende Erfolg haben.« Dann ging er hinaus, um den Sansibaris mitzuteilen, dass sie schließlich doch noch den Pascha retten würden, woraufhin diese in Hochrufe ausbrachen und die halbe Nacht tanzten und sangen.

Emin aber hatte nicht im Geringsten vor, mit ihnen zu gehen. Eigentlich hatte er auch Tunguru überhaupt nicht verlassen wollen. Er begleitete lediglich eine Gruppe von zwölf Offizieren und vierzig Soldaten unter Selim Bey, der ihn mit Mühen dazu überredet hatte mitzukommen. Emin sollte Stanley erklären, dass sie alle abreisen wollten, aber noch Zeit bräuchten, um ihre Familien und ihre Habe nachkommen zu lassen. Stanley nahm diese Geschichte recht skeptisch auf. Er war im Grunde nicht daran interessiert, Emins Leute zur Küste zu bringen, und wollte nur so wenige wie möglich mitnehmen. Andererseits kam es ihm gelegen, weitere bewaffnete Soldaten dabeizuhaben, da doch so viele seiner eigenen Männer auf dem Marsch durch den Kongo umgekommen waren. Also gab er der Bitte Selim Beys und seiner Männer nach und räumte ihnen dreißig Tage ein, um wieder bei ihm zu erscheinen. Angesichts der Entfernungen, dem Marschtempo in jenen Tagen und der Anzahl an Personen, die unterwegs sein würden, war das schon knapp genug.

Die Expedition richtete sich auf die Wartezeit ein. Die Wochen vergingen, immer mehr Menschen trafen ein, und das Camp verwandelte sich in ein kleines Dorf – am Ende hausten dort fast tausend Personen. Um sie alle zu ernähren, ging Stanley skrupellos vor und schickte seine europäischen Offiziere mit Truppen hinaus, um die in der Nähe lebenden

Stämme auszurauben und ihnen die Viehherden, Hühner und ihr Gemüse zu nehmen; die Dörfer brannten sie nieder.

Die Neuankömmlinge brachten, wie gehabt, riesige Mengen nutzlosen Plunders mit – Bettgestelle, große Töpfe und die unmöglich schweren Mahlsteine. Da sie selbst keinen Finger rührten – sie fühlten sich ganz offenbar Stanleys afrikanischen Trägern gegenüber als etwas Besseres –, wurden die Sansibaris und einige Eingeborene dazu gezwungen, all das Zeug den steilen, anstrengenden Weg von der Anlegestelle der Dampfboote bis hinauf zu Stanleys Lager zu schleppen. Die Sansibaris tobten und widersetzten sich schließlich diesem Sklavendienst. Stanley hatte ihn zunächst, ungewöhnlich für ihn, angeordnet, obwohl er wusste, wie ungerecht das war. Er ging streng mit den Sansibaris um, fand aber schließlich eine Lösung – er ließ den benachbarten Stämmen übermitteln, dass sie einen Teil ihres Viehs zurückbekämen, wenn sie die Lasten den Berg hinaufschafften – fünf Lasten für eine Kuh.

An dem Tag, an dem die Offiziere aufgebrochen waren, um ihren Anhang zu holen, hatten Stanley und Emin auch über die Zukunft des Paschas gesprochen. Damit begann die letzte Runde des ungleichen Kampfes zwischen dem dynamischen, brutalen »Felszertrümmerer« und dem sanften, wankelmütigen, alles hinauszögernden, unheilbar orientalisierten deutschen Exgouverneur und Vogelsammler. Stanley sah nicht, dass Emins zum Teil angeborenes, zum Teil aber im jahrelangen Umgang mit den Menschen in Afrika erworbenes Zögern und seine Unentschlossenheit, die einen in den Wahnsinn treiben konnte, sein Überleben gesichert hatten, während ein Mann der Tat wie er wohl schon lange den Tod gefunden hätte. Emin erkannte seinerseits, dass seine Leute so waren, wie sie waren, und er nannte sie, ohne mit der Wimper zu zucken, »Schund«, andererseits verhielt er sich im Grunde starrköpfig und erfasste die Lage nicht. Aus irgendeinem merkwürdigen Grund blieb er ihnen trotz allem bis zuletzt treu und glaubte an ihre leeren Versprechungen.

Tatsache war: Emin wollte weder nach Sansibar noch nach Ägypten oder Europa; er wollte nach wie vor mit denen, die mit ihm kamen, in oder um Kawirondo siedeln und die Region für die IBEAC leiten, so wie Mackinnon es zugestanden hatte. Doch Stanley hatte diese Idee mittlerweile fallenlassen, und auch Jephson war dagegen. Nach allem, was in Äquatoria geschehen war, und ohne eine nennenswerte Armee gab es keine Möglichkeit, dass Emin eine Kolonie hätte leiten können. Als Emin klarwurde, dass es diese Option nicht mehr gab, war er zutiefst bestürzt. Er wollte nicht fort und musste doch erkennen, dass er nicht in seiner geliebten neuen Heimat bleiben konnte. Er wusste, dass er den Menschen gegenüber, die ihn eingesperrt und abgesetzt hatten, keinerlei Verantwortung hatte, und doch beherrschte ihn das Gefühl, sie aus moralischen Gründen nicht hängenlassen zu können. »Er scheint sich als Sklaven dieser Menschen zu betrachten; seine Kraft gilt allein ihnen und wird so eingesetzt, wie sie es für richtig halten«, notierte Dr. Parke. Emin schien besessen von der Vorstellung gewesen zu sein, dass man ihn beschuldigen könnte, diese Menschen einfach aufgegeben zu haben. Unfähig, selbst zu einer klaren Entscheidung zu kommen, ließ er sich nach und nach von der Persönlichkeit mitreißen, die agieren wollte.

Zu Anfang kamen Emin und Stanley noch gut miteinander aus, doch je mehr Zeit verging, desto verbitterter, unentschlossener, kritischer und unglücklicher wurde Emin. Stanley und seine Leute dagegen wurden erst ungeduldig, dann ärgerten sie sich über Emins Wankelmütigkeit, Schwäche und Nachlässigkeit, seine eigenen Leute zu disziplinieren. »Dieses Warten hier auf den Pascha und seine Leute macht uns krank«, schrieb Parke. Auch Casati war keine Hilfe. Drängte Stanley ihn zu sagen, was er vorhabe, dann erwiderte er, genau wie Emins

Leute, wenn Emin ginge, wolle er mitgehen, bliebe der Pascha, würde auch er bleiben.

Emin litt darunter, für diese Situation auch noch dankbar sein zu müssen. »Ich … protestiere jedoch dagegen, dass die Expedition gekommen [ist], um mich zu retten«, schrieb er, »ich habe in all meinen Briefen nach Europa nur die Bitte ausgesprochen, meinen Leuten beizustehen, und nie von mir persönlich gesprochen. Es ist zum mindesten ungenerös, mir jeden Augenblick, wie Jephson dies tat, vorzuerzählen, welche Opfer die Leute dadurch gebracht, dass sie England verlassen haben und zu mir gekommen sind, und welche grosse Schwierigkeiten und Verluste die Expedition zu tragen gehabt: als ob ich den Weg über den Kongo vorgeschlagen hätte oder als ob ich die Herren eingeladen hätte zu kommen!«

Emin zog sich immer weiter zurück und suchte Zuflucht in seiner wissenschaftlichen Arbeit, er sammelte, beschrieb und präparierte alle möglichen Vögel und kleinen Wildtiere. Stanley schrieb ein wenig von oben herab, dass Emin mit seiner Beschäftigung zutiefst glücklich wirke.

Während sie auf die Vervollständigung ihres Zuges warteten, wuchs in Stanley und seinen Offizieren der Verdacht, dass Emins Leute einen Plan ausheckten, die Waffen und die Munition der Expedition zu stehlen und Stanley, Emin und die anderen den Mahdisten auszuliefern. Stanley hatte schon immer einen großen Hang zum Verfolgungswahn gehabt, doch an dieser Geschichte mag vielleicht etwas Wahres dran gewesen sein. Das entsprechende Gerücht stammte wohl von dem schmierigen Osman Latif, Emins Stellvertreter, aber auch Jephson hatte ähnliche Anspielungen bei den Rebellen in Dufilé gehört, und selbst Emin war dieser Gedanke schon gekommen.

Sicherlich strahlten die Flüchtlinge, die sich am Abend zu Gruppen versammelten und leise untereinander tuschelten, eine verschwörerische Atmosphäre aus. Die britischen Offiziere verachteten sie. »Sie wirken ganz wie eine Gruppe von Mitternachtsattentätern«, notierte Parke. »Einige von ihnen können ganz unvoreingenommen als ausschweifende, gleichgültige, überfressene, aufgedunsene, verstopfte menschliche Fleischmassen bezeichnet werden.«

Aber ob es tatsächlich eine ernsthafte Verschwörung gegeben hatte, das konnte nie festgestellt werden. Am 5. April 1889 jedenfalls nutzte Stanley seinen Verdacht zu einem außergewöhnlichen Handstreich, um Emins Leute zu terrorisieren, sich selbst als absoluten Oberherrscher zu etablieren und Emin zutiefst zu demütigen. Ausgelöst wurde das Geschehen durch Beschwerden der Sansibaris, dass einige von Emins Leuten nachts in ihre Zelte geschlichen seien und versucht hätten, ihre Gewehre zu stehlen. Die Berichte über die Ereignisse weichen voneinander ab; angeblich soll Stanley in Emins Zelt gestürmt sein, und es soll einen heftigen Streit zwischen den beiden gegeben haben, bei dem Stanley dem Pascha beleidigende Worte an den Kopf warf und vor Wut mit den Füßen aufstampfte; dann stürmte er wieder hinaus und ließ Emin blass vor Wut und Entrüstung stehen. »Heute bin ich zum ersten Mal in meinem Leben von oben bis unten mit Beschimpfungen eingedeckt worden«, klagte er gegenüber Casati, der herbeigeeilt kam. »Stanley hat jede Grenze der Höflichkeit überschritten.«

Stanley wiederum löste Alarm aus und holte sich Waffe und Munitionsbeutel aus seinem Zelt. Er ordnete an, die Ausgänge des Lagers zu versperren und Vorbereitungen zu treffen, alle Hütten niederzubrennen. Jephson und den Sansibaris befahl er, sich Holzprügel zu schnappen und alle männlichen Ägypter, Araber und Sudanesen auf dem Platz zusammenzutreiben. Dann erklärte er diesen, dass sie alle auf der Stelle zur Küste aufbrechen würden, und stellte die Frage, wer nun ernsthaft mitkommen wollte und wer nicht: »Allein meine Befehle sind hier zu befolgen, und wer immer sich widersetzt, den erschieße ich mit dieser Waffe und zertrete ihn mit meinen Füßen. Wer immer mit mir gehen will, soll auf diese Seite treten.«

Ausnahmslos alle folgten seiner Anweisung. Jene, die Stanley im Verdacht hatte, gegen ihn zu konspirieren, darunter zwei von Emins persönlichen Dienern, wurden entwaffnet und gefesselt.

«Werdet ihr mit mir gehen?«, fragte Stanley noch einmal nach.

»Ja«, antworteten alle.

»Werdet ihr meinem Befehl gehorchen?«

»Ja, das versprechen wir.«

Daraufhin gab er den Befehl, sich für den Abmarsch fertig zu machen. Wer zurückblieb, würde erschossen werden. Es dauerte dann aber noch fünf Tage, bis sie tatsächlich aufbrechen konnten.

Stanley wandte sich Emin zu: »Nun, Pascha, nachdem dieses Thema zu aller Zufriedenheit abgeschlossen ist, seien Sie doch bitte so gut und teilen diesen Offizieren mit, dass all die Tricks aus Wadelai auf der Stelle beendet sind, und dass sie in Zukunft unter meinem Kommando stehen. Sollte ich irgendwelche verschwörerischen Machenschaften aufdecken, werde ich gezwungen sein, sie vollständig zu vernichten. In meinem Camp kann kein Mahdist, Arabist oder Rebell atmen …!«

»Eine hübsche Tollhausszene«, nannte Emin später diesen Auftritt, eine »Narrenposse«. »Dasselbe Resultat hätte mit einer weit geringeren Aufwendung szenischer Mittel und journalistischer Eloquenz erreicht werden können.« Doch wie auch immer, Emins Demütigung war endgültig und in aller grausamen Öffentlichkeit vollzogen worden. Und Stanley hatte bekommen, was er wollte: Emins Leute waren eingeschüchtert, und er war allein verantwortlich.

Parke schrieb in seinen Memoiren: »Betrachte ich die Szene als unbeteiligter Beobachter, so würde ich sagen, dass auf Seiten des Paschas sich eine jammervolle Zurschaustellung von

Unentschlossenheit und Handlungsunfähigkeit abspielte, während der gewalttätige Gefühlsausbruch von Mr. Stanley, der unter respektablen oder vernünftigen Menschen tatsächlich äußerst unvorteilhaft gewesen wäre, absolut notwendig geworden war, um diese Jammergestalten dazu zu bringen, ernsthaft nachzudenken und zu entscheiden, was sie tun wollten. Die ganze Demonstration kann wohl als wirkungsvolle, dramatisch arrangierte Farce bezeichnet werden.«

Das Verhältnis zwischen Stanley und Emin sollte sich davon nie wieder erholen. Emin, der bis zu diesem Augenblick als Ehrengast behandelt worden war, wurde fortan nur noch selten zurate gezogen, zumeist ignoriert und erhielt, wenn nötig, Befehle. Von dem Tag an, so Casati, wirkten die Lager der Expedition wie ein Dorf unter Kriegsrecht: Die Wachen wurden verdoppelt, die ganze Nacht waren Patrouillen unterwegs, und niemand durfte bei Haftandrohung die Hütten verlassen.

Man führte eine Zählung durch. Zu Stanleys Rettungsexpedition gehörten dreihundertfünfzig Mann, von denen zweihundertvierundneunzig Gewehre hatten. Emins Leute zählten fünfhundertsiebzig Köpfe, die aber nur vierzig Gewehre besaßen. Ob davon irgendwelche gestohlen waren, ist nicht überliefert.

KAPITEL 23
Der Marsch zur Küste

Um halb acht Uhr am 10. April 1889 erschallten Trompeten im Lager, Flaggen wurden gehisst, und Stanleys Expedition machte sich mit den zu Rettenden auf den möglichst direktesten Weg zur Ostküste. Es handelte sich um einen Exodus fast biblischen Ausmaßes. Man hatte noch zusätzliche fünfhundert Eingeborene als Träger zwangsverpflichtet, andere reihten sich aus freien Stücken ein, sodass insgesamt etwa tausendfünfhundert Menschen aufbrachen – manche auf Eseln, manche auf Tragen, die meisten zu Fuß, dazu mehrere hundert Rinder und Ziegen. Es war eine bunte Kolonne, etwa drei Meilen lang, die sich ihren Weg zunächst noch über grasbewachsene Hügel bahnte, auf denen ab und zu eine Palme stand. Emins kleine Tochter Ferida wurde von zwei Männern in einer Hängematte getragen, die Jephson aus Tierhäuten und Bambusstangen gebaut hatte. Emin ritt auf seinem Esel dahinter, um sie sehen zu können. Über lange Strecken trug Jephson, der das Kind ins Herz geschlossen hatte, Ferida auch auf den Schultern. Hinter Emin kamen Casati, Vita und Marco. Unter den vielen anderen Menschen unterschiedlichster Hautfarbe und Rasse, die zu dem Zug gehörten, befanden sich auch eine Reihe von Pygmäen, die als Diener oder Kuriositäten gehalten wurden, um sie später einer noch immer ungläubigen Außenwelt vorführen zu können. Eingeborene Frauen und Kinder säumten zu Beginn den Weg, sangen und verabschiedeten ihre Angehörigen. Hinter ihnen stiegen dichte Qualmwolken in den Himmel, während die in Brand gesetzten Hütten des Lagers zu Asche zerfielen.

Natürlich war Selim Bey selbst mit seinen Leuten nicht pünktlich zum Abmarsch erschienen. Auch von Shukri Aga, dem anderen loyalen Offizier Emins, und seinen Leuten war bislang nichts zu sehen – eine bittere Enttäuschung für Emin und zweifellos ein Quell größter Befriedigung für Stanley.

Der Tross bewegte sich in bemerkenswert fester Ordnung, wenn man bedenkt, dass viele gar nicht daran gewohnt waren, so lange zu marschieren. Am frühen Nachmittag des ersten Marschtags kamen sie zu einem Dorf, das von einem Mann namens Mpinga geführt wurde. In jener Nacht gab ihnen ein heftiges Gewitter einen Vorgeschmack auf das, was noch vor ihnen lag.

Zwei Tage später waren sie bei Mazamboni, der Siedlung eines freundlichen Oberhaupts gleichen Namens, bei der die Expedition schon früher einmal campiert hatte. Dort stieß auch Shukri Aga aus Mswa kommend zu ihnen. Er wurde nur von zwei Soldaten und drei Frauen begleitet. Nach dem Fortgang Emins sei die Garnison in Wadelai in völligem Chaos versunken, berichtete er. Verschiedene Gruppen stritten ununterbrochen miteinander. Sie täten nichts anderes als trinken, die Soldaten seien aufrührerisch und verschössen aus reinem Überdruss ihre restliche Munition. Shukri Aga hatte ursprünglich zehn Soldaten überreden können, mitzukommen, doch acht von ihnen waren unterwegs abtrünnig geworden.

In dieser Nacht erkrankte Stanley. Er hatte große Schmerzen. Parke diagnostizierte eine subakute Gastritis, eine Magenentzündung, die Stanley schon einmal aufs Lager gezwungen hatte, und gab ihm Morphin. In halb betäubtem Zustand begann er zu fantasieren. Es überfiel ihn die Furcht, die Verzögerung würde Selim Bey die Chance geben, noch zu ihnen zu stoßen, oder der gefürchtete Kabarega würde sie angreifen, und er hatte nicht endenwollende Alpträume von Schusswechseln in Dörfern und Dschungel. Dann erkrankte Parke selbst, danach Jephson, der eine Weile sogar dem Tode nahe war, und schließlich auch noch Nelson. Emin kümmerte sich um die Männer.

Die Zwangspause von fast einem Monat beschwor großen Ärger herauf. Die Expedition musste sich wieder auf ihre übliche Taktik stützen, die örtlichen Stämme zu überfallen und Sklaven zu nehmen, um Nahrung zu beschaffen. Bislang waren diese immer recht gut behandelt und nach dem Dienst als Träger, Führer oder Geiseln wieder freigelassen worden. Doch die Neuzugänge der Expedition, Emins Ägypter und Sudanesen, hatten da eine andere Einstellung und behandelten sie barbarisch. Jephson berichtete: »Szenen schändlichster Grausamkeit, ständige Schläge, ständig schreiende Frauen und ständige Desertierungen sind an der Tagesordnung.« Emin tat nichts dagegen.

Schon bald setzten sich auch Emins eigene Leute in großen Zahlen ab – was Stanley durchaus begrüßt hätte, wenn sie nicht Waffen, Munition und Nachschub mitgenommen hätten, die die Expedition dringend benötigte. Eine Gruppe von Emins Leuten wurde auf frischer Tat dabei ertappt, wie sie mit einer Anzahl von Trägern ihre Flucht organisierten. Es wurde eine Gerichtsverhandlung einberufen, die den Fall untersuchte und den Anführer der Gruppe zum Tode verurteilte. Emin hatte zwar versprochen, dafür zu sorgen, dass das Gerichtsurteil umgesetzt würde, erklärte dann aber, er habe niemanden, der den Mann erschießen könne. Stanley weigerte sich seinerseits, seine Sansibaris die Drecksarbeit machen zu lassen. Also ordnete Emin an, den Schuldigen und seine Helfer auszupeitschen, und ließ sie dann laufen, zum Widerwillen der Expeditionsoffiziere.

Schukri Aga bat daraufhin um dreißig Sansibaris, mit denen er losziehen wollte, um weitere Deserteure zusammenzutreiben. Nach fünf Tagen kehrte er mit über einem Dutzend von ihnen zurück, darunter einem der Rädelsführer, einem

Mann namens Rehan, der zu Stanleys Truppe gehörte. In der folgenden Gerichtsverhandlung kam heraus, dass Rehan die anderen zur Desertion angestiftet hatte, indem er ihnen Gräuelgeschichten über das Schicksal der Nachhut erzählte. Er wurde zum Tode verurteilt. Diesmal erhob sich der schwer kranke Stanley von seinem Lager und sorgte persönlich dafür, dass der Mann gehängt wurde. Zur Warnung für andere ließ er die Leiche am Galgen baumeln.

Am 8. Mai machte sich die Expedition schließlich wieder auf den Weg. Stanley war so weit genesen, dass er in einer Art Hängematte getragen werden konnte. Auch Jephson musste auf diese Weise transportiert werden. Er war mehrere Wochen lang so krank, dass er bereits sein Testament machte, Abschiedsbriefe schrieb und sich aufs Sterben vorbereitete. An jenem Abend des 8. Mai trafen vier Soldaten mit einem Brief von Selim Bey ein, in dem stand, dass er und seine Leute nur ein paar Tagesmärsche hinter der Expedition seien. Er bat darum, dass man auf sie wartete. Die Rebellen hätten den Großteil ihrer Munition entwendet, und sie selbst befürchteten, von den Eingeborenen niedergemacht zu werden. Stanley, der Selim Bey – wahrscheinlich fälschlicherweise – im Verdacht hatte, Böses im Schilde zu führen, ging nicht auf Emins Flehen ein und erklärte, er habe nicht die Absicht, auf diese Leute zu warten, werde aber langsamer weiterziehen, und falls sie aufzuholen wünschten, könnten sie dies tun. Tatsächlich aber wählte er eine Route, die Selim so viele Hindernisse in den Weg legte, dass es faktisch unmöglich für ihn war, sie einzuholen. Das war das letzte Mal, dass Stanley etwas von Selim hörte oder sah.

Auf dem weiteren Weg durch den Großen Afrikanischen Grabenbruch in Richtung Küste wurde der Expeditionszug immer wieder von Kabaregas Männern beschossen, und sie gerieten auch in kleinere Auseinandersetzungen mit anderen Eingeborenenstämmen. Doch davon abgesehen gab es nur wenige Schwierigkeiten. Der Trupp legte eine mehrtägige, angenehme Rast an einem Wasserfall am Fuße des Ruwenzorigebirges ein. Diese wunderschöne, schneebedeckte Bergkette, die man für die bei Ptolemäus im 2. Jahrhundert v. Chr. beschriebenen Lunae Montes – die Mondberge – hält, ist den Großteil des Jahres in Nebel und Wolken gehüllt. Doch diesmal waren die strahlend weißen Gipfel zu sehen, die scheinbar am Himmel schwebten, so wie sie da aus dem Nebel stiegen. Die Expedition hatte sie schon einmal zu Gesicht bekommen, als sie am Albertsee nach Emin gesucht hatte; genauer gesagt, Parke und Jephson hatten sie zuerst gesehen. Einen Monat später erblickte auch Stanley die Berge und beanspruchte, wie nicht anders zu erwarten, die Entdeckung für sich. Der höchste Gipfel trägt heute den Namen Mount Stanley, ein kleinerer heißt Mount Emin.

Emin und Stanleys Offizier Stairs machten sich daran, das Ruwenzorigebirge zu erklimmen, doch Emin kehrte schon bald wieder um; es war ihm zu anstrengend. Stairs ging weiter, stieß aber bald auf eine ganze Reihe von Schluchten, die ihn daran hinderten, einen der Gipfel zu besteigen. Zur Freude seiner europäischen Kollegen brachte er mehrere Hände voll Blaubeeren mit zurück.

Weiter auf dem Weg sammelte Stanley »Verträge« mit Stammeskönigen und Oberhäuptern. Mackinnon hatte ihn gebeten, Territorien für die IBEAC zu sichern. Diese »Verträge« wurden zwar in Gegenwart einiger seiner Offiziere als Zeugen geschlossen, doch waren sie kaum mehr wert als jene, die Carl Peters sammelte. Stanley sollte mit insgesamt sechs solcher Dokumente heimkehren, die er Mackinnon übergab.

Am 28. August erreichten sie Usambiro, etwa fünfzig Meilen südlich des Viktoriasees. Dorthin war der schottische Missionar Alexander Mackay mit einigen seiner Konvertiten geflohen, um der grausamen Verfolgung der Christen in Buganda zu entgehen. Hier wartete Post für sie alle. Emin erhielt Briefe, Päckchen, Bücher und Magazine – in denen sich zu seiner großen Freude Artikel über seine Präparate fanden, die er an Museen geschickt hatte. »Wie hat es mich gefreut, dass meine Sammlungen in London so hübsch bearbeitet und veröffentlicht worden«, schrieb er in sein Tagebuch. Stanley und seine Offiziere wiederum amüsierten sich über die wilden Spekulationen hinsichtlich ihres Verbleibs in den älteren Zeitungsausgaben, aber nicht über die Kommentare in den neueren Blättern, die das Schicksal der Nachhut höchst kritisch betrachteten.

Die Missionsstation war fast so etwas wie ein Heim fern der Heimat. Die Europäer genossen die Annehmlichkeiten – gutes Essen, Bücher, Zeitungen, Sessel, Tabak, Kaffee, Zucker, Pfeffer –, und sie konnten sich endlich wieder neu einkleiden. Die Expedition hielt sich drei Wochen lang in Usambiro auf, eine angenehme, dringend notwendige Erholungspause.

Der Missionar Mackay war nun schon einige Jahre lang für Emin sehr wichtig gewesen und hatte eine bedeutende Rolle dabei gespielt, seine Post in die Außenwelt zu schaffen, für die Rettungsexpedition zu agitieren und ihn dazu zu bewegen, Äquatoria den Briten zu überlassen. Jetzt begegneten sie sich zum ersten Mal persönlich.

Mackay brachte sie auf den neuesten Stand der jüngsten Runde im Wettlauf um Ostafrika. Die deutsch-britische Rivalität hatte zwischenzeitlich extrem zugenommen. Sowohl die IBEAC, die endlich ihre königliche Satzung erhalten hatte, als auch die Deutsch-Ostafrikanische Gesellschaft wetteiferten darum, so viel vom Landesinneren zu annektieren wie nur möglich; die Westgrenzen ihrer jeweiligen »Einflussbereiche« waren ja im Vertrag von 1886 nicht festgelegt worden. Mackay berichtete ihnen, dass ein gewisser Carl Peters sich ohne Auftrag der deutschen Regierung auf den Weg nach Äquatoria gemacht habe, um Emin zu »retten« und sich die Provinz zu schnappen. Auch die IBEAC hätte, so erfuhr Stanley zu seiner größten Verärgerung, eine zweite Expedition ausgesandt, um unter Frederick Jackson bis zu Emin vorzudringen. Emins Freund Robert Felkin hätte derweil tatsächlich in seinem Namen mit der IBEAC einen Vertrag ausgehandelt, dass Emin als Angestellter der Gesellschaft in Äquatoria bleiben könne. Unter diesen Vertrag, der vor einer Weile noch Emins wahr gewordener Traum gewesen wäre, bräuchte er nur noch seine Unterschrift zu setzen.

Seit dem Erscheinen der Mahdisten und dem Zusammenbruch von Emins Macht hatte Äquatoria allerdings viel von seiner Anziehungskraft auf die europäischen Landnehmer verloren. Der große Preis, um den sie alle konkurrierten, war nun auf einmal das turbulente Buganda. Wer immer Buganda und Bunyoro kontrollierte, würde auch Herr über das gesamte Seengebiet sein. Mackay, der imperialistische Missionar, legte ihnen einen Plan vor, der jenem ähnelte, welchen er schon in dem Brief an Emin skizziert hatte, den Peters in Kawirondo las. Die Briten sollten Muanga als Marionette des IBEAC wieder auf den Thron setzen. Das würde der Verfolgung der Christen ein Ende bereiten, und Mackay könnte zurückkehren. Buganda würde britisch; Emin könnte der dortige Vertreter der Gesellschaft werden. Jackson war mit seinen bewaffneten Männern nicht mehr weit; und Mackay hatte angenommen, dass auch Emin und Stanley eine große Anzahl von Soldaten dabeihätten. Jedenfalls sei der Zeitpunkt gekommen zuzuschlagen, bevor es die Deutschen taten.

Emin sprang sofort auf die Idee an. Er spekulierte wohl darauf, dass die Briten in der Lage waren, sein geliebtes Äquatoria zurückzugewinnen, wenn sie erst einmal Buganda und Bunyoro kontrollierten. Außerdem schien dies die Erfüllung seines ursprünglichen Wunsches werden zu können, sich mit seinen Leuten irgendwo am Viktoriasee niederzulassen.

So machte er Stanley den Vorschlag, sich mit einigen seiner Männer Jackson anzuschließen und sich an dieser Aufgabe zu beteiligen.

Davon wollte Stanley natürlich nichts hören. Er ging nicht nach Buganda, er ging zur Küste, und Emin ging mit ihm, ob ihm das nun passte oder nicht. Es gab für Stanley jetzt noch einen weiteren Grund, warum er seine Trophäe nicht einfach gehen lassen konnte: Emin war Deutscher, und bei all den ambitionierten Deutschen, die in Ostafrika herumliefen, allen voran Carl Peters, bestand die Gefahr, dass man Emin vielleicht überredete, die Seiten zu wechseln, um mit ihnen zusammen Äquatoria einzufordern.

Wieder musste sich Emin Stanley beugen. Es gibt keinen Hinweis darauf, dass Emin physisch dazu gezwungen wurde, doch angesichts Stanleys eiserner Entschlossenheit und der zahlenmäßigen Überlegenheit seiner bewaffneten Männer gab es auch keinen Grund dazu. Am 17. September 1889 musste sich Emin schweren Herzens auf seinen Esel setzen und mit den anderen in Richtung Küste weiterziehen. Er scheint Stanley mehr als einmal unterwegs angefleht zu haben, ihn zurückzulassen, doch Stanley weigerte sich standhaft.

Vor ihrem Aufbruch schrieb Stanley noch einen Brief an Jackson. Dieser Brief war es, der Carl Peters am 13. Februar 1890 derart erschütternde Nachrichten brachte.

KAPITEL 24

Eine bittere Reise

Als die Expedition an jenem 17. September 1889 von Usambiro aufbrach, war sie nur noch halb so groß wie zu Beginn. Vor allem der Anteil an Emins Leuten war durch Flucht, tödliche Krankheiten und die schreckliche Angewohnheit, ihre Kinder gegen Ziegen oder Kühe einzutauschen, dramatisch gesunken. Dennoch musste Stanley in Usambiro eine große Anzahl an zusätzlichen Pack- und Reiteseln besorgen, dazu noch jede Menge Träger, weil viele Menschen zu krank waren, um zu laufen, und deshalb selbst getragen werden mussten. Offene Wunden, Fieber und – so Jephson – die Syphilis forderten ihren Tribut. Schwangere Frauen, die zurückgeblieben waren, um ihre Kinder auf die Welt zu bringen, beeilten sich, die anderen wieder einzuholen. Die hilflosen britischen Offiziere hatten großes Mitleid mit ihnen, konnten ihnen aber nur Tee anbieten und sie stützen, was das Gelächter und den Spott der afrikanischen Männer provozierte, die es lächerlich fanden, Frauen zu helfen.

Dennoch brachen sie alles in allem gut gelaunt zur letzten Etappe der langen Reise an die Küste auf. Vor allem die Sansibaris waren bester Stimmung, denn schon bald sollten sie zu Hause sein. Allerdings lagen noch immer große Mühen vor ihnen. Gegen Ende Oktober kamen sie an den Mgunda Mkali, den »Wald der Tränen«, kein Dschungel wie der Ituri, sondern ein dichtes Gestrüpp aus Dornensträuchern, die sich in Haut, Kleidung und Last verhakten, während die Menschen den schmalen, holprigen Pfad mitten hindurch nahmen. Die größte Bedrohung war allerdings der Mangel an Wasser und Nahrung. Alle wurden ermahnt, reichlich Wasser mitzunehmen, doch viele tranken schon gleich zu Beginn alles, was sie hatten, und mussten später entsetzlich leiden. Nach der Durchquerung des Waldes mussten sie die noch gefürchtetere Ugogo-Ebene überqueren, eine nahezu wasser- und schattenlose Halbwüste, in der riesige Felsbrocken lagen; hier konnten tosende Winde große Mengen an Sand und Kieseln aufpeitschen.

Kurz hinter Usambiro hatte sich ihnen der rheinländische Pater August Wilhelm Schynse angeschlossen, der bei französischen Missionaren in der Region tätig war und Stanley schon ein paar Jahre zuvor im Kongo kennengelernt hatte. Schynse wurde von Pater Girault begleitet, der an grauem Star litt und Richtung Usambiro aufgebrochen war, um sich bei Emin Rat zu holen. Emin, der dasselbe Leiden hatte, drängte ihn dazu, sich in Europa operieren zu lassen. Pater Schynse war ein aufmerksamer Beobachter. Er führte viele Gespräche mit Emin und den britischen Offizieren und hielt in einem kleinen, wenig bekannten Buch mit dem Titel *Mit Stanley und Emin Pascha durch Deutsch-Ostafrika* einige tiefe Einsichten fest:

»Ich verplaudere den grössten Theil des Weges mit Emin Pascha, der gar kein Geheimnis über die eigentlichen Expeditionszwecke macht«, schreibt er. »Wie soll ein geriebener schottischer Kaufmann auf ein Mal auf die Idee verfallen, bedeutende Summen aufzuwenden, um einen ägyptischen Beamten, den er bisher vielleicht nicht ein Mal dem Namen nach kannte, herauszuholen? Diese Expedition galt nicht so sehr dem Dr. Emin Pascha, als seiner Provinz und seinem Elfenbein. Wären die Verhältnisse geblieben, wie sie waren, so hätten die in Wadelai liegenden 4,000 Centner Elfenbein die Expeditionskosten reichlich gedeckt und ausserdem noch einen Fonds für mehrere Jahre geliefert. Zwischenzeitlich hätte Emin Pascha neues Elfenbein gesammelt, man hätte so eine hübsche Provinz ganz kostenlos annektiert und Mittel daraus gezogen, sie mit Mombassa in Verbindung zu setzen. Wenn man Emin

Pascha verproviantierte, sollte er auch seinen Einfluss und seine Landeskenntnisse in den Dienst seiner Befreier stellen und das Ganze wäre dann eine wohlgelungene kaufmännische Speculation geworden.«

Emin erzählte Pater Schynse, dass er durchaus dankbar für das sei, was die Expedition für ihn getan habe, doch vom ersten Treffen mit Stanley an sei ihm klar gewesen, »dass etwas Anderes dahinterstecke, als der einfache Wunsch, ein paar ägyptische Beamte heimzuholen«.

Der Pater war erstaunt darüber, mit welch karger Kost Emin auskam, und das auf Reisen. »Des Morgens eine türkische Tasse Kaffee ohne jede Zukost, dann folgt der Marsch, während dessen er freilich nicht vom Esel steigt; im Lager wird es dann oft Abend, ehe seine Leute ihm etwas zurecht gemacht haben; bisher habe ich in Afrika noch keinen Europäer gesehen, der mit so Wenigem ausgekommen wäre.«

Emin war nicht der Einzige, der desillusioniert war. Pater Schnyse beschreibt auch seine Eindrücke von der ganzen Expedition: »Dem äusseren Anschein nach ist sie ja gelungen und wird demgemäss auch in Europa gefeiert werden; in Wirklichkeit aber sind die Helden der Expedition recht unzufrieden mit den Resultaten und gestehen heute hier dies auch ein. ›Eine Masse Leute ist gestorben, bedeutende Mittel aufgewendet worden, zweieinhalb Jahre haben wir im Elend gelebt und was erreicht? Wir bringen eine Anzahl unnützer, verfaulter ägyptischer Schreiber, Juden, Griechen und Türken aus dem Innern, die uns nicht einmal dafür danken; Casati selbst war der Mühe nicht werth, er ist ja Mchenzi* geworden, und der Pascha ist zwar ein Ehrenmann, aber doch nur ein Mann der Wissenschaft.‹ Man hatte darauf gerechnet, in Dr. Emin Pascha einen Soldaten zu finden an der Spitze von

* afrikanischer Ausdruck für »Kollege«

2,000 disciplinierten Leuten, dem man bloss Munition zu bringen brauche, um sich der äquatorialen Provinz für England zu versichern und sich mit Hülfe seiner Bayonnette einen Weg nach Mombassa zu eröffnen. Nun, da dies nicht gelungen ist, ist man unzufrieden.« Jephson war besonders verbittert über all die Menschenleben, die diese Expedition gekostet hatte. Sechs Monate zuvor, als er nach seiner langen und schweren Krankheit noch schwach und deprimiert war, hatte er seine diesbezüglichen Gedanken seinem Tagebuch anvertraut: »Das Herz wird einem krank & großer Zorn steigt in einem auf, wenn man bedenkt, wie mit den Sympathien Europas getrickst & gespielt wurde & wie wir getäuscht wurden, all unsere Kraft dafür zu geben, einen Mann & seine Leute zu Hilfe zu eilen & zu retten, die unserer Hilfe nicht würdig sind, ja nicht einmal unseres Mitleids. Schaut, wie viele ihr Leben lassen mussten, Major Barttelot & etwa 450 unserer eigenen Leute, gar nicht zu reden von den Hunderten von Manyuema* & den vielen hunderten Eingeborenen, die wir getötet & deren Dörfer wir zerstört haben, als wir uns hierher vorkämpften. Schaut doch nur die Zahlen, die wir noch von hier bis Sansibar verlieren werden & die Eingeborenen, die wir wohl noch töten werden. Und was haben wir auf der anderen Seite dafür bekommen? Wir haben Emin Pascha – aber ach, nicht den Emin Pascha, wie wir uns alle ihn vorgestellt haben – & vielleicht 50 ägyptische Angestellte mit ihren Frauen, Konkubinen, Familien & Sklaven, Abschaum & Bodensatz aus Kairo & Alexandria. Steht das, was wir haben, im Verhältnis zu dem, was wir verloren? Zehntausendmal nein.«

Emin schrieb nur wenig über seine Gefühle während des Marsches zur Küste, doch abgesehen von den Monaten in

---

* Gemeint sind die Träger aus dem Stamm der Manyuema.

Gefangenschaft muss dies wohl die schlimmste Zeit seines Lebens gewesen sein. Alle seine Mühen in Äquatoria waren vergebens gewesen. Er hatte die Soldaten und deren Familien zurücklassen müssen, für die er sich noch immer verantwortlich fühlte. Er war gezwungen worden, die Provinz zu verlassen, die er liebte, und in eine ungewisse und wenig aussichtsreiche Zukunft zu gehen. Und er war privat beleidigt und vor all seinen Untergebenen erniedrigt worden von einem Mann, dessen bemerkenswerte Qualitäten er zwar anerkannte, den er aber sicher verabscheute.

Die Anstrengungen, von Krankheitsschüben noch verstärkt, schlugen sich auf das Gemüt nieder. Emin stritt sich mit seinen Getreuen Casati, Vita Hassan und Shukri Aga und verhielt sich abfällig gegenüber seinen Leuten, die sich daraufhin an Stanley wandten, um sich zu beklagen. Seine Beziehung zu dem Briten war auf dem Tiefstpunkt angekommen, er wechselte kaum noch ein Wort mit ihm, und die Offiziere, die als Mittler dienten, mussten es ausbaden. »Stanley ist grob zu uns, weil er weiß, dass wir seine Botschaften nicht so übermitteln, wie er sie gibt – das können wir nicht – & der Pascha ist grob zu uns, wenn wir die Botschaften in milderer Form übermitteln & ich glaube, er nimmt an, wir formulieren sie noch rüder, statt alles zu tun, um Stanleys Botschaften abzumildern. Eine fürchterlich unangenehme Lage für uns alle …«, kommentierte Jephson in seinem Tagebuch.

Der Streit brach offen aus, nachdem Emin erstaunlicherweise darum bat, Überfälle zu organisieren, um weitere Sklaven für seine Leute zu beschaffen. Dies stieß die britischen Offiziere zutiefst ab. Was sie endgültig gegen Emin aufbrachte, war dessen Gleichgültigkeit gegenüber der Art, wie seine Leute ihre Sklaven behandelten. Jephson zeichnete ein schockierendes Bild von Osman Latif, Emins Stellvertreter, der offenbar seelenruhig sein Essen verspeisen konnte und sich dabei nicht daran störte, dass gerade mal zwei Meter neben ihm die blutige Leiche eines gerade zuvor gefangen genommenen Sklaven lag, den einer seiner Diener erschossen hatte, weil er nicht sofort getan hatte, was ihm befohlen worden war. »Vielleicht hat der arme Kerl nur nicht verstanden«, schrieb Jephson.

Die Anspannung kam nochmals auf den Höhepunkt, als Emin, der eingewilligt hatte, seine Diener bewaffnen zu lassen und den Soldaten unterzugliedern, um die Expedition vor feindseligen Eingeborenen zu schützen, vehement dagegen protestierte, ohne Schutz für sich und seine Tochter gelassen zu werden. Der Streit endete in einer weiteren wütenden Auseinandersetzung in Stanleys Zelt. Emin stürmte mit den Worten hinaus: »Ich finde, Sie sollten mich besser hierlassen, ich wünschte, Sie wären nie aufgetaucht, um mir zu helfen!« Und Stanley brüllte vor Wut, die noch größer war als bei jenem Ausbruch in Kavallis: »Sie sind der undankbarste Mensch!« Emin entschuldigte sich später und gab entsprechende Dankbarkeitserklärungen ab.

Kapitel 25
Die Heimkehr

Am 31. Oktober 1889 waren sie kurz vor sechs Uhr früh aufgebrochen und bahnten sich gerade einen Weg durch dichten Wald, als sie vor sich Trommeln hörten und eine Karawane erblickten, die ihnen entgegenkam. Zu ihrer Überraschung grüßten alle Männer, die die Hände frei hatten, sie militärisch und wünschten ihnen einen »guten Morgen«. Sie waren bunt gekleidet, mit deutschen Militär- oder Zivilkäppis und Uniformstücken. Sie behaupteten, Deutsche zu sein, mit den Deutschen gegen die aufständischen Araber an der Küste gekämpft zu haben, und erklärten stolz »Arab Bagamoyo kaputt«, was Stanley beruhigte, denn er hatte befürchtet, der Bushiri-Aufstand, von dem er gehört hatte, könnte ihnen den Weg zur Küste versperren. Kurz darauf folgte eine zweite Karawane. Bass erstaunt sahen Stanley und seine Leute zu, wie die Anführer der beiden Karawanen Post für Emin übergaben.

Es handelte sich um Willkommensschreiben von Hermann Wissmann, dem neuen Reichskommissar für Deutsch-Ostafrika, datiert vom 14. Oktober 1889. »Ich freue mich zunächst von Herzen, dass Sie und Ihre Gefährten, Sie und Herr Stanley, die beiden berühmtesten Männer der letzten Jahre, gesund und wohlbehalten die Küste, die Heimath erreichen werden. Nehmen Sie meine und meiner hier anwesenden zehn Offiziere herzlichste Glückwünsche«, schrieb er. Dann folgte eine kurze Darstellung der gegenwärtigen Lage im Sudan, der Versuche, ihn zu retten, an denen Wissmann selbst beteiligt war, sowie von Carl Peters' Expedition – von der schon seit längerem nichts mehr zu hören gewesen sei –, und er berichtete, dass er den Bushiri-Aufstand hatte beenden können. Emin erfuhr auch, dass Kaiser Wilhelm I. und sein Sohn Kaiser Friedrich III. verstorben waren und nun Kaiser Wilhelm II. auf dem Thron saß und einen Besuch in London gemacht hatte. Einer von Wissmanns Offizieren, so kündigte der Brief schließlich an, würde mit hundert Männern im Fort Mpwapwa auf sie warten, ein paar Tagesreisen weiter, um sie bis zur Küste zu begleiten.

Einer der britischen Offiziere bemerkte Jephson gegenüber, nachdem er eine wenn auch verkürzte Fassung des Briefes mitbekommen hatte: »Ich sehe schon, was Wissmann vorhat, er will den Pascha für die deutsche Gesellschaft in die Finger kriegen.«

Zehn Tage später, am 10. November, ließen sie die Ugogo-Ebene hinter sich, mühten sich zwei Stunden lang einen steilen Berghang hinauf und blickten schließlich von der Anhöhe hinunter auf jenes Fort Mpwapwa. Es lag auf einem kleinen Hügel, und über ihm wehte die deutsche Flagge. Stanley schlug nicht weit davon entfernt an einem Bach das Lager im Schatten von Maulbeerbäumen auf. Das rechteckige Fort war erst ein paar Wochen zuvor errichtet worden und befand sich innerhalb einer zwei Meter hohen Granitmauer. Darin standen die Hütten der Soldaten, ihrer Herkunft nach Zulus und Sudanesen, wie die ihrer deutschen Offiziere. »Die ganze Einrichtung trägt den Charakter des Provisorischen, aber militairisch ist sie völlig sicher«, hält Pater Schynse fest. Die Ruinen des alten Forts, das von den Bushiri-Rebellen zerstört worden war, lagen in der Nähe.

Emin und Stanley wurden vom stellvertretenden Kommandanten, Leutnant Rochus Schmidt, einem jungen, dunkelhaarigen Mann mit ausladendem Schnurrbart und Schlesier wie Emin, herzlich empfangen und ins Fort eingeladen, wo er ihnen Champagner, Kognak und Zigarren anbot. »Hier bin ich zu Hause«, schrieb Emin in sein Tagebuch. »Schmidt ist äusserst zuvorkommend und hat wiederholt darauf hingedeutet, dass man mich in Berlin würde für Ost-Afrika zu verwenden suchen, da ich mehr Erfahrungen hätte. Ich weiss nicht, ob es sich hierbei nur um Vermuthungen handelt.«

Emins und Dr. Parkes erste Sorge nach ihrer Ankunft galt dem Kommandanten des Forts, einem gewissen Leutnant von Medem, der schwer an Ruhr erkrankt war. Auf Emins Bitte hin blieb die Expedition ein paar Tage vor Ort, bis Medem Anzeichen von Erholung zeigte.* Er nutzte die Gelegenheit, Wissmann gegenüber schriftlich seine Freude darüber zu bekunden, bei seiner Rückkehr von ihm, dem berühmten Afrikaforscher, begrüßt worden zu sein. Leutnant Schmidts Bemerkungen schienen wohl ebenfalls in seinem Kopf zu rumoren, denn er fügte noch hinzu, dass er hoffe, seine Erfahrungen bei Deutschlands Unternehmungen in Afrika einbringen zu können. »Können Sie sich wohl den Eindruck vorstellen, den es auf mich machte, mich seit fünfzehn Jahren zum ersten Male unter deutscher Flagge zu finden?« In einem Dankesschreiben an das deutsche Emin-Pascha-Rettungskomitee begrüßte er dessen Bemühungen in Afrika und setzte hinzu: »Was ich dazu beitragen kann, soll gewiss mit Freuden geschehen.«

Plötzlich war es zu einem brennenden Problem geworden, dass Emin Deutscher war. Offenbar weckte der Umstand, von den eigenen Leuten in der eigenen Sprache willkommen geheißen zu werden, bei dem kosmopolitisch denkenden Emin, der so viele Jahre für die Türken, Ägypter und Briten gearbeitet, unter Arabern und Afrikanern gelebt hatte und zahlreiche Sprachen sprach, tiefe und unerwartete Gefühle. Stanley selbst schien zu erkennen, dass die Gefahr, die Deutschen könnten ihm Emin abspenstig machen, realer war als zunächst ange-

---

* Die Erholung war nur vorübergehend. Später verstarb von Medem dann doch an der Krankheit.

nommen. Lange Zeit schon hatte er Emin links liegenlassen, doch plötzlich wurde er wieder überaus freundlich ihm gegenüber. Emin bemerkte, dass Stanley »wie ausgewechselt« war und dass die englischen Offiziere sich gegenseitig in ihrer Höflichkeit überboten.

Stanley erkundigte sich bei Emin, was er denn mit seinen sudanesischen Trägern vorhabe, wenn er erstmal an der Küste sei. Er selbst schlug vor, sie der IBEAC zu »geben«, da es schließlich Mackinnon sei, auf dessen Kosten sie den ganzen Weg über durchgefüttert worden waren, »aber das ist nur ein Vorschlag« und Emin sei ja im Grunde Deutscher und wolle sie vielleicht den Deutschen überlassen – so vermerkte es Emin in seinem Tagebuch. »Nur sollte ich mich erinnern, dass England die Expedition gesandt habe und die Deutschen sich meiner erst in der zwölften Stunde erinnert hätten.« Emin erwiderte, er wolle darüber nachdenken; Stanley hatte aber seinerseits bereits Vorkehrungen getroffen und Sir Evelyn Baring in Kairo und den britischen Konsul in Sansibar über die Anzahl der Sudanesen in Emins Gruppe informiert, vorgeblich, weil diese ja Untertanen des Khediven seien, doch offenbar mit der Absicht, dass die Männer den »richtigen« Behörden überantwortet werden sollten.

In Begleitung von Leutnant Rochus Schmidt und seinen Männern machte sich die Truppe dann weiter auf ihren Weg Richtung Küste. Je näher sie ihr kamen, desto heißer und stickiger wurde die Luft, das Land fruchtbarer und die Vegetation üppiger. Während eines Ruhetages am 29. November bekam die Expedition überraschend Besuch von einer Gruppe deutscher Offiziere, die nach der Bushiri-Rebellion als »Aufräumtrupp« durchs Land zog. Unter ihnen war auch Karl Freiherr von Gravenreuth, der später wegen seines Einsatzes bei der Unterdrückung des Aufstandes als der »Löwe der Küste« bekannt wurde. Ihre Träger brachten Kisten mit Delikatessen, die Wissmann geschickt hatte – Schinken, noch mehr Zigarren, Kognak und Champagner. Emin erhielt illustrierte deutsche Zeitschriften, die ihm ein unbekannter Deutscher in Sansibar schickte. »Wie habe ich alles das verdient?«, fragte er sich.

Die Gruppe begleiteten zwei amerikanische Reporter: Edmund Vizetelly vom *New York Herald* und Thomas Stevens von der *New York World.* Die beiden wetteiferten um eine Prämie von zweitausend Pfund für die erste Meldung von Stanleys Ankunft an der Küste. Stevens behauptete, eine halbe Stunde früher bei Stanley angekommen zu sein; wer den Preis erhielt, ist nicht bekannt. Stevens jedenfalls beschrieb die Szene, die sich ihm bot, folgendermaßen:»Große und kleine Zelte, Gruppen kleiner Grashütten, die der afrikanische Träger oder Soldat in jedem Lager für sich errichtet, waren auf großer Fläche verstreut zwischen der dornigen Umgebung eines verborgenen Dorfes und einem trockenen Bachbett errichtet worden. Ägyptische Flaggen, Halbmond und Sterne auf rotem Grund, wehten hier und da träge an Zeltstangen und Fahnenmasten auf dem ganzen Gelände und belebten das Bild …

Ich wurde zu einem grob gezimmerten, offenen Schuppen geführt, wie ihn Mr. Stanley meist in seinen Lagern errichten ließ, um die Eingeborenenhäuptlinge zu empfangen, wenn sie ihn aufsuchten. Ich begab mich zu diesem Schuppen und fand dort Mr. Stanley vor, wie er auf einem Eingeborenenstuhl saß, eine englische Bruyèrepfeife schmauchte und sich mit Baron von Gravenreuth, Mr. Jephson und Doktor Parke unterhielt. Er trug einen alten Kongo-Hut, der mehrmals mit neuer Leinwand bezogen worden war, da das alte Material von Zeit zu Zeit abgenutzt gewesen war; ein kurzes Jackett aus der Leinwand eines alten grünen Zelts, Kniehosen amerikanischer Herkunft, dunkle Wollstrümpfe und Schuhe, die er, wie ich annehme, irgendwo in seinen Vorräten in Msalala gefunden hatte.«

An jenem Abend gaben die Europäer ein großes Dinner im Freien, bei dem die Deutschen spannende Geschichten von ihren Kämpfen mit den Rebellen zum Besten gaben. Am folgenden Tag traf ein Willkommensschreiben für Emin von Oberst Charles Euan Smith ein, dem amtierenden britischen Konsul in Sansibar. Emin notierte ohne weiteren Kommentar, dass der Brief auf den 24. November datiert war. Euan Smith hatte aus Aden geschrieben; er war wohl auf dem Weg von oder nach Europa. Dennoch bleibt es – insbesondere angesichts seines Zugangs zum Telegraphensystem – bemerkenswert, dass der Brite erst sechs Wochen nach Wissmann den ersten Brief an Emin losschickte.

Der Reporter Vizetelly vom *Herald* hatte gegenüber seinem Kollegen Stevens einen entscheidenden Vorteil: James Gordon Bennett, der *Herald*-Herausgeber, der Stanley auf dessen erste Expedition zu Livingstone geschickt und ihn damit weltberühmt gemacht hatte, war gewillt, mehr für Stanleys Expeditionsbericht zu zahlen als die *World*. Am folgenden Tag notierte Emin in seinem Tagebuch: »Vizetelly hat heute drei Kouriere, jeden mit einem dicken Briefe, zur Küste gesandt. Da er jedoch noch nicht nüchtern geworden ist, so hat er sie jedenfalls nicht geschrieben und die Lösung des Problems ist – wie Dr Parke mir sagte – einfach die, dass Stanley die Korrespondenzen schon bereit hatte und sie nur an den Meistbietenden, Vizetelly i.e. Gordon Bennett, verschachert hat – er hat übrigens Recht.« Stanley sorgte auf diese Weise dafür, dass die ersten Berichte so geschrieben wurden, wie er sie haben wollte.

Stevens, der monatelang mit einer kleinen Expedition durch Ostafrika unterwegs gewesen war und nach Stanley Ausschau gehalten hatte, kam aber auch nicht schlecht weg. Sein gut verkauftes Buch *Scouting for Stanley in East Africa* liefert spannende und recht verlässliche Einsichten in die letzten Tage der Expedition. Als Boten in Sansibar erschienen

und die Nachricht überbrachten, dass sich die Expedition
nun der Küste nähere, heißt es da, »geriet die europäische
Gemeinde geradezu in ein Fieber der Erwartungen ... Sofort
wurden Vorbereitungen für den Empfang getroffen. Es würde
viele kranke und hilflose Frauen und Kinder geben ... Gen.
Matthews, der britische Generalkonsul, die Damen der Missionen, alle, die Hilfe anbieten konnten, nahmen diese Aufgabe nun ernsthaft in die Hand. Jede Nadel, jede indische
Nähmaschine in Sansibar war damit beschäftigt, Kleidung
herzustellen, denn zumal die Frauen und Kinder dürften
daran wohl Mangel leiden. Ein großes Haus, vormals das
britische Konsulat, wurde zur Aufnahme dieser Menschen
vorbereitet; weitere Unterkünfte wurden für Emins sudanesische Soldaten bereit gehalten.« Eine Karawane der IBEAC
war bereits mit Gütern unterwegs, die Stanley angefordert
hatte: Nahrungsmittel, darunter hundertsiebzig Traglasten
Reis, Kleidung und Perlen für den Tauschhandel.

Alle in Sansibar hatten erwartet, dass Stanley eine Route
durch den britischen Einflussbereich nach Mombasa nehmen
würde. Stevens kommentierte, dass die Deutschen sehr erfreut
und die Briten ziemlich angesäuert waren, als sie mitbekamen,
dass die Expedition auf dem Weg nach Bagamoyo war: Das
wirkte ja so, als verliefe die beste Route zum begehrten und
kommerziell interessanten Gebiet der Großen Seen durch deutsches Territorium.

Die beiden Reporter schlossen sich der Expedition auf
ihrem letzten Stück des Weges an. Stevens hatte dabei vor
allem Mitleid mit den Kindern – es gäbe insgesamt neunund-
fünfzig, schrieb er, »meist Waisenkinder von ägyptischen Soldaten ... Einer der traurigen Anblicke auf dem Tagesmarsch
waren die armen kleinen Negerkinder von sechs oder sieben
Jahren, müde und mit wunden Füßen, die dahinhumpelten
und unentwegt weinten, sie wollten getragen werden. Was

für eine schlimme Zeit muss das für diese armen kleinen Jammergestalten gewesen sein, die Tag für Tag über die endlose Straße dahinstapften, durstig, hungrig, müde, die Zehen wund gestoßen, wie sie ab und zu in einen Dorn treten, weinen und schniefen, ihre Mütter aus den Augen verlieren, wenn sie denn welche hatten, und von groben, brutalen Kerlen beiseite gestoßen und überholt werden, die ihnen den Tod wünschten, damit sie nicht länger im Weg waren – arme kleine Dinger!«

Als sie eines Abends nicht weit von Bagamoyo entfernt das Nachtlager aufschlugen, hörten sie plötzlich in der Ferne einen lauten Knall. Es war die Abendkanone in Sansibar, die über das Meer schallte. Stanleys Sansibaris tanzten und sangen vor Freude: Sie waren fast zu Hause. Einige von ihnen blieben die ganze Nacht auf und warteten auf die Morgenkanone, nur um sicherzugehen, dass sie sich nicht verhört hatten.

Am 4. Dezember 1889 erreichte die Expedition den majestätischen Fluss Kingani. Sie setzten auf der Fähre über – einem von Seilen hin und her gezogenen Stahlkahn – und wurden am anderen Ufer von Hermann Wissmann persönlich empfangen. Eine Gruppe von Offizieren hatte Pferde und Esel für sie herbeigeschafft. Stanley übergab das Kommando an Leutnant Stairs, und dann ritten Emin und Stanley zu Pferd mit Wissmann durch Obstplantagen und Bauernland, Kokos- und Mangopflanzungen, bis sie in Bagamoyo triumphal empfangen wurden.

Dieser pittoreske, arabisch, indisch und afrikanisch geprägte Hafen war während des Bushiri-Aufstandes großteils niedergebrannt worden, doch hatten die Wiederaufbauarbeiten bereits begonnen, und viele der indischen Händler und der anderen Bewohner waren inzwischen zurückgekehrt. Nun war Bagamoyo in Feststimmung. Es war gegen elf Uhr am Vormittag, als Emin und seine Begleiter in die Stadt kamen und durch die mit Palmzweigen geschmückten Straßen ritten, die von jubelnden Menschen aller Rassen und Hautfarben gesäumt waren. Im Hafen hatten sich vier Kriegsschiffe, zwei deutsche und zwei britische, herausgeputzt. Als die Gruppe um die Ecke auf den Platz vor der deutschen Festung am Hafen bog, wurde sie mit einundzwanzig Schuss Salut vom Fort und vom deutschen Flaggschiff *Sperber* begrüßt. Sie erhielten alle militärischen Ehren, und eine Kapelle von der *Schwalbe*, dem anderen deutschen Schiff vor Anker, spielte die deutsche und die britische Nationalhymne. Der Kapitän der *Sperber* hieß Emin im Namen von niemand Geringerem als Kaiser Wilhelm II. persönlich willkommen und überreichte ihm ein Telegramm aus Berlin, das am selben Vormittag eingetroffen war:

Für Doctor Emin Pascha.

Bei Ihrer endlichen Rückkehr von dem Posten, welchen Sie über elf Jahre mit echt deutscher Treue und Pflicht-erfüllung heldenmütig behauptet haben, begrüsse ich Sie gern mit Meinem Glückwunsch und Meiner Kaiserlichen Anerkennung. Es hat Mir zur besonderen Freude gereicht, dass die Truppe des deutschen Reichskommissars Ihnen den Weg an die Küste gerade durch unser Schutzgebiet bahnen konnte.

Gez. Wilhelm, Imperator, Rex.
Graf Bismarck

Emin war überwältigt.

In der Zwischenzeit hatte man ein üppiges Essen für die Ankömmlinge auf der Veranda der Offiziersmesse vorberei-tet, dekoriert mit deutschen Flaggen und Palmzweigen. Emin, so hielt Stanley fest, »war niemals fröhlicher als an diesem Nachmittag, als er, umringt von Freunden und Landsleuten, deren tausend drängenden Fragen beantwortete«. Tatsächlich, so Stanley, redete Emin so lange, dass bereits die ersten Gäste zum Abendbankett eintrafen, als er davoneilte, um sich umzukleiden.

Das Bankett, das in einem großen improvisierten Ballsaal im ersten Stock der Offiziersmesse stattfand, war noch üppiger. Vierunddreißig Gäste waren geladen worden; neben Emin und Stanley gehörten die Kapitäne der deutschen und britischen Kriegsschiffe dazu sowie die ortsansässigen deutschen, britischen und italienischen Konsuln oder Vizekonsuln, Wissmanns Offiziere, Pater Schynse, Père Girault und andere Missionare, offizielle Vertreter der DOAG und der IBEAC, Stanleys Offiziere, Vizetelly und schließlich Casati. Die Sansibaris der Expedition feierten auf dem Platz vor dem Haus ihr eigenes fröhliches Fest.

Wissmann, der erst kurz zuvor zum Major befördert worden war, hielt nach Parkes Ansicht eine brillante Rede und verlieh Emin im Namen des Kaisers den Kronenorden Zweiter Klasse mit Stern für seine außergewöhnlichen Verdienste als Wissenschaftler, begnadeter Administrator und herausragender Sohn Deutschlands. Emin war zu Tränen gerührt.

Stanley ergriff ebenfalls das Wort, und Emin dankte in einem »gewandten und höchst gewählten Diskurs« (so Parke) Stanley und seinen Leuten als »Repräsentanten der britischen Philanthrophie« und seinen deutschen Landsmännern für ihr Willkommen und erhob sein Glas auf den Kaiser. Ein Trinkspruch folgte dem anderen, die Rivalität zwischen Deutschen und Briten schien vergessen, alle waren überaus freundlich und herzlich.

Das Dinner war ein »Triumph«, schrieb Stanley, »die Weine waren ausgezeichnet, gut ausgewählt und eisgekühlt«. Die Kapelle von der *Schwalbe* spielte zu Emins großer Freude deutsche Musik. »Ach, ich möchte so gern ›Heil Dir im Siegerkranz‹ hören«, rief er aus. »Er machte einen wirklich beglückten Eindruck, unter zivilisierten und besonders unter Deutsch sprechenden Menschen zu sein«, berichtete Korvettenkapitän Hirschberg von der *Schwalbe* nach Hause. Er »scheint überhaupt sehr deutsch gesinnt zu sein«. Emin machte die Runde, sprach mit jedem Einzelnen und bedankte sich vor allem bei den Offizieren der Expedition für ihren vollen Einsatz. »Er meinte zu uns, er habe nicht mehr damit gerechnet, einen solchen Augenblick wie diesen zu erleben, umgeben von Menschen, die sich gegenseitig darum stritten, ihm die Ehre zu erweisen«, erinnerte sich Jephson. »Er schien jünger geworden zu sein und wirkte durch Freude und Zufriedenheit ganz verändert.«

Nach seiner Rede ging Emin gut gelaunt zu Dr. Parkes Platz, sagte ihm etwas ins Ohr und schlenderte dann ins Nachbarzimmer. Ein paar Minuten später kamen Leute hereingestürmt und meldeten, Emin sei aus dem Fenster gefallen und tot. Jephson und andere eilten hinaus und fanden ihn blutend und leblos auf dem Kopfsteinpflaster liegend.

KAPITEL 26

Ringen um Emin

Leutnant Rochus Schmidt, der als Erster am Unglücksort eintraf, hoffte, Emin wiederbeleben zu können, übergoss ihn mit einem Eimer Wasser, doch Emin blieb bewusstlos. Er wurde sofort ins deutsche Lazarett getragen. Das Ganze geschah so schnell, dass Stanley – dessen Diener Sali mit der Nachricht zu ihm geeilt war, Emin sei »gefallen«, was er zuerst als Sturz über einen Stuhl fehlinterpretiert hatte – nur noch zwei kleine Blutlachen auf den Pflastersteinen vorfand.

Dr. Parke und zwei deutsche Kollegen, die Herren Brehme und Latsche, vermuteten einen Schädelbasisbruch. Emin hatte sich außerdem zwei Rippen gebrochen und sich erhebliche Wunden, vor allem an den Augen, zugezogen. Früh am nächsten Morgen erlangte er das Bewusstsein wieder, litt aber große Schmerzen. Zwei Tage später bekam er zudem eine gefährliche Lungenentzündung, und fast drei Wochen lang drang ihm nun Flüssigkeit aus den Ohren.

Ein Unfall, wie alle fanden. Es gab nicht den kleinsten Hinweis auf einen versuchten Selbstmord oder gar Mord. Vielleicht hatte Emin nur frische Luft schöpfen oder die Sansibaris unten feiern sehen wollen. Das Fenster reichte fast bis zum Boden und war nicht durch Gitter gesichert gewesen. Und Emin war bereits halb blind – ein Augenzeuge berichtete, dass er sich seine Gabel wenige Zentimeter vor die Augen halten musste, um zu sehen, was er aß. Gut möglich, dass er das Fenster mit einer Tür zur Veranda oder Terrasse verwechselt hatte. Dr. Parke wies darauf hin, dass Emin schon seit vielen Jahren nicht mehr in einem mehrstöckigen Haus gewesen war. Glücklicherweise war der Sturz aus fünf oder sechs Metern von dem schrägen Zinkdach eines darunter befindlichen Schuppens abgemildert worden. Da Emin längere Zeit nicht transportfähig war, setzte der Rest der Expedition zwei Tage später ohne ihn nach Sansibar über.

Während Emin das Bett hüten musste, wurde Europa von der Nachricht über seinen Unfall erschüttert; dabei war gerade eben erst seine glückliche Ankunft an der Küste gemeldet worden. Der Kaiser, Queen Victoria und der Khedive baten darum, über die weitere Genesung unterrichtet zu werden. Es trafen jede Menge Briefe von Freunden, Verwandten und Bekannten ein, mit denen er seit Jahren keinen Kontakt mehr gehabt hatte. Emin wurde mit Ehren überhäuft: Die philosophische Fakultät seiner alten Universität Königsberg verlieh ihm die Ehrendoktorwürde; die ehrenwerte Deutsche Akademie der Naturforscher, die Leopoldina (aus der die Deutsche Akademie der Wissenschaften erwuchs), und die Hallenser Geographische Gesellschaft ernannten ihn zum Ehrenmitglied; weitere wissenschaftliche Vereinigungen sollten in den kommenden Wochen und Monaten mit Bekundung ihrer Ehrerbietungen folgen. Gleichzeitig wurde er überschwemmt mit Anfragen, Zeitungsartikel, Aufsätze und Bücher zu schreiben, Aufdringlichkeiten, die ihn angesichts seines Zustandes ungeheuer erzürnten. Eine ganze Weile war sein Zustand so schlecht, dass er seine Ärzte bitten musste, ihm die Briefe vorzulesen und die ersten Antworten für ihn zu schreiben.

In dieser Zeit brach auch das Gerangel um Emins Zukunft zwischen Deutschen und Briten offen aus. Erstere erkannten, dass die Engländer, nicht nur Stanley allein, entschlossen waren, ihn in ihr Land zu bringen, wo er den Deutschen entzogen wäre und Stanley ihn stolz präsentieren könnte. Die Gegenseite ihrerseits vermutete zu Recht, dass die Deutschen ihn für sich selbst vereinnahmen wollten. Wenn es sich nicht um einen schwer verletzten und höchst sensiblen Mann gehandelt hätte, wäre das nun einsetzende Tauziehen lustig anzuschauen gewesen. Die deutschen Ärzte verordneten Emin absolute Ruhe und untersagten fast jeden Besuch. Sie mahnten, sein Zustand sei Besorgnis erregend, nur zwanzig Prozent aller Patienten würden einen solchen Unfall überleben, und Emin würde sein Leben riskieren, falls er Bagamoyo verließe. Stanley wiederum behauptete in seinem Buch, Parke habe erklärt, der Unfall sei zwar schwer, aber Emins Zustand nicht gefährlich; er habe auch keinen Schädelbruch erlitten – eine Aussage, die durch Parkes Bericht widerlegt wurde. Stanley spielte Emins kritischen Zustand herunter, so auch der Tenor des Berichts von seinem letzten Besuch an Emins Krankenbett, kurz bevor er mit allen anderen nach Sansibar aufbrach:

»Nun, Pascha‹, meinte ich, ›ich hoffe, Sie wollen doch wohl nicht die Möglichkeit einräumen, Sie könnten hier sterben, oder?‹

›Oh nein, so schlecht geht es mir gar nicht‹, und er schüttelte den Kopf.

›Nach allem, was ich gesehen habe, Pascha, bin ich ganz Ihrer Ansicht. Eine Person mit Schädelbruch könnte niemals den Kopf derart bewegen. Goodbye. Dr. Parke wird bei Ihnen bleiben, bis Sie ihn fortschicken, und ich hoffe, täglich von ihm gute Nachrichten zu hören.‹ Wir gaben uns die Hand, und ich zog mich zurück.«

Die beiden sollten sich nicht wiedersehen.

Drei Wochen nach dem Unfall erkrankte Parke selbst schwer an einer höchst gefährlichen Form von Malaria und wurde in das französische Krankenhaus in Sansibar gebracht, wo er dem Tod so nahe war, dass Stanley und die anderen Offiziere an sein Bett gerufen wurden, um sich von ihm verabschieden zu können. Parke erholte sich zwar wieder, dennoch hatten die deutschen Ärzte nun die alleinige Kontrolle über Emin.

Stanley, seine Offiziere und Konsul Euan Smith versuchten mehrmals, mit einem Schiff nach Bagamoyo zu fahren und Emin zu besuchen, »doch aus irgendeinem unerklärlichen Grunde«, schrieb Jephson, »wurden wir jedesmal daran gehindert, weil wieder mal ein Rückfall Emins gemeldet wurde«.

Schließlich musste Stanley noch den letzten Teil seiner Mission erfüllen und Emins Leute nach Kairo bringen. Da er die Deutschen im Verdacht hatte, seine Briefe an den Pascha abzufangen, ließ er seinen Diener Sali heimlich in das Krankenhaus schleichen und Emin einen Brief zustellen, in dem er ihn drängte, mit ihm abzureisen; er wolle ihm einen Dampfer schicken und es ihm so bequem wie möglich machen. Georg Schweitzer, Emins Vetter und Biograf, zufolge kam in der darauffolgenden Woche ein weiterer Brief Stanleys, in dem er sich darüber beschwerte, dass Sali »von dem Arzte quasi im Auftrag Emins zur Thür hinausgeworfen und misshandelt worden sei. Dies sei die Antwort auf das überbrachte Schreiben Stanleys gewesen, gleichzeitig mit der Drohung, dass, wenn er sich noch einmal in die Nähe wage, man ihn aufhängen würde. Er entschuldigt sich wiederholt, noch nicht bei Emin in Bagamoyo gewesen zu sein und meint, das Verbot des Generalkonsuls sei ganz unnöthig gewesen, er wisse doch, wie man sich in Krankenzimmern zu benehmen habe. Darauf schloss dieses zweite Schreiben dann mit dem wiederholten Ausdrucke seiner besten Wünsche. Darauf verliess er Sansibar.«

Parke, der noch immer so schwach war, dass er von Seeleuten an Bord getragen werden musste, reiste mit Stanley ab. Er rechnete fest damit, dass Emin ihnen bald folgte. Seiner Meinung nach würde Emin, wenn er ebenfalls an Bord käme, die Seeluft so gut tun, dass er sich erholen könnte, noch bevor sie Suez erreicht hätten. »Als ich mich von Emin

Pascha verabschiedete, sagte er, er würde sicherlich mit dem nächsten Dampfer nach Kairo nachfolgen (also etwa eine Woche später); und ich war ziemlich überzeugt davon, dass er diese Absicht hatte; ich bin sicher, wenn ich nicht zu jener Zeit krank geworden wäre, dann wäre er mit uns gekommen. Er wollte sich den Star operieren lassen, denn auf dem linken Auge war er schon fast blind, und alles war schon fast so weit, dass ich bei der Operation hätte assistieren sollen. Doch alles kam anders ...«

Vor der Abreise konnte auch Jephson Emin noch einen Besuch abstatten; dieser schien sich zu freuen, ihn zu sehen, und fragte, warum die anderen britischen Offiziere nicht zu Besuch kämen. Jephson erklärte, jedes Mal, wenn sie das vorgeschlagen hätten, sei ihnen von den Deutschen mitgeteilt worden, Emin habe einen Rückfall erlitten oder es seien keine deutschen Dampfer in der Nähe, um sie überzusetzen. »Er schien äußerst wütend zu sein, als er dies hörte, und sprach recht heftig mit Hauptmann Rieklemann [gemeint ist wohl Georg Richelmann], dem Stationschef in Bagamoyo, der mich ins Krankenhaus begleitet hatte«, berichtete Jephson. Er drängte Emin, mit nach Europa zu kommen, und gab weiter, dass Parke gemeint hätte, eine Seereise würde ihm guttun. »Das weiß ich«, erwiderte Emin, »und ich wünschte, ich könnte mit Ihnen gehen, aber ich kann nicht.« Einen Grund dafür nannte der Pascha nicht. Ihr Abschied war überaus traurig. »Er hielt meine Hand in den seinen und sagte, wie überaus dankbar er dafür sei, was wir für ihn getan hätten. Er sagte: ›Sie werde ich nie vergessen, denn Sie waren mein Gefährte und Freund in diesen Monaten in der gemeinsamen Gefangenschaft, diesen schlimmsten Monaten meines Lebens.‹«

Jephson war davon überzeugt, dass »ein Wille, stärker als sein eigener«, Emin zum Bleiben dränge. Ein Wille stärker als der Stanleys aber ist kaum vorstellbar, schon gar nicht bei Wissmann, den Briten und Deutsche gleichermaßen als anständigen, angenehmen, uneitlen Menschen beschreiben. Emins Version der Geschichte in einem Brief an einen Freund lautete folgendermaßen: »Noch während ich krank im Hospitale lag, hatte mich Wissmann gelegentlich einer Unterhaltung gefragt, ob ich in Zukunft für die Engländer wirken wolle, und als ich ihm sagte, ich würde natürlich vorziehen, für mein Vaterland zu arbeiten, hatte er mich um Erlaubniss gefragt, dies an Seine Majestät berichten zu können. Dies gestattete ich gern.« Das klingt durchaus nicht nach übermäßigem Druck vonseiten Wissmanns.

Emin stand noch immer auch die Möglichkeit offen, für König Leopold von Belgien zu arbeiten, was ihn allerdings nicht interessierte, oder in das seit 1882 von den Briten besetzte Ägypten zurückzukehren und unter ihnen als Zivilgouverneur kleinerer Orte wie Suakin oder Wadi Halfa zu wirken, was ihn noch weniger interessierte. Dann war da noch die alte Einladung, sich Mackinnons IBEAC anzuschließen. Emin ohne seine Truppen war für die Gesellschaft zwar nicht mehr so interessant, doch wurde das durch die Tatsache wettgemacht, ihn den Deutschen weggeschnappt zu haben. Emin zauderte aber, und auch Mackinnon ließ sich Zeit damit, seine Einladung dezidiert zu wiederholen. So reifte in Emin der Entschluss, für seine Landsleute zu arbeiten.

Patriotismus, eine in den damaligen Tagen ungeheuer treibende Kraft, war dabei gewiss ein Hauptmotiv, aber wohl nicht das einzige. Die Wärme und Freundlichkeit des Willkommens, die ihm auf deutschem Territorium entgegengebracht worden war, Telegramm und Orden des Kaisers – »da kann man doch gern für den Kaiser sein Leben lassen«, schrieb er seiner Schwester –, die akademischen Ehren und die allgemeine Anteilnahme waren Balsam für seine Seele, zumal nach all den Demütigungen und Beleidigungen, die er von Stanley hatte hinnehmen müssen.

Geschah also alles nur Stanley zum Trotz? Emin scheint kein sonderlich rachsüchtiger Mensch gewesen zu sein, aber man kann sich durchaus vorstellen, dass es ihm eine gewisse Genugtuung war, Stanley um die Trophäe gebracht zu haben, die dieser so dringend benötigte – Emin Pascha. Es gab aber auch noch andere Gründe, sich über die Briten zu ärgern.

Beispielsweise hatten ihm Nubar Pascha und Sir John Kirk, der Amtsvorgänger als Konsul, schriftlich versichert, dass das Britische Konsulat für alle Kosten aufkommen würde, die ihm bei seinem Marsch an die Küste entstünden. In Usambiro hatte er einen Reitesel und noch ein paar Dinge erworben, in Bagamoyo erfuhr er dann jedoch, dass er seinen Kredit nicht einlösen konnte. Emin war so mittellos, dass er nicht einmal die Glückwunschtelegramme des Khediven beantworten konnte. Außerdem hatte Stanley Emins zögernde Leute unter Androhung, sie in Ketten legen zu lassen, gedrängt, an Bord des Dampfers nach Ägypten zu gehen, ohne dass sie Emin noch einmal hatten sehen können. Und der Kontrast zwischen Wissmann und Stanley zeitigte jetzt seine Wirkung. »Nicht zum wenigsten hat mich aber auch die persönliche Freundschaft und Hochachtung für den Herrn Reichskommissar zu diesem Schritt bestimmt«, sollte er später einem Kollegen schreiben.

Emins Entscheidung, für die Deutschen zu arbeiten, löste in Großbritannien einen Sturm der Entrüstung aus. Der *Evening Standard* schrieb (in Schweitzers Übertragung): »Die weitverbreitete Sympathie für Emin Pascha wird sich in Entrüstung verwandeln, wenn die letzten Nachrichten sich als wahr erweisen. Er hat nicht nur eine klare Pflicht vernachlässigt, sondern sich gegen diejenigen Freunde gewandt, denen er Freiheit und Leben verdankt… Seine bekannte Entschlossenheit mildert kaum ein Benehmen, das an Verrat streift.« Die *St. James*

Gazette kommentierte: »Die kostspielige und überflüssige Rettung Emins hat weder den Rettern noch dem Geretteten Vorteil gebracht. Vielmehr finden die Retter jetzt heraus, dass ihr Geld und ihre Begeisterung die nationalen Interessen ernstlich geschädigt haben. Wenn es vielleicht der Mühe wert war, Emin zu retten, um Stanley Gelegenheit zu geben, seine grossen Taten als Erforscher noch zu vermehren, so war es gewiss nicht der Mühe wert, ihn deshalb zu retten, um der deutschen Regierung einen neuen und hocherfahrenen Führer von bahnbrechenden Zügen nach Mittelafrika hinein zu schenken.«

Natürlich traf Emins Entscheidung auch die Angehörigen der Stanley-Expedition hart. Jephson mochte einfach nicht glauben, dass Emin diese Entscheidung getroffen hätte, wenn er wirklich hätte frei wählen können. »Es muss Einflüsterungen gegeben haben; allem, was wir getan haben, muss Eigennutz unterstellt worden sein; seiner armen, schnellen Sensibilität muss von jener höheren Macht mitgespielt worden sein, bis Emin, schon halb irre von den Sticheleien und Andeutungen seiner ›Freunde‹, jenen fatalen Schritt unternommen hat, der ihn vom Podest der Sympathie und Bewunderung herunter holte, auf dem er gestanden hatte«, mutmaßte er.

Emins Landsleute waren selbstverständlich schlichtweg begeistert. »Ganz Deutschland ist stolz auf Sie, ganz Deutschland heisst Sie willkommen«, schrieb der Forscher Gerhard Rohlfs. Die Ehrungen aus der Welt der Wissenschaft nahmen kein Ende. Sogar seine Studentenverbindung, die *Arminia*, die er im Streit verlassen hatte, holte ihn zurück und machte ihn zum »alten Herrn«.

Emin wäre nicht Emin, wenn seine Entscheidung so eindeutig und abschließend gewesen wäre. Er quälte sich mit ihr herum, zögerte und verhandelte, wie Rochus Schmidt und Stanley übereinstimmend berichteten, noch immer mit der IBEAC, obwohl er eigentlich bereits entschlossen war, für die

Deutschen zu arbeiten. Stanley unterstellte ihm, er habe wohl vorgehabt, sich ein lukratives Angebot von der IBEAC machen zu lassen, um so die Deutschen unter Druck zu setzen. Das allerdings klingt nun überhaupt nicht nach Emin, sondern ganz nach Stanley.

So erfreut die Deutschen darüber waren, sich Emins Dienste gesichert zu haben, war ihnen dennoch nicht sofort klar, wie sie diese einsetzen wollten. Während eines Gesprächs erwähnte Wissmann einmal, dass er eine Expedition ins Innere Afrikas schicken müsse, um weiteres Territorium zu sichern, er aber niemanden habe, der sie leiten könne. Für diese Position bot sich Emin sofort an. Kaum hatten sie die Einwilligung aus Berlin, machte sich Emin an die Vorbereitungen. Er hatte sich noch keineswegs völlig von seinem Unfall erholt, doch wollte man keine Zeit verlieren. Emins Aufgabe war es, das deutsche Territorium auf die bislang noch freien Gebiete im Hinterland auszudehnen, bevor die Briten es taten.

Zu diesem Zeitpunkt lebte Emin in einem angemieteten Haus in Bagamoyo. Er kaufte ein Stück Land in der Nähe der Ortschaft hinzu, auf dem Kokospalmen und Mangobäume wuchsen. Dort beabsichtigte er, selbst ein Haus zu bauen, in dem er mit Ferida, ihrem Kindermädchen und seinen Dienern wohnen und auch seinen Ruhestand verleben wollte. Er dachte daran, vielleicht noch weiteres Land hinzuzukaufen und Baumwolle und Erdnüsse anzubauen. Seiner Schwester Melanie in Neiße schlug er vor, zu ihnen zu kommen und Ferida großzuziehen. Falls es ihr nicht gefiele, könne sie ja das Mädchen mit sich nach Deutschland nehmen.

Ferida war wie immer seine größte Freude und seine größte Sorge. Sie war zu diesem Zeitpunkt fünf Jahre alt, und so manchem war bei ihrer Ankunft an der Küste aufgefallen, wie hübsch sie war. Der Reporter Thomas Stevens, der sie bei einem Interview mit Emin kennenlernte, beschrieb sie ein wenig überschwänglich: »Ihr Teint war so dunkel wie der einer spanischen Zigeunerin, ihre Haut glatt und weich wie Samt. Sie hatte große, schwarze, schmachtende Augen, und ihre üppigen Locken waren schwarz wie Rabenfedern.« Emin hätte sie gern auf die Expedition mitgenommen, entschied aber, dass sie unter der sorgsamen Beobachtung von Wissmann in Bagamoyo bleiben und Deutsch lernen sollte.

Wissmann gab seine Anweisungen für Emins Mission schriftlich, wobei er sich recht deutlich ausdrückte: »Euer Exzellenz haben die südlich um den Viktoria-Nyanza-See gelegenen Gebiete von der Kawirondo-Bucht ab, und die Länder zwischen Viktoria-Nyanza und Tanganjika bis zum Muta Nsige [Edwardsee] und Albert-Nyanza [Albertsee] für Deutschland zu sichern derart, dass die Versuche Englands, in diesen Gebieten Einfluss zu gewinnen, scheitern …« Zudem sollte er versuchen, Buganda und zumindest Teile von Äquatoria für Deutschland zu beanspruchen. Bis an die Grenze zum Kongo-Freistaat reichte sein Auftrag.

Am 26. April 1890 brach die Expedition unter Kanonensalut von Bagamoyo auf, die deutsche Fahne voran. Emin wurde von einem Leutnant, einem Feldwebel und einem Sergeanten begleitet, die insgesamt vierundfünfzig Soldaten befehligten, zumeist Sudanesen und Zulus. Dazu kamen noch neunundvierzig Söldner, die einem gewissen Uledi unterstanden – eben jenem treuen Uledi, der schon bei Stanleys Expedition solch eine bedeutende Rolle gespielt hatte –, und knapp sechshundert Träger. Begleitet wurden sie von Pater Schynse und einem weiteren Missionar; dazu gesellten sich hunderte von Afrikanern, die einfach im Schutz des Trosses reisen wollten. Durchaus bezeichnend war, dass Emin sich mit Dr. Franz Stuhlmann einen Wissenschaftler als Assistent für die Reise nahm. Stuhlmann brachte Mabruk mit, seinen eigenen erfahrenen Jäger und Pflanzensammler, Emin hatte seinen

Vogelpräparator. Die Ausdehnung des Deutschen Reichs war wohl nicht Emins einziges – und womöglich noch nicht mal sein vordringliches – Ziel.

Nachdem also hunderte von Menschen umgekommen waren und die Briten und Ägypter mehrere zehntausend Pfund Sterling ausgegeben hatten, um Emin zur Küste zu bringen, machte dieser sich nun im Namen der deutschen Regierung wieder auf den Weg zurück ins Landesinnere.

KAPITEL 27

Die letzte Mission

Sie brachen genau zur Regenzeit auf, die denkbar schlechteste Zeit für eine Expedition. Die Wege verwandelten sich schon bald in knietiefen Matsch, Träger starben vor schierer Erschöpfung, die Menschen wurden krank, viele desertierten. Nur langsam kamen sie voran und mussten immer wieder mehrere Tage lang pausieren, damit Kleidung, Gepäck und Nachschub trocknen konnten. Aber sie hatten keine Wahl: Der Kaiser persönlich hatte den sofortigen Aufbruch verlangt, und sein Wunsch war Wissmann und Emin Befehl. Schon bald stellten sie allerdings fest, dass die Expedition nicht genügend Vorräte dabeihatte, und ließen Nachschub kommen.

Am 3. Juni 1890 erreichten sie schließlich Mpwapwa, wo Emin sieben Monate zuvor zum ersten Mal die deutsche Flagge über Afrika hatte wehen sehen. Ihr Aufenthalt dort zog sich in die Länge, da Dr. Stuhlmann sich von einem schweren Fieberanfall erholen musste. In dieser Zeit traf Emin aus reinem Zufall Carl Peters, der mit seiner eigenen Expedition auf dem Weg zurück an die Küste war.

Die Briefe, die Peters am 13. Februar desselben Jahres damals in Kawirondo, am nordöstlichen Ufer des Viktoriasees, öffnete, enthielten vernichtende Nachrichten für ihn. Als Erstes las er den Brief von Stanley an Jackson. Kurz und eisig, ohne Gruß oder gute Wünsche – ganz offensichtlich spiegelte sich darin Stanleys Zorn wider, irgendjemand könne auf den Gedanken gekommen sein, er würde Hilfe brauchen –, stand darin, dass Stanley sich mit Emin Pascha getroffen habe und sie nun auf dem Weg zur Küste seien. Äquatoria sei in den Händen der Mahdisten und der rebellischen Soldaten Emins.

Peters brach bei der Lektüre in Tränen aus. Er kam zu spät! All seine Mühen, all die Toten, Gefahren und Opfer waren umsonst gewesen. Während er im Juni 1889 in der Bucht von Kwaihu all diese Probleme gehabt hatte, überhaupt nur auf das afrikanische Festland zu kommen, waren Emin und Stanley bereits auf dem Weg zur Küste gewesen.

Nachdem Peters sich von diesem Schock erholt hatte, erinnerte er sich an Mackays Brief an Emin, der die Lage in Buganda schilderte, und es kam ihm ein genialer Einfall: Er wollte losziehen und Buganda für Deutschland einnehmen! Das würde der Expedition einen neuen Sinn verleihen und wäre all der Mühen und Kosten wert. Peters vermutete, »dass die Würfel über das Schicksal Ugandas in Europa noch nicht gefallen seien, dass der Kampfpreis noch da lag und dem Kühnsten zufallen müsse, dass jedenfalls die Monopolisierung des Landes für englische Sonderinteressen verhindert werden könnte«, wie er recht melodramatisch in seinen Memoiren schrieb. »Also, auf nach Uganda!«

Muanga hatte sich allerdings in der Zwischenzeit aus eigener Kraft wieder auf den Thron gebracht. Peters musste gar nicht eingreifen. Der König achtete sorgsam darauf, dass die Europäer nicht sein Reich übernahmen, auch nicht die Deutschen, vor allem aber wollte er keine Briten im Land. Peters überreichte dem König hundertzwanzig Pfund Schießpulver, eine sehr willkommene Ware, doch alles, was Peters erreichen konnte, war die Unterschrift des Königs unter einen Freundschaftsvertrag mit dem deutschen Kaiser. Darin räumte der König den Deutschen, aber auch allen europäischen Nationen, Bewegungs- und Handelsfreiheit in seinem Reich ein – ein ziemliches Zugeständnis in einem Land, in dem solche Dinge bis dahin streng reglementiert worden waren. Vielleicht fanden der König und Peters, dass damit die Briten zumindest für eine Weile in Schach gehalten werden könnten.

Emin und Carl Peters begegnen sich in Mpwapwa.

Peters, der erkannte, dass mehr im Augenblick nicht zu erreichen war, machte sich mit seinem Vertrag auf den Weg zur Küste, wo er hoffte, ihn zu seinem Vorteil auslegen zu können. Dabei traf er in Mpwapwa auf Emin.

Emin schrieb in sein Tagebuch nur wenig über diese Begegnung, also müssen wir uns auf Peters' Darstellung jenes Treffens stützen, das er wohl als weiteren historischen Augenblick großer weißer Pioniere in Afrika betrachtet haben dürfte, auf Augenhöhe mit Stanley und Livingstone oder Stanley und Emin:

»›Ich freue mich sehr, Sie zu sehen‹, sagte Emin Pascha, indem er meine Hand ergriff und sie streichelte. ›Ich weiss gar nicht, wie ich Ihnen danken soll für alles das, was Sie für mich getan haben.‹

Ich war … so ergriffen, dass ich kaum zu sprechen vermochte. Ich begnügte mich demnach einfach damit, Emin Pascha die Hand zu drücken«, berichtete Peters.

Die beiden gingen in Emins Zelt, das geschmackvoll eingerichtet war, wie Peters bemerkte: Bücher und Schreibzeug auf einem Tisch, ausgestopfte Vögel, die zum Trocknen aufgehängt waren. »Das Ganze gewährte fast den Eindruck einer deutschen Gelehrtenstube.« Während sie dort saßen und mit dem wieder genesenden Dr. Stuhlmann Sekt tranken, überbrachte Emin Peters die überraschende Nachricht, dass Otto von Bismarck nicht länger Reichskanzler sei. Emin wusste vielleicht nichts von den Einzelheiten, doch Peters dürfte später zweifellos erfahren haben, dass zu den Gründen für Bismarcks politischen Niedergang unter anderen die Unzufriedenheit mit seiner relativ vorsichtigen Haltung in der Kolonialfrage und seine Einwände gegen die Emin-Pascha-Rettungsexpedition gezählt hatten.

Im Verlauf ihrer Unterhaltung drängte Peters Emin, Tabora, einen wichtigen Stützpunkt südlich des Viktoria- und östlich des

Tanganjikasees, zu besetzen. Hierbei handelte es sich um eine größere Ansiedlung der Araber, die diesen als Waffenkammer und Nachschublager für ihre Aktivitäten im Landesinneren diente. Kontrollierte Emin erst einmal Tabora, so Peters, dann beherrschte er auch die Routen zu den drei Seen Viktoria, Albert und Tanganjika. Emin pflichtete ihm unbedingt bei. Am 22. Juni trennten sich die beiden Deutschen, Peters ging zur Küste, und Emin machte sich auf den Weg nach Tabora, in dessen Verlauf er zwei Angriffe von Eingeborenen abwehren musste.

Der Mann, der nun innerhalb von zwei Tagen Tabora dem deutschen Kolonialbesitz zuschlug, schien wirklich nicht jener schwache, unentschlossene Mann zu sein, als den Stanley ihn in dieser Zeit der ganzen Welt darzustellen versuchte. Emins Expedition marschierte mit wehenden Fahnen in die Siedlung ein und wurde von der arabischen Bevölkerung herzlich begrüßt. Er schloss einen Vertrag mit dem Sultan, setzte einen Gouverneur ein und verlangte die Herausgabe von Elfenbein, zwei Kanonen und dem Land, das der Firma Meyer in Hamburg gehörte und beschlagnahmt worden war, als deren Vertreter Hermann Gieseke ein paar Jahre zuvor ermordet worden war. Am folgenden Tag erhielt er das Elfenbein und die Kanonen zurück, und es wurde ihm versprochen, dass auch das Land wieder freigegeben würde. Darauf ließ Emin, der stolz die kaiserlichen Auszeichnungen trug, in Anwesenheit aller Europäer und Araber am Fahnenmast auf dem Dorfplatz die deutsche Fahne hissen und verkündete: »Im Namen seiner Majestät des deutschen Kaisers ergreife ich Besitz von diesem Lande und hisse als äusseres Zeichen die deutsche Flagge. Seine Majestät, er lebe hoch!« Die einzigen Schüsse, die fielen, waren die drei Salven, die bei dieser Zeremonie abgefeuert wurden.

Der Haken an der ganzen Sache war nur, dass Emin auftragsgemäß überhaupt nicht in die Nähe von Tabora kommen, geschweige denn den Ort annektieren sollte (später behauptete er, er habe dort hingehen müssen, um weitere Träger anzuheuern). Als Wissmann davon hörte, schickte er ihm einen geharnischten Brief und »bedauerte«, dass er seine ausdrücklichen Anweisungen missachtet habe. Unter anderem hatte das Reichskommissariat nämlich gar nicht genügend Offiziere, Soldaten und Gelder, um diese unvorhergesehene Präsenz in Tabora personell zu besetzen und aufrechtzuerhalten.

Nach dieser Episode wandte sich Emin nordwärts Richtung Bukoba am südwestlichen Ufer des Viktoriasees und richtete dort, wie vorgesehen, eine deutsche Station ein. Er erhielt an diesem Ort nach erstem Hörensagen im September 1890 konkrete Informationen, dass die Politiker in Europa mal wieder ganze Regionen in Afrika unter sich aufgeteilt hatten, ohne sonderlich Rücksicht auf die besitznehmenden Expeditionsführer vor Ort zu nehmen. Alarmiert über (falsche) Berichte, dass Peters ein deutsches Protektorat Uganda ausgerufen habe, hatte nämlich Lord Salisbury Verhandlungen mit Berlin aufgenommen. Ergebnis war der irreführenderweise sogenannte Helgoland-Sansibar-Vertrag, der am 1. Juli des Jahres in Kraft getreten war und eine Reihe von deutsch-englischen Territorialfragen klärte. In Ostafrika wurden Witu, Buganda, Bunyoro und Äquatoria der britischen »Sphäre« zugeschlagen, und Deutschland ließ von seinem für die nahe Zukunft geplanten Protektorat über Sansibar ab. Dafür erhielt Deutschland wichtige britische Unterstützung dabei, vom Sultan von Sansibar jenen langen Küstenstreifen zu erhalten, der als Zugang zu Deutsch-Ostafrika bedeutsam war. Und Deutschland bekam, neben anderen Zugewinnen, Helgoland, dessen strategische Bedeutung in der Deutschen Bucht zur Kontrolle des gerade im Bau befindlichen Kaiser-Wilhelm-Kanals (des heutigen Nord-Ostsee-Kanals) sich im folgenden Jahrhundert nachdrücklich zeigen sollte.

Diese Nachricht traf insbesondere Carl Peters, der mit seiner Expedition mittlerweile unter Trommelschlag und Salut in Bagamoyo einmarschiert war, wie ein weiterer massiver Schlag. Die Tore der Station öffneten sich, und die Besatzung kam heraus, um ihn zu begrüßen. Der Stationschef, ein Herr von Paerbrand, berichtete ihm sogleich von dem Vertrag und seinem Inhalt.

»Über die Empfindung, welche diese Nachrichten in mir wachriefen, gehe ich hinweg. Ich zog mich zwei Stunden in den Salon zurück, um solche mit mir selbst abzumachen, und bat die Herren, über den ganzen Gegenstand nicht weiter zu sprechen«, notierte Peters.

Emin selbst bekam in Bukoba zunächst gerüchteweise von diesem Vertrag zu hören, schrieb mehrmals nach Bagamoyo und bat um Einzelheiten. Einen entsprechenden Brief konnte Rochus Schmidt, der in der Zwischenzeit stellvertretender Reichskommissar geworden war und den zeitweilig abwesenden Wissmann vertrat, erst am 7. September losschicken. Mit dem Vertrag, so erfuhr Emin nun, war ein Großteil seines Expeditionszwecks hinfällig, und Schmidt beauftragte ihn, sich darauf zu beschränken, Stationen einzurichten und Beziehungen zu den Stammesoberhäuptern auf deutschem Gebiet zu knüpfen. »Eine Verwendung der Expedition und der Truppen des Reichskommissariats zu anderen Zwecken ist vollständig ausgeschlossen«, schrieb er.

Während seiner Zeit am Viktoriasee erfuhr Emin auch von einer bislang unbekannten Gruppe von Arabern, die Sklavenhandel in großem Maßstab in weiten Gebieten Zentralafrikas betrieb. Er entsandte seine Offiziere mit Truppen, um die Lage zu eruieren. Diese nahmen einige der Araber gefangen, konfiszierten ihren Elfenbeinvorrat und befreiten die Sklaven. Statt aber die Araber nun selbst abzustrafen, übergab Emin sie aus unerfindlichen Gründen ihren eigenen Opfern, die in grausamster Weise Rache nahmen. Es war ein äußerst unkluger Schritt, der sich noch als fatal erweisen sollte.

Emins Verhältnis zu seinen Auftraggebern in Bagamoyo wurde immer schlechter, eine Situation, die durch die Unzuverlässigkeit der Postverbindung noch verschlimmert wurde. Er scheint sich bereits vor seinem Abmarsch ziemlich mit Rochus Schmidt zerstritten zu haben, dessen Briefe zunehmend unfreundlicher wurden. In einem Schreiben vom August 1890 wies er darauf hin, dass die Expedition bereits etwa hundertzwanzigtausend Mark ausgegeben habe, das Doppelte der ausgemachten Summe (Emin, der ständig neuen Nachschub verlangte, hatte versprochen, im Gegenzug Elfenbein zurückzuschicken, um die zusätzlichen Kosten abzutragen). Eine Woche später klagte Schmidt:

»Verschiedentlich habe ich es bereits sehr unangenehm und störend gefunden, dass von Ew. Exzellenz so wenig Nachrichten einlaufen, und geradezu befremdlich ist es mir erschienen, dass in den von Ew. Exzellenz einlaufenden Dienstschreiben dienstliche Vorgänge, Meldungen über Verlauf der Expedition, über Bestand der letzteren und Gesundheitsverhältnisse, über politische Verhältnisse und weitere Absichten Ew. Exzellenz u.s.w. kaum Platz finden.

Ich muss Ew. Exzellenz daher darauf aufmerksam machen, dass Hochdieselben zu obigen Meldungen dienstlich gehalten sind ...«

Trotz aller Förmlichkeiten ist der Ton doch ziemlich überraschend für einen Mann, der einem Kollegen schreibt, welcher erheblich älter, erfahrener und bis zu seinem Eintritt in deutsche Dienste einen wesentlich höheren Rang innehatte als er selbst. Wissmann hatte dieses Problem mit Emin erörtert, als dieser sich ihm anschloss, doch Emin fand dies bedeutungslos, solange Wissmann im Amt sei. Seine Beziehung zum Reichskommissar blieb trotz aller Meinungsverschiedenheiten stets höflich.

Jener Brief von Schmidt jedoch stieß Emin, der auf Kritik immer sehr sensibel reagierte, sauer auf. Er wolle bitte keine weiteren solcher Briefe erhalten, schrieb er an einen Bekannten in Bagamoyo. Er habe die Expedition bislang mit gutem Erfolg geführt, Stationen errichtet und überhaupt mehr getan als gefordert, doch statt Anerkennung sei ihm Kritik zuteilgeworden. Da müsse er doch erzürnt sein.

Seine Klage blieb wirkungslos; das Verhältnis zu den Behörden in Bagamoyo verschlechterte sich weiter. Vielleicht war Emin zu sehr daran gewöhnt, sein eigener Herr zu sein und nach Belieben zu handeln. Vielleicht war Schmidt zu schikanös. Es scheint Missverständnisse gegeben zu haben, und in einigen Fällen legte Emin tatsächlich keine klaren Erklärungen für gewisse Zwischenfälle vor. Gut möglich, dass auch sein Unfall sein Urteilsvermögen beeinträchtigt hatte oder dass er einfach spürte, dass das Ende nahe war – aber es war ihm jetzt alles egal. Die Probleme mit seinen Augen wurden immer größer. Zu Weihnachten 1890 berichtete er seiner Schwester von einer »Vorahnung eines schweren Übels und ich kann trotz angestrengter Arbeit das Gefühl davon nicht los werden«.

Anfang April 1891, nachdem er weitere Monate von Bukoba aus deutsche Präsenzen etabliert und die Gegend erforscht hatte, schrieb er an die Schwester, dass er einen Brief von Wissmann erhalten habe, der ihm befahl, sobald wie möglich zur Küste zurückzukehren, »da grosse Veränderungen bevorstehen«. Was damit genau gemeint war, wurde nicht erläutert, aber Emin gab sich keinerlei Illusionen hin. »Dahin ist es eben gekommen und mir wird in höflichster Weise der Stuhl vor die Thüre gesetzt«, schrieb er seiner Schwester. »Nun, ich kann es den Leuten nicht verdenken; sie haben mich nicht nöthig und damit basta.«

Emin hatte aber keineswegs die Absicht, an die Küste zurückzukehren, auch wenn das hieß, eines Tages wegen

Befehlsverweigerung vor dem Kriegsgericht zu landen. Er ließ die halbe Expedition mit einem Offizier zurück, um die Station in Bukoba besetzt zu halten, und machte sich mit Stuhlmann und dem Rest weiter ins Landesinnere auf. Wohin die Reise gehen sollte, scheint auch er nicht so genau gewusst zu haben. Unterwegs hörte er dann von Elfenbeinjägern, dass sie Kämpfe mit Soldaten ausgefochten hätten. Emin vermutete, es könne sich um seine alten Truppen handeln. Nach vielen Wochen unterwegs campierten sie bei Mazamboni, wo auch schon Stanleys Expedition auf dem Rückmarsch zur Ostküste ihr Lager aufgeschlagen hatte. In der Nähe stieß er endlich auf jene Gruppe, nach der er gesucht hatte: die Leute, die am Abmarschtag von Stanleys Expedition nicht erschienen und zurückgelassen worden waren, beziehungsweise den Teil, der von ihnen noch übrig war.

Bald darauf tauchten auch Selim Bey, etwa vierzig Soldaten und eine Handvoll Offiziere in Mazamboni auf. Sie boten einen jämmerlichen Anblick, so zerlumpt waren sie, manche trugen nichts als Tierhäute, und alle wirkten sehr niedergedrückt. Nach dem Abzug von Stanleys Expedition hatten sie per Zufall den Munitionsvorrat entdeckt, den Stanley heimlich unter seinem Zelt in Kavallis Dorf vergraben hatte, da er nicht genug Träger gehabt hatte, um ihn mitzunehmen. Zwar nahmen ihnen die Rebellen einen Teil davon ab, doch konnten sie sich mit dem Rest zumindest eine Weile durchschlagen. Doch durch interne Streitereien und Kämpfe mit den Mahdisten und Eingeborenenstämmen waren sie ziemlich dezimiert woden. Emin erklärte, dass er nicht länger den Khediven repräsentiere, dass er keinen Auftrag habe, sie zu »retten«, dass sie sich ihnen aber auf eigenes Risiko anschließen könnten, wenn sie wollten.

Darauf brachen all die Intrigen, Gerüchte und Dispute wieder aus, die es schon bei Stanleys Angebot gegeben hatte, mit ihm an die Küste zu gehen. »Es muss schon ein Narr wie ich sein, der sich trotz Allem für Leute dieses Schlags zu interessieren weiss«, bemerkte Emin in seinem Tagebuch. Wie Stanley zuvor, setzte er den Leuten ein Datum und zog tatsächlich am angegebenen Tag los.

Hundertzweiundachtzig der Versprengten entschieden sich für die Expedition, davon allerdings nur neunundzwanzig Männer, der Rest bestand aus Frauen – meist Witwen – und Kindern. Die Expedition zählte nun beinahe fünfhundert Köpfe, und Emin fragte sich, wie er die Menschen alle ernähren sollte.

Auch wohin sie gingen, war alles andere als klar. Innerhalb von ein paar Tagen landeten sie schließlich im Ituri-Dschungel, einem Paradies für Naturforscher wie Stuhlmann und Emin, jedoch die Hölle für alle anderen. Schon bald trieben Hunger, Dunkelheit, Giftspieße und -pfeile der Pygmäen und endlose Gewitter mit heftigen Regengüssen die Träger in die Meuterei. Selim Bey und andere machten sich wieder dorthin auf, woher sie gekommen waren. Mühsam und unter großen Schmerzen kämpften sie sich durch den Schlamm und wehrten sich gegen die Angriffe feindlicher Eingeborener. Zurück in Mazamboni brach dann eine Pockenepidemie unter den Menschen aus.

Auch Emin erkrankte, nicht an den Pocken, sondern an einer Wundinfektion am Knie. Die Wunde war äußerst schmerzhaft, er konnte nicht schlafen, kaum laufen und war zutiefst erschöpft und deprimiert. Seine gerade erst verheilten Kopfverletzungen bereiteten ihm erneut Probleme, und er würgte Blut. Nur langsam erholte er sich wieder, währenddessen nahm die Zahl der Pockenfälle auch in seinem Lager stetig zu, sodass er befahl, alle noch gesunden Expeditionsteilnehmer, darunter Stuhlmann, und den Großteil der Ausrüstung ein paar Meilen weiter fortzuschaffen. Emin selbst wollte bei den Kranken bleiben und eine gewisse Menge an Tauschwaren bei sich behalten sowie eine Handvoll Soldaten, die sie schützen sollten. Er wusste aus Erfahrung, dass nur durch eine solche Trennung die Ausbreitung einer Krankheit zu stoppen war. Wenn Emin nicht binnen eines Monats zu Stuhlmann aufschloss, so verfügte er, solle dieser nicht weiter auf ihn warten und nach Bukoba zurückkehren. Stuhlmann lehnte es vehement ab, ihn zurückzulassen, doch nach heftigem Streit und auf schriftlichen Befehl Emins hin musste er schließlich nachgeben.* Emin gab ihm eine schwedische Goldmedaille, die ihm verliehen worden war, mit auf den Weg und einen langen Brief, den er über mehrere Monate geschrieben hatte; beides sollte an seine Schwester Melanie weitergeleitet werden.

Auch wenn Emin fast nichts mehr sehen konnte, kümmerte er sich selbstlos um die Kranken. Die Sterblichkeit war hoch, die Disziplin unter den Leuten wurde immer schlechter, und Emin lebte in der ständigen Angst, von den eigenen Leuten umgebracht zu werden. Das Weihnachtsfest 1891 war wohl das schlimmste seines Lebens: »24. Dezember, Donnerstag. – Wieder einmal Alles betrunken… Hyänen graben unsere Todten aus, bis jetzt drei! Eine Menge Geier anwesend …«

Die Wochen zogen sich hin; im Februar war die Pockenepidemie schließlich so gut wie abgeklungen. Emins Gruppe bestand nur noch aus einer Handvoll jammervoller, schwacher, abgemagerter und zerlumpter Gestalten. Er wollte weiter, hatte aber keine Träger. Seine einzige Hoffnung waren die in der Gegend ansässigen Araber.

Am nächsten von ihnen lebte ein Araber namens Ismaili, mit dem schon Stanleys Expedition schlechte Erfahrungen gemacht hatte. Nach zähen Verhandlungen willigte dieser schließlich ein, ihnen einige Träger zu besorgen, und half ihnen,

---

* Stuhlmann tat verlässlich, wie ihm geheißen, und nachdem er einen Monat vergeblich auf Emin gewartet hatte, ging er mit seinem Teil der Männer und der Ausrüstung zurück nach Bukowa und später an die Küste.

zunächst in sein Dorf zu ziehen. Unter immensen Schwierigkeiten schafften sie es, sich langsam weiter nach Westen vorwärtszuarbeiten, immer noch ohne ein klares Ziel zu haben. Im Juni wurde Emin erneut krank und schrieb verzweifelt in sein Tagebuch: »Füsse hoch geschwollen; rechte Hand zu jeder Arbeit unfähig; Augen halb blind oder dreiviertel, wozu dies Leben?« Es gab weitere krankheitsbedingte lange Aufenthalte, doch schließlich überquerten sie die Grenze zum Kongo und kamen erneut in den Ituri-Dschungel. Mitte Oktober, noch immer in Begleitung von Ismaili, erreichten sie Kinene, ein Dorf, das, wie so viele, nach seinem Häuptling benannt war, der in diesem Fall für die Araber arbeitete.

Emin wurde mitgeteilt, dass er nur weiterreisen dürfe mit Erlaubnis von Kibonge, auch bekannt unter dem Namen Hamadi bin Ali, einem arabischen Sklavenhändler und mächtigen Mann in der Region, der bei der nach ihm benannten Station Kibonge am Kongo lebte, etwa hundertfünfzig Kilometer entfernt. Ismaili und ein Mann namens Mamba machten sich auf den Weg dorthin. Ein paar Tage später, am 23. oder 24. Oktober 1892, kehrten sie mit einem Brief zurück, der Emin freies Geleit bis zu Kibonges Station gewährte. Kurz darauf traf ein weiteres Schreiben ein, dieses Mal für Kinene.

Emin saß auf der Veranda von dessen Haus, einige seiner Soldaten waren um ihn herum. Er schrieb an seinem Reisetisch, auf dem viele Vögel und Käfer umherlagen. Er scherzte und schien guter Dinge bei dem Gedanken, am nächsten Morgen wieder aufbrechen zu können.

Kinene las derweil den für ihn bestimmten Brief und schlug dann Emin vor, er solle seine Männer in die Plantagen schicken und Bananen, Maniok und Erdnüsse für die Reise sammeln, da sie einen langen Marsch vor sich hätten. Das sei sein Geschenk an sie, fügte er hinzu.

Emin dankte ihm und bat seinen Trompeter, die Männer herbeizurufen. Als sie kamen, schlug Kinene vor, sie sollten ihre Gewehre dalassen, sonst bekämen es die Frauen, die in den Plantagen arbeiteten, mit der Angst zu tun und würden weglaufen. Das taten Emins Männer und zogen ab.

Kinene meinte zu Emin, wie traurig es doch sei, dass sie weiterzögen. Dann gab er ein Zeichen, und Ismaili und Mamba packten Emin bei den Armen. Ismaili zufolge drehte Emin sich um und fragte, was sie denn da täten. »Pascha«, sagte Kinene, »Sie müssen sterben.«

»Was soll das heißen?«, rief Emin wütend. »Ist das ein Scherz? Was soll das, mich auf diese Weise zu packen? Wovon reden Sie? Wer sind Sie, dass Sie einfach so den Tod eines Menschen befehlen können?« Kinene antwortete: »Ich gebe die Befehle nicht, die erhalte ich von Kibonge, meinem Oberhaupt; und wenn Kibonge einen Befehl gibt, führe ich ihn aus.«

Drei von Kinenes Männern kamen hinzu, um Emin weiter in seinem Stuhl festzuhalten, der sich wehrte und an seinen Revolver zu kommen suchte, der auf dem Tisch lag. Das ganze sei ein Irrtum, sagte Emin, er habe doch gerade einen Brief von Kibonge erhalten, der ihm freies Geleit bis zu seiner Station zusichere. »Pascha, Sie können doch Arabisch lesen, oder?«

»Ja.«

»Dann lesen Sie.« Kinene hielt Emin den zweiten Brief ganz nah vor die Augen. Emin las den Brief, holte tief Luft und sagte: »Nun, Sie mögen mich töten, aber glauben Sie nur nicht, ich sei der einzige Weiße in diesem Land. Es gibt viele weitere, die meinen Tod nur zu gern rächen werden. Ich sage Ihnen, in weniger als zwei Jahren wird es keinen Araber mehr in dem Land geben, das Ihre Leute hier halten.« Furcht ließ er keine erkennen.

Auf ein Zeichen von Kinene hin wurde Emin aus dem Stuhl gehoben und flach auf den Rücken gelegt. Ein Mann hielt jeweils ein Bein beziehungsweise einen Arm, Ismaili packte den Kopf und Mamba schlitzte dem Pascha die Kehle durch. Emin leistete keinen Widerstand. Mit einer einzigen Bewegung des Messers trennte ihm Mamba den Kopf ab. Das Blut bespritzte die Mörder. Eduard Schnitzer, Doktor, Naturforscher, ehemaliger Gouverneur der Provinz Äquatoria, Pascha und für eine Weile einer der berühmtesten Männer in Europa, war tot.

Sein Kopf wurde zu Kibonge geschickt, um seinen Tod zu beweisen. Seine Leiche wurde den Hyänen zum Fraß vorgeworfen.

DER WEG INS VERGESSEN

Der Krieg des weißen Mannes gegen die arabischen Sklavenhändler, den Emin prophezeite, hatte in Wahrheit schon längst begonnen. Belgische Offiziere und ihre kongolesischen Truppen waren dabei, die Araber aus ihren Stützpunkten am Fluss und im Dschungel zu vertreiben, und dementsprechend groß war der Hass der Araber auf die Weißen. Dass Emin die Sklavenhändler am Viktoriasee ihren Opfern ausgeliefert hatte, stellte eine ungeheure Demütigung für die Araber dar und mag sein Schicksal besiegelt haben. Emins Männer wurden den Berichten zufolge zusammengetrieben und als Sklaven verkauft.

Im April 1893, nur ein halbes Jahr nach Emins Tod, stieß eine belgische Einheit, die abkommandiert war, die Araber zu vertreiben, auf Kisten mit Emins Habe, darunter auch seine Tagebücher, Briefe, Orden und Dokumente. Die Sachen wurden sofort nach Brüssel verschifft und dort dem deutschen Botschafter übergeben. Die Tagebücher, die man wegen Emins sauberer, mikroskopisch kleiner Handschrift kaum ohne Lupe lesen kann, liegen heute im Staatsarchiv in Hamburg. Der letzte Eintrag stammt vom 23. Oktober 1892, was wohl darauf schließen lässt, dass Emin an diesem oder dem folgenden Tag seinen Tod fand. Das Tagebuch endet mit den Worten: »Das Barometer steigt schnell.«

Anderthalb Jahre nach dem Mord hielt sich der amerikanische Handelsagent für den Kongo, ein gewisser Richard Dor-

Letzte Seite aus dem Tagebuch Emin Paschas

sey Mohun, in Kasongo, einer Stadt mitten im Kongo, auf, als sein Leibwächter, ein Sansibari, der an Stanleys Expedition teilgenommen hatte, erfuhr, dass Ismaili und Mamba, die beiden Mörder Emins, in Kürze mit einer Karawane eintreffen sollten. Sie wurden sogleich verhaftet, in Ketten gelegt und eingesperrt. Mohun unterzog sie einer peinlichen Befragung. Nach hartnäckigem Leugnen gaben sie schließlich auf und berichteten ihn von den Ereignissen um Emins Tod. Die beiden wurden zusammen mit einem weiteren Komplizen verurteilt und hingerichtet.

Kibonge alias Hamadi bin Ali hatte sich im Dorf Ipoto verschanzt, in dem früher eine Reihe von Stanleys Männern verhungert waren. Als sich die Belgier unter ihrem Kommandanten Lothaire näherten, versuchte er zu fliehen, wurde aber von einem seiner afrikanischen Häuptlinge verraten. Bei seinem Prozess vor einem belgischen Kriegsgericht erklärte er stolz:»Ja! Ich bin es, der Emin getötet hat. Ich erwarte den Tod und ich verfluche meine verräterischen Häuptlinge.« Er wurde hingerichtet. Kinenes weiteres Schicksal ist nicht bekannt.

Mohun schrieb ein paar Jahre später einen Bericht über all die Einzelheiten, die er vom Tod des Paschas erfahren hatte, die einzige ausführliche Schilderung der Ereignisse, auf die sich auch diese Beschreibung hier stützt. Der Bericht enthält außerdem ein kaum bekanntes Detail aus Emins Leben. Mohun erzählt von einer »kupferhäutigen Eingeborenen aus den Äquatorialprovinzen«, die Emins Begleiterin auf seiner Reise von der Küste gewesen sein soll. Ihre Beziehung muss allerdings schon früher begonnen haben, denn er habe mit ihr eine zweijährige Tochter gehabt »von gelblicher Hautfarbe«. Vor seinem Tod soll Emin zu seinen Mördern gesagt haben: »Mein Kind ist nicht böse, es ist gut. Schickt sie zu Said ben Abedi in Kibonge und bittet ihn, sich um sie zu kümmern.« Mutter und Tochter, so Mohun, lebten mittlerweile in der

Obhut des belgischen Kommandanten in Kibonge; das Kind solle nach Erreichen des entsprechenden Alters in eine Missionsschule geschickt werden.

Emins eheliche Tochter und Erbin Ferida lebte bei ihrer Kinderfrau in Bagamoyo, doch die deutschen Behörden waren äußerst unzufrieden damit, wie sie aufgezogen wurde. So war sie bislang nie zur Schule gegangen und sprach zwar Arabisch, Suaheli, Italienisch und etwas Französisch, aber nicht ein Wort Deutsch. Es wurde beschlossen, Ferida in die Obhut einer Familie namens Mariano in Sansibar zu geben. Nachdem auch dies keine Dauerlösung war, wurde sie von der Diakonisse Lise Bader nach Deutschland begleitet, um dort von Emins lediger Schwester Melanie Schnitzer aufgezogen zu werden, wie Emin dies in seinem Testament vorgesehen hatte. Melanie ließ sie protestantisch taufen; zu ihren Paten gehörten Professor Dr. Georg Schweinfurth und Dr. Franz Stuhlmann. Ferida hielt den Kontakt zu Jephson aufrecht, der sich während der Expedition so besonders rührend um sie gekümmert hatte. Ihr letzter Brief an ihn, der ihren Besuch in London ankündigte, erreichte ihn 1908 auf seinem Sterbebett. Ferida selbst verstarb 1923 in Berlin während einer Grippeepidemie. Mehr ist über sie nicht bekannt.

Und Emins riesiger Schatz – das Elfenbein, das seine selbst ernannten Retter so lockte? Als er Wadelai verließ, hatte er etwa sechstausend Stoßzähne gehortet, die auf dem Weltmarkt weit über eine Million Dollar eingebracht hätten, eine ungeheure Summe in jenen Tagen. Emin berichtete dem Reporter Thomas Stevens, dass er das meiste davon in den Nil geworfen habe. Er konnte das Elfenbein nicht mitnehmen und wollte auch nicht, dass es den Mahdisten in die Hände fiel. Ein Teil davon, der in Außenstationen gelagert war, wurde bei der Zerstörung dieser Stationen wohl geplündert oder verbrannte.

*Emins Tochter Ferida,
offensichtlich nachdem sie ihre Tante Melanie
in Deutschland in Obhut genommen hatte.*

Nachdem Stanley Emins verbliebene Leute den ägyptischen Behörden in Kairo überstellt hatte, mietete er sich in ein Hotel ein und machte sich umgehend daran, sein Buch über die Expedition zu schreiben; er verfasste die neunhundert Seiten von *In darkest Africa (Im dunkelsten Afrika)* in fünfzig Tagen. In dem Buch hat er ausführlich über Emin geschrieben, ist dabei kurz auf dessen guten Seiten eingegangen und hat sich dann in aller Ausführlichkeit über dessen enttäuschende Fehler ausgelassen. Stanley räumte ein, ihn ein paarmal vielleicht beleidigt zu haben, und machte darüber hinaus taktisch klug hier und da seine giftigen Bemerkungen. Zu Emins Entscheidung, in deutsche Dienste zu treten, notierte er lapidar:»Das kam nicht überraschend für mich: doch diese vollkommene Gleichgültigkeit seiner eigenen Reputation gegenüber, ebenso seine Missachtung feinerer menschlicher Empfindungen sind sicherlich dazu geneigt, die Bewunderung zu schwächen.«

Emin selbst schrieb fast als Einziger der Beteiligten kein Buch über seine »Rettung«. Dafür wollte er sich keine Zeit nehmen. Er wiederholte mehrmals, dass ihn nicht kümmere, was Stanley über ihn sage, und da er in Afrika blieb, wo das alles sowieso keine Rolle spielte, kann man ihm das wohl abnehmen.

Stanleys Buch lieferte dem begierigen Publikum genau das, was es lesen wollte; gleich zu Beginn gingen hundertfünfzigtausend Exemplare über den Ladentisch. Das Buch wurde in zahlreiche Sprachen übersetzt. Und es löste eine ganze Lawine weiterer Titel aus. Nahezu jeder, der an der Expedition irgendwie beteiligt gewesen war, dazu noch eine ganze Reihe von entfernteren Beobachtern veröffentlichten Bücher und Artikel. Stanleys Rückkehr nach Großbritannien im April 1890 war triumphaler als die jedes anderen Entdeckers. Er wurde mit Glückwünschen aus aller Welt überhäuft und von zahlreichen Universitäten geehrt. Man bewirtete ihn und seine Offiziere üppigst, führte sie gerne auf Gesellschaften vor und schmückte sie mit Orden. Sie waren äußerst gefragt, um Reden zu halten und auf Vortragsreisen zu gehen.

Doch der Ruhm verblasste schnell. Stanleys wütende und ungerechte Kritik an den Offizieren der Nachhut, vor allem an Barttelot und Jameson, die nur von seiner eigenen Verantwortung an deren Schicksal ablenkte, brachte deren Familien gegen ihn auf. Sie veröffentlichten die Briefe und Tagebücher der Toten, die einen Erdrutsch an weiteren (wahren und unwahren) »Enthüllungen« und Kritiken auslösten. Stanley wehrte sich, was nur zu noch mehr erschreckenden »Enthüllungen« führte; der ganze Disput wurde immer schmutziger. Stanley versuchte, die Aufmerksamkeit von sich abzulenken, indem er Tippu Tib in Sansibar auf zehntausend Pfund Schadenersatz

Einige Jahre lang war Emin weltberühmt – wenn auch seine Zeitgenossen durchaus nicht immer wussten, weshalb. Im Laufe der Zeit gerieten Emin und seine Geschichte in Vergessenheit.

wegen Vertragsbruchs verklagte; er wollte damit wohl andeuten, dass bei Tippu die größte Verantwortung für das Schicksal der Nachhut gelegen habe. Auf Druck von Mackinnon und König Leopold von Belgien ließ er die Anklage später fallen. Seine Reputation war jedoch dahin. Er wurde auch nicht sofort in den Ritterstand erhoben, wie nach einem Abenteuer dieser Art normalerweise zu erwarten gewesen wäre, sondern erst 1899, Jahre danach.

Die Enttäuschung über den Ausgang der Expedition wirkte sich auf die ganze damalige Erforschung Afrikas aus. Von der Romantik, die noch Livingstones oder Schweinfurths frühere Unternehmungen begleitet hatte, war nichts geblieben. Expeditionen waren nun ungeheuer aufwändige Vorhaben, die gut bewaffnet und militärisch organisiert werden mussten und – was Zeitgenossen besonders abstoßend fanden – offenbar großflächige Gewalt und Zerstörung mit sich brachten. Langsam wurde man sich bewusst, dass diese eine Expedition von Stanley, die größte von allen und die in der Öffentlichkeit am meisten beachtete, keine simple Rettungsaktion gewesen war, sondern eigentlich ganz anderen, nämlich politischen und kommerziellen Zwecken gedient hatte. Sie hatte erheblich länger gedauert und weit mehr gekostet als ursprünglich geplant. Am Abstoßendsten war vor allem die hohe Zahl an Todesopfern. Von Stanleys etwa siebenhundert Leuten, die mit ihm Sansibar verlassen hatten, kehrten nur zweihundert zurück. Von Emins fünfhundertsiebzig Leuten, die in Kavallis Dorf Richtung Küste aufgebrochen waren, erreichten nur zweihundertsechzig Kairo. Wie viele von diesen tatsächlich starben, wie viele desertierten, zurückgelassen wurden und überlebten, ist nicht bekannt. Ebenso wenig weiß man über die Zahl der unterwegs getöteten Eingeborenen – zweifellos viele hunderte. Ganz sicher aber war die Zahl der Toten erheblich höher als die Zahl der »Geretteten«.

Außerdem waren in der Zwischenzeit die meisten geografischen Geheimnisse Afrikas entschlüsselt worden, eine große Anzahl von Stanley selbst. Viele Flüsse, Berge, Wälder gab es nicht mehr zu entdecken. Zwar würde es auch weiterhin noch Expeditionen geben, aber sie würden anders verlaufen: kleiner, nicht so abenteuerlustig und zumeist auf anderen Kontinenten, dem Südpol oder der Antarktis. Die Emin-Pascha-Rettungsexpedition war die letzte ihrer Art.

Stanley heiratete eine damals sehr bekannte klassizistische Londoner Malerin, Dorothy Tennant, und begann ein häusliches Leben in Großbritannien; nur noch ein einziges Mal kehrte er nach Afrika zurück, im Jahr 1897, und das auch nur, um die Feierlichkeiten zur Eröffnung einer Eisenbahnlinie in Südrhodesien zu besuchen. Seine ehemaligen Offiziere Stairs, Nelson und Jephson, mit denen er daheim erheblich herzlichere Beziehungen pflegte als in Afrika, waren auf seiner Hochzeit anwesend. Seine Frau drängte ihn, Parlamentsabgeordneter zu werden – eine Positon, in der er nicht glänzte und die ihm keine Freude bereitete. Er brachte nur eine erste Amtszeit hinter sich und kehrte dann wieder zu seinem ruhigen Leben in seinem Landhaus in Surrey in Südengland zurück. Obwohl Stanley der Älteste von ihnen war, überlebte er außer Jephson alle anderen britischen Expeditionsteilnehmer. Drei, die dem Tod in Afrika viele Male entronnen waren, starben innerhalb von drei Jahren daheim. Stairs, der sehr bald nach Afrika zurückgekehrt war und eine Expedition für König Leopold leitete, fiel dort im Juni 1892 der Malaria zum Opfer. Sechs Monate später starb Nelson, der für die IBEAC in Kenia arbeitete, an der Ruhr und neun Monate danach Parke an einem Herzinfarkt.

Jephson verliebte sich in eine Frau aus San Francisco namens Anna Head, als er in den Vereinigten Staaten auf Vortragsreise war. Ihr Vater, ein harter Geschäftsmann, zeigte sich von seinen Afrikaabenteuern keineswegs beeindruckt und versagte seine Zustimmung zur Heirat. Das Paar musste zwölf Jahre warten, bis der Vater schließlich auf dem Sterbebett einwilligte. Jephson, der unter Schüben von Malaria litt, die er sich bei der Expedition zugezogen hatte, war mittlerweile schwer erkrankt, und die beiden konnten erst im darauffolgenden Jahr 1904 heiraten.

Ihre Hochzeit wurde vom Tod Stanleys vier Wochen zuvor überschattet. Er hätte eigentlich in der Westminster Abbey beerdigt werden wollen, gleich neben Livingstone und in der Nähe vieler großen Briten. Doch dies wurde ihm verweigert wegen der »Gewalt und gar Grausamkeit« auf seiner Expedition, die, so der Dekan der Abtei, im Gegensatz stünde zu den »friedlichen Erfolgen« anderer Forscher wie zum Beispiel eben Livingstone. Allerdings gestattete der Dekan, dass der Gottesdienst dort abgehalten werden konnte.

Nach seiner ergebnislosen Emin-Pascha/Buganda-Expedition kehrte Carl Peters 1891 als Reichskommissar für die Region Kilimandscharo nach Ostafrika zurück – während Emin noch im Kongo herumirrte. Schon bald wurde er in einen blutigen Krieg mit dem Stamm der Warombo verwickelt. Bekannter wurde er jedoch, weil er im Jahr 1891 einen jungen Afrikaner gehängt haben soll, der in das Haus von Peters' Konkubinen eingebrochen war, dort gestohlen und – das scheint das Hauptmotiv gewesen zu sein – angeblich mit Jagodjo, einem der Mädchen, geschlafen hatte. Bei einem weiteren Zwischenfall 1892, dessen Einzelheiten nicht ganz klar sind, sollen Jagodjo und einige andere Frauen entflohen sein und bei einem Stammesoberhaupt in der Nähe Zuflucht gesucht haben. Die Deutschen holten sie zurück, und Peters ließ drei von ihnen auspeitschen, bis Blut floss; Jagodjo wurde wegen Spionage und Hochverrat zu sechs Monaten Schwerarbeit verurteilt. Sie floh erneut, wurde zurückgeschafft und hingerichtet.

Peters wurde kurz darauf, noch im Jahr 1892, abberufen und kehrte nach Berlin zurück, wo er dann über drei Jahre lang mit kleineren Aufgaben beschäftigt wurde, während sich die Regierung den Kopf darüber zerbrach, was sie mit diesem ungebärdigen Beamten weiter anfangen sollte. Schließlich wurde Peters' Karriere am 13. März 1896 abrupt zerstört, als August Bebel, der Führer der Sozialdemokraten, in seiner berühmten Rede vor dem Reichstag, in der er Deutschlands Kolonialpolitik anprangerte, auf die Hinrichtungen am Kilimandscharo verwies. Dabei zitierte er aus einem Brief, den Peters angeblich an den anglikanischen Missionarsbischof Alfred Tucker geschrieben hatte, der gegen die Hinrichtungen Protest einlegte. Darin soll Peters behauptet haben, nach afrikanischem Brauch mit dem Mädchen verheiratet gewesen zu sein und das Recht gehabt zu haben, ihren Ehebruch nach afrikanischem Recht mit dem Tode zu bestrafen.*

Die Anschuldigungen lösten einen heftigen Skandal aus, eine dreitägige Debatte im Reichstag beschäftigte sich mit Peters, Untersuchungen wurden durchgeführt, ein Disziplinarverfahren eingeleitet. Was die Zeitgenossen schockierte, war nicht so sehr die Tatsache, dass Peters sich Konkubinen hielt (Peters und seine Kollegen behaupteten, sie als »Geschenk« von örtlichen Stammesoberhäupten erhalten zu haben), die Andeutung von Eifersucht oder gar die Hinrichtungen. Was empörte, war seine Rechtfertigung, er habe auf der Grundlage afrikanischer Gepflogenheiten gehandelt – der große Kolonisator war offenbar »unter die Einheimischen« gegangen. Am 24. April 1896, nach einer eintägigen Anhörung, entließ das Disziplinargericht Peters aus dem Kolonialdienst.

* Sowohl Alfred Tucker als auch Peters stritten ab, dass sie miteinander korrespondiert hatten, aber andere Zeugen und Dokumente bestätigen, dass Peters versucht habe, sein Vorgehen solcherart zu rechtfertigen.

Er zog nach London, gründete eine Minengesellschaft, mit der er nicht reüssierte, heiratete und schrieb ein paar erfolgreiche Bücher. Seine Bemühungen um Rehabilitierung mündeten in der Rückgabe des Titels eines Reichskommissars durch den Kaiser, der die Wiedereinsetzung der Pensionsansprüche befahl und ihm dreitausendneunhundert Mark jährlich aus der eigenen Schatulle bewilligte. Aber selbst der Kaiser war rechtlich nicht in der Lage, das Gerichtsurteil zurückzunehmen, nur dessen Auswirkungen. Die Rückkehr in die Politik, die Peters sich erträumte, gelang ihm nicht. Er starb im September 1918 an einem Herzinfarkt.

Zwei Jahrzehnte später erhielt er die Anerkennung, die er so gern gesehen hätte. Die Nationalsozialisten, die einen Bruder im Geiste in ihm sahen, machten ihn zum Helden; sie benannten Straßen und Plätze nach ihm, gaben Bücher und Artikel heraus, errichteten gar ein Denkmal. Ein Theaterstück und ein Film verherrlichten ihn. Hitler unterzeichnete persönlich ein Dekret, in dem Peters posthum komplett rehabilitiert wurde.

Emin, Jude und Antiheld *par excellence*, geriet in Vergessenheit.

Casati begab sich nach seiner Ankunft an der Küste zunächst nach Kairo und sorgte unter vielen Mühen dafür, dass Emin, der zu diesem Zeitpunkt noch lebte, seinen ausstehenden Lohn und seine Pension erhielt. Dann kehrte er nach Italien zurück.

Stanleys treuer deutscher Diener William Hoffmann, der ihn die ganze Zeit über begleitet hatte, in Stanleys Buch aber nicht ein einziges Mal Erwähnung fand, blieb seinem Chef auch in London treu. 1938, fünfzig Jahre nach den Ereignissen, veröffentlichte er ein nicht sonderlich aufschlussreiches Buch mit dem Titel *With Stanley in Africa,* das – angesichts der verstrichenen Zeit – verständlicherweise zudem auch ein wenig ungenau ausfiel.

Die standfesten Sansibaris, ohne die Stanleys Expedition nicht denkbar gewesen wäre, erhielten nur wenig Lob für ihren Mut, ihre Treue und ihr Durchhaltevermögen. Nur Jephson hielt es aus Fairnessgründen für angebracht, in der *Times* ihren Einsatz zu loben.

Emins treuer sudanesischer Offizier Shukri Aga und etwa siebzig Männer, die mit Stanley nach Kairo gegangen waren, wurden im Jahr 1891 von Frederick Lugard, einem britischen Armeeoffizier, der für die IBEAC arbeitete, angeheuert, um dabei zu helfen, die Unruhen und religiösen Konflikte in Buganda zu beenden. Sie zogen als Unterstützung in Kavallis Dorf am Albertsee, wo Selim Bey und seine Gefolgsleute eine Gemeinschaft gegründet hatten, die auf Emins Vorbild in Lado fußte. Selim befehligte mittlerweile sechshundert Männer. Viele von ihnen hatten mit den Rebellen in Wadelai gebrochen und sich ihnen angeschlossen, dazu kamen tausende Frauen, Kinder, Sklaven und alle möglichen Mitläufer. Insgesamt achttausend Menschen machten sich in einem weiteren Exodus auf nach Buganda, wo die Männer Lugard gute Dienste leisteten, bis er 1892 wieder abzog. Selim und seine Männer gerieten später in bugandische Streitigkeiten und wurden entwaffnet. Man verhaftete Selim, er starb aber, bevor er deportiert werden konnte.

Fadl al-Mula und der Kern der Rebellen blieben in Wadelai; er starb mit vielen seiner Männer im Januar 1894 bei Kämpfen gegen die Mahdisten.

Am Ende war es Leopold, der sich Äquatoria einverleibte – genauer gesagt einen großen Batzen davon. So bekam er seinen lange begehrten Zugang zum Nil doch noch. Zunächst aber mussten die Briten unter General Horatio Hubert Kitchener in den Sudan zurückkehren. Seine fünfundzwanzigtausend

Soldaten, die mit dem Spruch »Vergesst Gordon nicht!« ange-feuert wurden, nahmen fürchterliche Rache an den Mahdis-ten und besiegten am 2. September 1898 deren Armee bei Omdurman, auf der anderen Nilseite von Khartum gelegen. Sie eroberten die Hauptstadt zurück (später dann den ganzen Sudan), und zwei Tage nach der Schlacht wurde vor den von Unkraut überwucherten Ruinen des ehemaligen Palastes ein Gedenkgottesdienst für Gordon abgehalten. Kitchener war zu Tränen gerührt.

Die weiteren Ereignisse im Ringen um Afrika sind zu kom-plex, um sie hier ausführlich wiederzugeben. Leopold gelang es schließlich, westlich des Nil gelegene Teile Äquatorias von den Briten zu pachten. Im Gegenzug überließ er Mackinnon einen Korridor durch den Kongo, der Deutsch-Ostafrika umging und die endgültige Verbindung für die britische Eisenbahn-route vom Kap nach Kairo bilden sollte. Unter dem Druck deutscher Proteste kam diese Nutzung des Korridors aller-dings nicht zustande, und die Eisenbahnlinie wurde niemals fertiggestellt.

Deutsch-Ostafrika wurde nach dem Verlust der deutschen Kolonien nach dem Ersten Weltkrieg unter das Mandat des Völkerbunds gestellt und unter Belgien und Großbritannien aufgeteilt. Teile davon schlug man zu Ruanda und Burundi, der Rest, Tanganjika, verband sich 1964 mit Sansibar zum Staat Tansania. Aus Britisch-Ostafrika wurde Kenia.

Teile von Emins Äquatoria liegen heute in Uganda, andere im Sudan. Die Grenze überquert den Nil nördlich von Dufilé, dort, wo Emin und Jephson eingesperrt waren. Emins Statio-nen sind praktisch verschwunden und vom Dschungel ver-schlungen worden. Alles, was noch von den Häusern, Stra-ßen und Befestigungen geblieben ist, sind rötlicher Schutt und kleine, von Gras und Unkraut bedeckte Hügel. Nur in Wadelai steht noch eine Erinnerung an diese Geschichte, die einst ganz

Europa faszinierte und so viele Menschenleben forderte, ein zu einem Denkmal aufgetürmter Steinhaufen, auf dem folgende Worte zu lesen sind:

Wadelai
ägyptische Station 1879–89
Haupquartier von Äquatoria
unter Emin Pascha

CHRONOLOGIE DER EREIGNISSE

1840   Eduard Karl Oskar Theodor Schnitzer und Wilhelm Junker werden geboren.

1856   Carl Peters wird geboren.

1863   Schnitzer besteht sein Doktorexamen summa cum laude. Ismael wird Khedive von Ägypten.

1864   Schnitzer verlässt plötzlich Berlin, reist nach Wien und von dort aus in Richtung Osmanisches Reich.

1865   Schnitzer tritt unter dem angenommenen Namen Emin in osmanische Dienste und wird Arzt in Antivari (heute Bar).

1869   Feierliche Eröffnung des Suezkanals.

1871   Proklamation des Deutschen Reichs, Wilhelm I. wird Kaiser, Bismarck erster Reichskanzler. Stanley findet Livingstone.

1871   bis 1873 Baker weitet die Herrschaft Ägyptens auf Äquatoria aus.

1874   Gordon wird Gouverneur von Äquatoria und dehnt die Provinz bis auf sechzig Meilen zum Viktoriasee hin aus. Junker beginnt mit der Erforschung des oberen Nil.

1875   Emin kehrt mit Madame Hakki und ihrer Familie nach Neiße zurück, verschwindet dort unerwartet und reist erst nach Kairo, dann nach Khartum.

1876   Emin wird Amtsarzt in Äquatoria. Ägypten ist bankrott, Frankreich und Großbritannien zwingen dem Land eine »doppelte Kontrolle« der Finanzen auf.

König Leopold von Belgien lädt zu einer »geografischen«
Konferenz nach Brüssel.

1878   Emin wird Gouverneur von Äquatoria.
       Aufstand in Kairo, Absetzung von Ismael, Tewfik folgt
       ihm auf dem Thron.
1880   Peters' zweijähriger Aufenthalt in London beginnt.
1881   Muhammed Ahmad ruft sich selbst zum Mahdi aus, der
       Anfang der Rebellion gegen die ägyptische Herrschaft
       im Sudan.
       Arabi führt in Kairo einen Putsch der Offiziere an.
1882   Wolseley besiegt Arabi bei Tel el-Kebir, Beginn der
       britischen Besetzung Ägyptens, aber Fortbestand
       der osmanischen Oberhoheit.
1883   Der Mahdi schlägt Hicks und zehntausend Ägypter bei
       El Obeid vernichtend.
       Der Dampfer *Telhawin* trifft, aus Khartum kommend, in
       Lado ein und bringt Nachrichten von den Aufständen im
       Norden. Mit der Abfahrt des Dampfers bricht für Emin
       und seine Leute der Kontakt zur Außenwelt völlig ab.
       Peters, der sich in Berlin aufhält, um sich zu habilitieren,
       trifft Pastor Diestelkamp, der ihn in den Konservativen
       Klub einführt. Damit beginnen Peters' kolonialistische
       Aktivitäten.
       Großbritannien befiehlt dem Khediven, den Sudan auf-
       zugeben.
1884   Gordon wird nach Khartum entsandt, um die Ägypter
       aus dem Sudan zu evakuieren. Die Belagerung Khartums
       beginnt.
       Bismarck startet eine eigene Kolonialpolitik. Deutschland
       erwirbt Angra Pequena, Togo and Kamerun.
       Carl Peters reist mit Pfeil, Jühlke and Otto nach Ost-
       afrika und schließt dort angeblich Verträge mit Stammes-
       oberhäuptern.
       Zahlreiche Länder des Westens erkennen Leopolds
       Kongo-Freistaat an.

Die Provinzen Darfur und Bahr el-Ghazal fallen in die Hände der Mahdisten. Diese verlangen die Aufgabe Emins. Äquatoria zerfällt.

Geburt von Emins Tochter Ferida in Lado.

Eröffnung der Berliner Afrika-Konferenz.

1885 Der Mahdi nimmt Khartum ein, Gordon kommt ums Leben. Emin zieht sich nach Wadelai zurück und eröffnet eine Route an die Ostküste.

Gründung der DOAG in Berlin.

Der Mahdi stirbt, Khalifa wird sein Nachfolger.

Deutsch-Ostafrika wird formell zum Protektorat erklärt.

Emin wird zum Pascha ernannt, erfährt dies aber erst 1886.

Deutsche Kriegsschiffe vor Sansibar.

Eine deutsch-englische Grenzkommission legt sich auf »Einflussbereiche« in Ostafrika fest.

1886 Junker verlässt Wadelai und geht nach Sansibar.

Zwei Expeditionen zur Rettung Emins scheitern.

Briefe von Emin und anderen, die in der Londoner *Times* veröffentlicht werden, stoßen auf großes öffentliches Interesse.

1887 Stanley verlässt London zu seiner Emin-Pascha-Rettungsexpedition.

Peters trifft im Namen der DOAG in Sansibar ein.

1888 Peters wird abberufen.

Stanley trifft auf Emin.

Ausbruch der Abushiri-Rebellion in Deutsch-Ostafrika.

Kaiser Wilhelm II. kommt auf den Thron.

Emin wird von meuternden Truppeneinheiten gefangen genommen.

1889 Peters macht sich auf den Weg zu seiner Emin-Pascha-Rettungsexpedition. Im April brechen Emin und Stanley zur Ostküste auf. Im Dezember erreichen sie Bagamoyo.

Emin verletzt sich beim Sturz aus einem Fenster schwer.

1890 Bismarck wird als Reichskanzler entlassen. Deutschland tauscht Sansibar und Witu gegen Helgoland ein.

Emin begibt sich auf eine Expedition zu den Großen Seen.

Stanley kehrt im Triumph nach London zurück, wird aber nach Erscheinen seines Buchs *Im dunkelsten Afrika* zunehmend kritisiert und diskreditiert.

1891 Peters wird zum Reichskommissar für das Kilimandscharogebiet ernannt.

1892 Emin wird ermordet.

In Deutschland werden gegen Peters Vorwürfe wegen grausamer Behandlung der afrikanischen Bevölkerung laut.

1894 Großbritannien, das 1890 das Gebiet des oberen Nil übernommen hatte, verpachtet große Teile von Emins früherer Provinz Äquatoria an König Leopold von Belgien.

1895 Eröffnung eines Disziplinarverfahrens gegen Peters.

1897 Die Ermittlungen des kaiserlichen Disziplinargerichts enden mit Peters' unehrenhafter Entlassung aus dem Reichsdienst.

1907 Nach einer Reihe von Aufständen unter den Einheimischen und Korruptionsvorwürfen wird eine umfassende Verwaltungsreform in Deutsch-Ostafrika durchgeführt. Ausbau des Schutzgebiets zu einer Art Musterkolonie. Gleichzeitig findet ein Kolonialkrieg zwischen den deutschen Truppen und den Völkern der Herero und Nama in Deutsch-Südwestafrika statt, der in einen Völkermord durch die deutsche Kolonialmacht mündet.

1914 bis 1918 Erster Weltkrieg.

1918 Peters stirbt.

1918 bis 1919 Ende der deutschen Kolonien in Afrika.

AUSWAHLBIBLIOGRAFIE

Bücher und Aufsätze zum Wettlauf um Afrika könnten eine umfangreiche mehrsprachige Bibliothek füllen, und selbst die Zahl der Bücher, die sich mit den Ereignissen hier beschäftigen, die ja nur einen Bruchteil der ganzen dramatischen Geschichte darstellen, ist Legion. Dies verdanken wir vor allem der Leidenschaft des 19. Jahrhunderts, zahllose Briefe, Tagebücher, Artikel, wissenschaftliche Werke und Memoiren zu verfassen, die die Ereignisse bemerkenswert detailliert – wenn auch zumeist allzu ausführlich und langatmig – beschreiben. Trotz der Fülle der Schriften konnte ich mich bei einigen wichtigen Passagen in diesem Buch leider nur auf jeweils eine Quelle stützen, das gilt vor allem für Junkers Reise an die Küste (Junker), die Meuterei in Äquatoria (Jephson), die deutsche Emin-Pascha-Expedition (Peters) und die Ermordung Emins (Richard Dorsey Mohun). Die dargestellten Sachverhalte in diesen und anderen Fällen, wie zum Beispiel bei Stanleys Expedition, für die ich immerhin auf mehrere Quellen zurückgreifen konnte, geben die persönlichen und somit subjektiven Erlebnisse der Augenzeugen und die Mentalität ihrer Zeit wieder, was ein wissenschaftlich objektives Bild der Ereignisse und Umstände erschwert. Adam Hochschild *(King Leopold's Ghost)* verdanke ich vor allem viele Informationen über Leopolds Kongo-Freistaat, Arne Perras *(Carl Peters and German Imperialism. A Political Biography)* war eine unentbehrliche Quelle für Einzelheiten über Peters' Leben und Iaian Smith *(The Emin Pasha Expedition)* eine wichtige Stütze, was Emin betraf. Statt nun eine lange, öde Liste der Werke wiederzugeben, die ich außerdem herangezogen habe, halte ich es für sinnvoll, hier nur eine Auswahl der Bücher zu nennen, die dem interessierten Leser erlauben, sich weiter in die vielschichtigen Aspekte von Emins Geschichte zu vertiefen. Erstaunlich viele englischsprachige Werke aus jener Zeit sind noch immer lieferbar oder sind erst kürzlich neu aufgelegt worden; einige davon sind auch ins Deutsche übersetzt worden. Leider ist ein Großteil der ursprünglich deutschen Titel nur noch in Bibliotheken einzusehen, will man nicht die horrenden Summen bezahlen, die in Antiquariaten verlangt werden – eine Tatsache, die ein interessantes Licht auf die Wertschätzung der Kolonialzeit wirft. Wie bereits erwähnt, sollten die Memoiren von Carl Peters und von Stanley *cum grano salis* zurate gezogen werden. Nicht hoch genug preisen kann ich die ausgezeichneten Untersuchungen von Arne Perras und Iaian Smith. Bücher, die während des »Dritten Reichs« geschrieben wurden, habe ich wegen ihrer unkritischen Glorifizierung der Zeit und ihrer »Helden« konsequent vermieden. Sie sind, wenn überhaupt, mit allergrößter Vorsicht zu behandeln.

Über Emin selbst:

Casati, Gaetano : *Zehn Jahre in Afrika und die Rückkehr mit Emin Pascha* (2 Bände). Bamberg: Bucher'sche Verlagsbuchhandlung, 1891.

Jephson, A. J. Mounteney: *Emin Pascha und die Meuterei in Äquatoria.* Leipzig: Brockhaus, 1890.

Junker, Wilhelm: *Reisen in Africa.* Dritter Band (1882–1886). Wien: Hölzel Verlag, 1890.

Middleton, Dorothy (Hg.): *The Diary of A. J. Mounteney Jephson.* Cambridge University Press, 1969.

Schweitzer, Georg *Emin Pascha. Eine Darstellung seines Lebens und Wirkens mit Benutzung seiner Tagebücher, Briefe und Wissenschaftlichen Aufzeichnungen.* Berlin: Hermann Walther Verlag, 1898.

Zur britischen Emin-Pascha-Expedition:
Liebowitz, Daniel, und Pearson, Charlie: *The Last Expedition –
Stanley's Mad Journey through the Congo*. New York:
W. and W. Norton, 2005.
Smith, Iaian R.: *The Emin Pasha Relief Expedition* 1886–1890.
Oxford University Press, 1972.
Stanley, Henry Morton: *Im dunkelsten Afrika*. (2 Bände). Leip-
zig: Brockhaus, 1990

Carl Peters und die deutsche
Emin-Pascha-Expedition:
Perras, Arne: *Carl Peters and German Imperialism* 1856–1918.
A political Biography. Oxford University Press, 2004.
Peters, Carl: *Die deutsche Emin Pascha Expedition*. Hamburg,
Braunschweig: Deutscher Kolonial-Verlag, 1907.
Peters, Carl: *Die Gründung von Deutsch-Ostafrika*. Berlin:
C. A. Schwetschke und Sohn. 1906.

König Leopold und der Kongo:
Ascherson, Neal: *The King Incorporated – Leopold the Second and
the Congo*. London: Granta Books, 1963.
Hochschild, Adam: *Schatten über dem Congo*. Stuttgart: Klett-
Cotta, 2000.

Allgemein:
Müller, Fritz Ferdinand: *Deutschland-Zanzibar-Ostafrika.
Geschichte einer deutschen Kolonialeroberung* 1844–1890.
Berlin: Rütten und Loening, 1959.
Pakenham, Thomas: *Der kauernde Löwe. Die Kolonisierung
Afrikas* 1876–1912. Düsseldorf: Econ, 1993.

Tanger ● ● Ceuta
Oran ●
Algier ●
Tunis ●

Mittelmee

Rabat ● ● Fès
Casablanca ●

TUNESIEN

Marrakech ●

Touggourt ●

Tripolis ●

Madeira
(Port.)

MAROKKO

ALGERIEN

LIBYEN

Kanarische Inseln
(Span.)

El Aaiún ●

● Adrar

Edejen

D.A.R. SAHARA
(WEST-SAHARA)
(von Marokko besetzt)

S a h a r a

El Dschuf

MAURETANIEN

MALI

NIGER

TSCH

Nouakchott ●

Timbuktu ●

KAP VERDE

Tschad-
see

Praia ●

Dakar ●

SENEGAL

Niamey ●

N'Djam ●

Banjul ●

GAMBIA

Ouagadougou ●

Bissau ●

Bamako ●

NIGERIA

GUINEA-
BISSAU

GUINEA

BURKINA FASO

BENIN

Conakry ●

Abuja ●

Benue

Freetown ●

ELFENBEIN-
KÜSTE

TOGO

SIERRA LEONE

Monrovia ●

Yamoussoukro ●

GHANA

Lagos ●

KAMERUN

LIBERIA

Accra ● Lomé ●

Porto-
Novo

Banc

Abidjan ●

Duala ●

Golf von Guinea

Malabo ● ● Yaoundé ●

ÄQUAT.
GUINEA

SÃO TOMÉ U. PRÍNCIPE

● Libreville

REP
KONGO

Äquator

São Tomé ●

GABUN

Brazzaville ●
● Kinsh

Luanda ●

Atlantischer Ozean

ANGO

NAMI

Windhoek ●

Lüderitz ●

0   200   400   600   800   1000 km

Kapst
(Capel

Kap
Guten H